HERMES

在古希腊神话中,赫耳墨斯是宙斯和迈亚的儿子,奥林波斯神们的信使,道路与边界之神,睡眠与梦想之神,亡灵的引导者,演说者、商人、小偷、旅者和牧人的保护神……

西方传统 经典与解释　HERMES
Classici et Commentarii
古典学丛编
刘小枫 ● 主编

尤利安文选

The selected works of the Emperor Julian

马勇　编/译

华夏出版社

古典教育基金·"资龙"资助项目

"古典学丛编"出版说明

近百年来,我国学界先后引进了西方现代文教的几乎所有各类学科——之所以说"几乎",因为我们迄今尚未引进西方现代文教中的古典学。原因似乎不难理解:我们需要引进的是自己没有的东西——我国文教传统源远流长、一以贯之,并无"古典学问"与"现代学问"之分,其历史延续性和完整性,西方文教传统实难比拟。然而,清末废除科举制施行新学之后,我国文教传统被迫面临"古典学问"与"现代学问"的切割,从而有了现代意义上的"古今之争"。既然西方的现代性已然成了我们自己的现代性,如何对待已然变成"古典"的传统文教经典同样成了我们的问题。在这一历史背景下,我们实有必要深入认识在西方现代文教制度中已有近三百年历史的古典学这一与哲学、文学、史学并立的一级学科。

认识西方的古典学为的是应对我们自己所面临的现代文教问题:即能否化解、如何化解西方现代文明的挑战。西方的古典学乃现代文教制度的产物,带有难以抹去的现代学问品质。如果我们要建设自己的古典学,就不可唯西方的古典学传统是从,而是应该建设有中国特色的古典学:恢复古传文教经典在百年前尚且一以贯之地具有的现实教化作用。透彻了解西方古典学的来龙去脉及其内在问题,为的是深入理解前车之鉴:古典学成了满足于"钻故纸堆",与现代问题聊不相干。认识西方古典学的成败得失,有助于我们体会到,成为一个学人仍然必经研习古传经典之途,从而中国的古典学理应是我们已然现代-后现代化了的文教制度的基础——学习古传经典将带给我们的是通透的生活感觉、审慎的政治立场、高贵的伦理态度,永远有当下意义。

本丛编旨在译介西方古典学的基本文献:凡学科建设、古典学史发微乃至种种具体的古典研究成果,一概统而编之。

古典文明研究工作坊
西方经典编译部乙组
2011年元月

目 录

编者前言 ………………………………………………………… 1

尤利安文选

尤利安皇帝驳斥犬儒赫拉克勒奥斯 ……………………………… 3
尤利安皇帝致哲人忒米斯提乌斯 ………………………………… 40
赫利俄斯王颂 ……………………………………………………… 57
憎恶胡子的人 ……………………………………………………… 94
反加利利人 ………………………………………………………… 130
慰　藉 ……………………………………………………………… 174
诸神之母颂 ………………………………………………………… 189

尤利安研究

尤利安皇帝与其教育法令 ……………………………… 哈　迪 / 219
吉本与背教者尤利安 …………………………………… 贝洛克 / 242
背教者尤利安与希腊宗教 ……………………………… 蒂尔尼 / 262

编者前言

马 勇

罗马帝国皇帝尤利安(Flavius Claudius Iulianus Augustus)是孔士坦丁大帝(Constantine the Great,272—337)的侄子,其父是孔士坦丁大帝同父异母的弟弟尤里乌斯·孔斯坦提乌斯(Julius Constantius)。尤利安331年5月出生于君士坦丁堡,他的母亲在生下他不久就去世了。337年5月22日,孔士坦丁大帝驾崩,帝国分成三个部分,由他的三个儿子继承:孔斯坦提乌斯二世(Constantius II,317—361)治理帝国的东部;孔士坦丁二世(Constantine II,316—340)治理帝国的西部;孔斯坦斯一世(Constans I,323—350)治理意大利半岛和北非。在同一年,这三位兄弟合谋杀害了孔士坦丁家族几乎所有男性,以根除家族内部对权力的觊觎,其中包括尤利安的父亲。尤利安与同父异母的哥哥伽卢斯(Constantius Gallus,325—354)尽管因年幼而得以幸免,但依然被堂兄们软禁于卡帕多西亚的一处城堡中。340年,孔士坦丁二世在入侵意大利的战事中被弟弟孔斯坦斯一世击败,后者于350年被部下谋杀,孔斯坦提乌斯二世最终统一了帝国。351年,孔斯坦提乌斯二世任命伽卢斯为副手,加凯撒(Caesar)的名号,负责治理西部帝国。三年后,伽卢斯涉嫌反对皇帝,被孔斯坦提乌斯二世处死。孔斯坦提乌斯二世为了永绝后患,也准备处死尤利安,幸亏有皇后欧西比娅(Flavia Aurelia Eusebia)求情,尤利安才躲过一劫。355年6月,孔斯坦提乌斯二世迫于西部帝国面临北方蛮族入侵的威胁,任命尤利安为副手,加凯撒的名号,负责抵御日耳曼人的入侵,治所在高卢行省的鲁特提亚城(Lutetia,即今巴黎)。这一年,尤利安25岁。

尤利安在凯撒任上,展现出优秀的军事才能,经过将近三年的征战,扫平了蛮族入侵的威胁。由于在军事上和政治上的成就,尤利安吸引了一大批追随者。在此期间,孔斯坦提乌斯二世一直在帝国的东部边境忙于抵御波斯人的入侵。360年春,萨珊帝国皇帝沙普尔二世(Shapur II,309—379)的大军攻陷底格里斯河西岸的军事重镇安米达(Amida),孔斯坦提乌斯二世立即命令尤利安率领高卢的大军增援东方。高卢士兵不愿意远征帝国东部,360年2月在鲁特提亚城宣布推举尤利安为皇帝(Augustus)。罗马帝国再次分裂为两部分。361年春,尤利安率领大军朝君士坦丁堡进军,发动了与孔斯坦提乌斯二世争夺统治权的内战。然而,这一年11月3日,孔斯坦提乌斯二世病逝于军中,使得尤利安避开了内战。11月11日,尤利安率大军进入君士坦丁堡,正式继位为罗马帝国皇帝。这一年,尤利安30岁。

尤利安的父母皆是基督徒,因此他从小也接受基督教教育,成了助理牧师(Lector)。在此之前,孔士坦丁大帝于312年宣布基督教为合法宗教,尤利安的前任孔斯坦提乌斯二世也是基督徒。换言之,至尤利安继任皇帝之前,基督教已经取得合法地位将近半个世纪。但是,尤利安天性热爱哲学,他在《赫利俄斯王颂》(Εἰς Τὸν Βασιλέα Ἡλίον, Hymn to King Helios)中说,他小时候就对星空充满了好奇,以至于小小年纪就被人们视作为天文学家(130c-d)。他在《憎恶胡子的人》(Μισοπώγων, Beard-Hater)中说,从童年开始他就阅读柏拉图、亚里士多德和忒奥弗拉图斯等人的著作(353b)。他在继位之前写的《慰藉》(Ἐπὶ Τῇ Ἐξοδῷ Τοῦ Ἀγαθωτάτου Σαλουστίου Παραμυθητικός Εἰς Ἑαυτόν, A Consolation To Himself Upon The Departure of The Excellent Sallust)则讨论了哲人之间的友谊,此文献给他的哲人朋友撒路斯特(Sallust)。尤利安一登上帝位,立即宣布放弃基督教信仰,发动了西方古代晚期最后一次大规模的复兴古典传统的运动。362年2月4日,尤利安发布宗教宽容敕令,宣布所有宗教以及各教派皆合法,可以在帝国境内自由传播。现代欧洲反宗教的思想家认为尤利安的这一敕令堪称绝妙,因为赋予基督教内部不同宗派以合法性,势必导致基督教内部的激烈内讧。现代欧洲的宗教宽容政策恐怕也有这种意图。同年6月,尤利安发布著名的教育法令,禁止基督徒担任公共学校的教师,从而将基督教逐出了教育领域。同时,尤利安积极复兴古典宗教,包括重建各地神庙、频繁且奢华地祭祀诸神、重新构建帝国的宗教制度等。由于这些举措,尤利安成为古代对基督教威胁最大的人,基督教因此为他贴上了"背教者(Apostate)"的名号。

尤利安在复兴古典传统的同时,不得不面临东部萨珊帝国的威胁。362年6月中旬,尤利安抵达叙利亚的安提阿城(Antioch),将之作为与波斯作战的基地。在经过9个月的准备后,363年3月,尤利安率领9万大军离开安提阿城,朝幼发拉底河进军。与此同时,他还联络亚美尼亚国王阿尔萨科斯二世(Arsaces II)共同出击。5月中旬,罗马大军抵达萨珊帝国首都泰西封(Ctesiphon)城下但久攻不下;此时,沙普尔二世调集的大军正在赶来。双重危险局势使得罗马大军不得不撤退。尤利安为了与阿尔萨科斯二世汇合,没有按原路撤退,而是转而向北。在撤退的路上,罗马大军不断遭到萨珊军队阻击,而阿尔萨科斯二世的军队迟迟没有出现。6月23日,尤利安在萨马拉(Samarra,今伊拉克北部)附近的一次小规模遭遇战中被一支标枪击中,伤势极为严重。当天夜里,尤利安驾崩。据说,尤利安去世前还在与友人进行哲学对话。尤利安去世后,他的大将**伊奥维安努斯(Flavius Iovianus,331—364)**继位。伊奥维安努斯立即推翻尤利安复兴古典宗教的政策,重新回到了孔士坦丁大帝开创的传统上。从此之后,基督教彻底获得了正统地位,罗马帝国再无异教皇帝。尤利安也成为古代最后一位异教皇帝,他复兴古典宗教的努力功亏一篑。

尤利安复兴古典传统的努力,不仅包括政治行动,还有大量作品。在登上帝位之前,尤利安一直享有哲人的美誉。尤利安留存下来的作品,包括八篇演说文体的讲辞,一部攻击基督教的残篇,几篇短文和大量书信。本文选是编者在撰写以尤利安的宗教复兴为主题的硕士论文时选译的部分作品。古代哲人的书不好读,原因有很多。其中最大的原因在于,他们运用了某种写作技艺。这种写作技艺让他们的作品显得一点儿也不明了,相反,他们的作品就像一处茂盛的森林,羊肠小道数不胜数。他们最真实的看法被严严实实地包裹了起来。与此同时,他们也留下了某些指路牌,引导那些头脑清晰、谨慎的读者接近他们最真实的教诲。尤利安的作品就有这一特征。1964年,科耶夫(Alexandre Kojève)为施特劳斯(Leo Strauss)六十五岁生日写了《尤利安皇帝与其写作技艺》的贺寿文章。① 科耶夫认为尤利安作品充分运用了施特劳斯在《迫害与写作艺术》(*Persecution and the Art of Writing*)中阐明的隐微—显白书写技艺。②

《驳犬儒赫拉克勒奥斯》(Πρός Ἡρακλείον Κυνίκον, *To The Cynic Heracleios*)是尤利安的代表作品。他在这篇讲辞中谈论哲人是否应该编造神话,如何编造神话。在哲人看来,神话是"为那些孩子气的灵魂编写的"(206d2)。与神话相对的是逻各斯。真理并不适合所

---

① 参科耶夫,《尤利安皇帝与其写作技艺》,见《阅读的德性》(《经典与解释》第12辑),刘小枫、陈少明主编,北京:华夏出版社,2006,页2-26;亦参笔者的论文,马勇,《论尤利安皇帝的写作》,见《博丹论主权》(《经典与解释》第44辑),娄林主编,北京:华夏出版社,2016,页119-153。

② 参施特劳斯,《迫害与写作艺术》,刘锋译,北京:华夏出版社,2012。

有人,而孩子气的灵魂在人类中占绝大多数。尤利安继承的是柏拉图"高贵的谎言"的传统。身居启蒙之后的现代人,大概都已经摆脱孩子气,不再会严肃对待这类真理。

《致哲人忒米斯提乌斯》(Θεμίστιῳ Φιλόσοφῳ, Letter To Themistius The Philosopher)是尤利安登上帝位后不久写给他之前的哲学老师的一封信。忒米斯提乌斯说,尤利安作为哲人当上了皇帝,从而变成了哲人王。忒米斯提乌斯劝诫尤利安扫除大地上的一切邪恶,净化天空和海洋,从而成就前无古人、后无来者的伟大功业。在这封回信中,尤利安针对忒米斯忒乌斯提出的建议,讨论了政治生活的本性,以及沉思生活与实践生活何者更优的问题。尤利安说,政治生活本身将永久混杂善恶,绝无可能彻底根除一切恶。尤利安的视野来自古典政治哲学,从而认定实践生活低于沉思生活。这意味着,尤利安尽管发起了规模盛大的复兴古典传统的政治运动,但仍清醒地意识到了政治生活的局限。

《憎恶胡子的人》是一篇讽刺作品,尤利安用自嘲的方式对比了自己的哲人式生活与安提阿民众堕落、腐化的生活。鉴于安提阿城当时是基督教的中心之一,尤利安某种程度上对比了哲学生活方式与基督徒的生活方式。《慰藉》前文已经提及,是尤利安由于哲人朋友撒路斯特离开他而写下的讨论哲人友谊的文章。上述四篇作品构成了尤利安的政治哲学视野。

《赫利俄斯王颂》与《诸神之母颂》(Εἰς Τὴν Μητέρα Τῶν Θέων, Hymn To The Mother of The Gods)需要结合《反加利利人》(Κατὰ Γαλιλαίων Λογός, Against The Galilaeans)一起读。这三篇作品构成了尤利安的政治神学。如果不读这三篇作品,只关注他复兴古代宗教的政治行动,就不能明白他搞宗教复兴的意义。尤利安绝非简单地复兴传统,相反,他构建了自己的政治神学。尤利安清醒地意识到,希腊罗马的古典传统与基督教势不两立,但是凭借政治权力倡导复兴不可能战胜基督教。因此,尤利安不得不改造和革新古典传统,包括仿照基督教教会制度构建帝国的异教体系,从而与基督教竞争。尤利安的宗教复兴也是重塑古代宗教以适应帝国新形势的尝试。简言之,尤利安的复兴运动也是对古典传统的更新和重塑。

无论如何,尤利安的复兴运动并没有成功。由于他的早逝,他的改革仅仅是昙花一现。要不是近代欧洲思想家群起批判基督教,尤利安不过是整个基督教历史上的一朵浪花而已。正是在启蒙作家和宗教批判作家那里,尤利安的幽灵被召回,并成为"敌基督"的古代典范。这些作家无不惋惜尤利安的早逝,尤利安因此也具有了世界文明史意义。不过,启蒙作家重塑尤利安的努力并没有让这位皇帝的真实面目更清晰。本文选并不致力于揭示尤利安的真面目,而是通过阅读他的作品,展示他的政治行动背后的宏大视野。尤利安政治行动的失败,并不意味着他思想的失败。三篇研究文献,聚焦于尤利安的政治行动:宗教复兴。编者认为,只有将言辞和行动结合起来,才能充分理解一位历史人物。

最后,就译文所选的版本做简要说明。第一篇、第二篇和第七篇译自 Loeb 版希腊文,其余四篇译自 Loeb 版英译。有的篇目添加了 Loeb 的英译导言,以便读者熟悉背景知识。

尤利安文选

尤利安皇帝驳斥犬儒赫拉克勒奥斯

——犬儒应该是什么样的和这个犬儒是否有资格编造神话

[204a5]"时光逝去,万物枯荣。"①[a6-a10]我是从一出喜剧中听到的这行诗,但不久之前,我又迫不得已大声喊出了这行诗。那时,我们受邀去听一位犬儒讲演,他的咆哮既不够清楚明白,也不高贵,而是像那些奶妈(τίτθαι)一样,②在纵情歌颂神话,尽管这样,他编造的神话全无益处。[a10-b1]当时,我血脉贲张,试图打断那次民众的集会。[b1-c3]既然我曾听说,赫拉克勒斯和狄奥尼索斯被当作喜剧的素材在剧场中上演,③我就忍受到了最后,这并不是因为他的演说,而是民众集会的缘故。即便我应当大胆打断他的演讲,说出我的想法,也绝不是出于宗教信仰或虔诚的顾虑,而是为了我们(ἡμῶν)的缘故④——我不该像那些斑鸠,一经言辞煽动就怒气冲天。[c3-c6]所以,我就给自己诵念那著名的诗句:"心啊,忍耐

---

① 参 Eupolis 残篇 4。[译按]本文选的注释除了[译注]之外,皆源自 Loeb 版注释。

② [译注]"奶妈"这个词,参《理想国》343a,377c。在 377c 处,苏格拉底在批评诗歌的时候,说严禁奶妈们讲那些低劣的故事。

③ [译注]这两位神都是悲剧的命运,一个是被毒死,另外一个是被提坦巨人粉碎,要是当作喜剧题材的话,实在是很难。除了阿里斯托芬的《蛙》,但这部剧作没有展示二人的命运。

④ [译注]本文中,尤利安一直以"我们"的口吻说话,似乎他在与一群人谈话。

吧,你曾忍耐过种种恶行。"①

[c7-205a4]然而,我一刻也不能忍受这个犬儒的胡说八道,哪怕一丁点儿,这不是我头一次听到你说亵渎诸神的话了。我们的共同体尚未治理得很好,我们的私人生活也没有变得明智审慎,总之,我们时运不佳,无法使我们的耳目不被这个无耻的族类各式各样的污言秽语玷污。[a4-a8]尽管如此,这条狗还是用他的胡说八道灌满了我们的耳朵,亵渎了诸神最美好的名字,尽管他装得好像没有这样做,而且我们也没有听到似的。[a8-b6]既然他已经这样做了,我还是要给你们上一课。首先,对一个犬儒来说,写逻各斯($λόγος$)要比写神话($μῦθος$)更像一个犬儒;其次,应该创作什么样的神话,如果哲学真的需要写什么神话的话;最后,我要谈论一下对诸神的虔敬。[b7-c1]就为了给你们开道的原因,我才说这些东西,尽管我既没有写作的天赋,也没有在民众面前高谈阔论的才能,我以前一直都避免听到这些难以忍受并[充满]诡辩的讲演。[c1-c3]对我来说,细数一下编造神话的传统给你们听,也许是合宜的。

[c4-c8]要找到神话的起源在哪里,以及是谁首先企图编造这些令人信服的虚假故事——或是为了有益于[人类],或是为了诱惑听众——这就如同要找到谁是第一个打喷嚏的人或第一个发怒的人一样困难。[d1-d7]正如骑兵兴起于色雷斯和帖萨利亚,弓箭手和轻装步兵的武器兴起于印度、克里特和科里亚($Καρία$)②——我认为人们的生活风俗与其国家的自然相适应——

---

① [译注]这是奥德修斯回到家后,看到求婚人在他家吃喝,而对自己说的话。参《奥德赛》20.18。
② [译注]爱琴海一海岛,在罗德岛以北。

我们可以设想,这些事情和其他诸多事情在一个民族那里倍受尊崇,是因为他们认为他们民族首先发明了这类事情。[d7 - 206a5]神话起初似乎就是普通民众发明的,且从那时起就未曾改变过,现在已经参与到治理城邦的事务中来,就如同双管乐器和竖琴为了炫耀和诱惑他人而奏的美妙动人的音乐。[a5 a10]就像鸟儿飞翔,鱼儿穿游,鹿儿突奔,由于这是它们的天性而不需要教给它们,一旦它们中的某个被缚住或是囚禁,总是试图逃脱这危险,因为这与它们的本性相合。[a10 - b5]既然这些生命如此,我认为,人这个族类除了寓于身体中的含有理性和知识的灵魂外,不再有别的什么,如智慧者们所说,这是人的能力,就是学习、探究和追求知识的能力,我自己所有的劳作都是与这种能力最相适合的。[b6 - c3]当某个仁慈的神迅速地解开了一个人的发带,并在实践中运用他的能力,那么对这个人来说,这就是真正的知识,此外就是那些被束缚的人:他们沉浸在虚假的意见中,而非真理中——正如我听说,伊克西翁('Ιξίων)据说是被云而非被神所笼罩。[c3 - c5]这些虚假的意见生出了风蛋和怪物,①真实的知识被当成是某种阴影和幻象。②[c6 - c8]因此,他们就摒弃了真实的知识,编造虚假的故事,且教授它们,甚至积极地学习。虽然如此,我认为其中的一些故事是必要的也是值得尊敬的。[c9 - d2]如果我必须为编造神话的起源辩护,那么我认为,神话是为那些孩子气的灵魂编写的,[d3 - d6]就如同,当小孩想要抓挠新长出的牙时,奶妈们就将皮革做的玩具送到孩童手中,使他们沉湎于玩耍,为的是减轻孩童们所遭受的痛痒,所以这些神话正是为了那些刚开始长羽毛的灵魂编造的,[d6 - d10]尽管这

---

① 比较《泰阿泰德》151e。风蛋是指未受精而孵不出小鸡的蛋。
② 这两个词明显带着柏拉图的味道,参《理想国》卷七514a - 515c。

些灵魂渴望知道更多,但还没有能力接受真理,所以只能灌溉它们,就像给干旱的田地浇水一样,我认为其目的是减轻身体的痛痒和灵魂的苦恼。①

[207a1 – a5]随着神话的发展,它在希腊人那里变得受欢迎,此时,诗人们就由神话发展出了寓言。寓言(αἶνον)与神话不同,前者不是为小孩准备的,而是为成年的男人们创作的,寓言不仅能带来某种愉悦,还包含有道德劝诫。[a5 – b1]创作寓言之人的意图在于道德规劝和教诲,但他隐藏了此种意图,因为公开讲寓言的人畏惧听众们由嫉妒而生的仇恨。[b2]赫西俄德就是明显按照这种思路创作他的诗作的。[b3 – b6]在赫西俄德之后,阿基洛库斯('Αϱχιλόχος)常常将神话当成香料加进他的诗作中,②为的是满足诗的要求,因为他看到了这一原则:诗缺少足够的吸引力。[b7 – c3]他清楚地知道,诗要是被剥除了神话,那就只是叙事诗了,③如某人会说的,它也就剥夺了诗本身的特质,也就不能成为完全的诗;因为他只有从诗神缪斯那里采集来香料,将它们提供给读者,他才不会被称为某个写讽刺作品的人,而是被称为一个诗人。

[c4 – c7]但是,神话的荷马,或神话的修昔底德,或神话的柏拉图,或愿意称呼这个人无论什么,与这些人精心选择编造神话比起来,萨摩斯的伊索(Αἴσωπος),④他毋宁是由于命运才成为奴隶的,这个男人正是凭着寓言才表明自己不是个愚蠢之徒。[c8 – c10]由

---

① 整句话皆是对《斐德若》251 的模仿。
② [译注]阿基洛库斯(前714?—前676?),古希腊抒情诗人。
③ 《斐多》61b。
④ [译注]伊索曾是萨摩斯岛雅德蒙家的奴隶,被转卖多次,但因知识渊博,聪颖过人,最后获得自由。在《斐多》中,苏格拉底说,他要改写伊索的寓言,参《斐多》60c。

于礼法严禁言语的放肆,他就用明暗法画出他的教诲——用快乐做装饰,在愉悦中传达教诲。[c11 - d4]我认为,医生们是自由人,他们遵从必然之物;如果某人碰巧从生下来就是家奴,同时凭着技艺成为一个医生,那么这个家奴就不得不首先奉承他的主人,然后再治疗他。[d4 - d8]如果我们的这个犬儒就是我们刚才说的此种奴隶,那么让他去说,让他去写,大地上的任何凡人也不必理他,让他自说自话去;但是他说,只有他自己是自由人,我就不知道他为何还需要神话。[d8 - 208a2]这个犬儒在他残酷而又严厉的建议中掺和进快乐和诱惑,难道不是为的从中获益,并逃避获得的益处带来的邪恶吗?[a3]然而,他简直就是一个奴隶。[a3 - a6]而且,有哪个更好的人不是从听到的真实事情中得到教诲,或者为事物的真实名称所教诲,就像那个称小舟为中间凿空者一样的喜剧诗人?[a6 - b1]但是,有什么必要提到法厄同的名字以代替某某呢?①[b2 - b5]有谁能玷污赫利俄斯('Hλίου)王圣洁的名字?哪个在地上的人值得被称为潘或宙斯?②——好似我们应将这些神明归于我们的思想。[b6 - c1]然而,如果这个犬儒说的是事实,那么以这些人自己的名字称呼他们才是更好的;或者赐予他们人类的名字不是更好的,甚至根本无须赐予,因为父亲给予我们的名字已经足够了?[c2 - c7]如果通过模仿去学习是更艰难的,去编造这类型的故事对这个犬儒来说也是绝不相称的,为了节省奢侈的开销,为何不免除它们,而要花费时间去构思和编造神话,又将它们写下来悉心记诵呢?

---

① [译注]太阳之神赫利俄斯与克吕墨涅(Clymene)之子,当法厄同驾驶着太阳车点燃了全世界之后,宙斯为防止灾情扩大用雷霆击毁了太阳车。

② [译注]这是对耶稣被称为上帝之子的讽刺。

[c8 – d5]你们可能会说,尽管从我刚刚所说的原因可以断定,这个自称是自由人的犬儒不应该编造虚假的故事取代真理,并在公开的集会上背诵,但这是自第欧根尼开始,自克拉忒托斯(Κράτητος)以来所有的犬儒们的传统。[d6]随处都可以找到这个传统的例子。[d6 – 209a2]我暂且不管这个事实:对一个犬儒来说,献身于伪造公认的钱币的传统是绝不合适的,①相反,他应该运用自己唯一的理性来探究那些应该去做的事情,不应该从其他外在的地方学到这一点。[a2 – a5]安提斯泰涅,还有苏格拉底的另一位学生色诺芬,有时也通过神话来传达他们的[意图],但你(σε)绝不要被这一点欺骗,接下来我应该对你(σοι)讲讲这一点。[a6 – b2]现在我凭着缪斯的名字解释犬儒的[哲学],我们会接受哪一种:这种哲学是某种疯狂,其生活方式也不适合人类,还是人类的灵魂是兽性的,不美,不卓越,也不善? 俄诺玛奥斯(Οἰνόμαος)也许会使大多数人接受后一点。② [b3 – b6]如果你(σοι)③曾仔细地探究过这个问题,那么你就能清楚地知道这个犬儒是在依据神谕自说自话,总而言之,他曾抄写过所有的神谕。[b6 – c1]他这样做的意图在于,一方面是要降低对诸神的虔敬,另一方面是要贬低人类所有的智慧,不仅要践踏礼法美好又正义的名字,[c1 – c6]而且要践踏诸神写在我们灵魂中的圣法,并极力劝服我们相信某个没教养的神圣存在,又要求我们专注于这个神圣存在,甚至要求我们渴望将灵魂卖给这个神圣存在,就像眼睛渴求光一样。④ [c6 – d8]如果依据自然

---

① [译注]"伪造公认的钱币"比喻编造虚假的故事。
② 比较《致没教养的狗》187c。
③ [译注]从 a2 – b6 处,尤利安强调,他在对"你"讲哲学编造神话的事情。比较 205a8 处的"你们"。
④ 这一句明显在说赫拉克勒奥斯的基督教信仰背景,极具挖苦之风。

和神都是神圣的第二律法被废除①——这个律法命令我们凡事要团结,确保我们的言辞和行为拥有秩序,不会使我们灵魂隐秘的能力变得混乱,因为对我们来说,完美的律法是正义的领路人——绝不应该赞美这种行为,也不可随便打几下板子就了事,就如同用献祭来消除罪恶,②因为比起这些罪恶来说,惩罚是相对容易的,而是应该用乱石将做这事的人砸死。[210a1 - a4]请告诉,以神的名义,这些坏蛋们与强盗们有何不同?——强盗们不就是劫掠荒凉的土地并乘船去毁灭业已被占据着的海岸?如人们说的,犬儒们蔑视死亡;[a5]尽管驱使强盗的不是同一种疯狂的勇气。[a6 - b1]所以说,无论如何,这个人[译按,指荷马]应该算作一个诗人和讲神话的人,正如皮提亚祭司对强盗们说,谁要是满足了他的神谕,谁就是英雄和神灵,说到海上的强盗时,他说:"就像海盗在海上四处飘荡,拿他们自己的灵魂孤注一掷。"③

[b2 - b3]你还能找到别的关于这些海盗的疯狂勇气的证明吗?[b2 - b5]除非某人会说,强盗们比这类犬儒更勇敢,否则就是这些犬儒比强盗们更加鲁莽。[b5 - b7]因为强盗们清楚地知道,他们的生活是多么艰辛,他们生活在孤独中,比起死亡来说,他们更害怕耻辱;[c1 - c4]但是犬儒们在我们中间以四处游荡的方式讲学,毁灭共同体的礼法,从未介绍过使城邦更美好和更圣洁的礼法,而是导致了更低贱和更可憎的政治生活(πολιτείαν)。

---

① [译注]指政治的习俗、邦国的礼法,即上文所说的,诸神写在人类灵魂中的圣法。第二律法与第一律法相对,第一律法是哲学真理。

② 关于通过献祭来消除罪恶的仪式,请参 Harrison, *Prolegomena to Greek Religion*,页97;Frazer, *Golden Bough*,卷三,页93。

③ [译注]《奥德赛》3.73。"就像海盗们在海上四处漫游飘荡,拿自己的生命冒险,给他人带去灾难。"

[c5-d4]一些曾被归于第欧根尼的悲剧,现在一致认为是某个犬儒的作品,哪个读者在这些作品中发现了伴妓们都不及的恶行后,还会不憎恶它们?——唯一有争议的是,这些恶行是老师自己还是他的学生菲利斯库斯(*Φιλίσκου*)所为?[d5-211a4]那么,让他(译按,指某个读者)去读俄诺玛奥斯的悲剧吧——因为他也曾为了与他自己的作品相配写过悲剧——他将发现,这些悲剧中有着难以启齿的无耻,甚至超越了罪恶的极限,我根本无法用言辞来描述它们,我应该拿曼格尼图斯(*Μαγνήτων*)的极度令人憎恶,①泰赫曼西翁(*Τερμέριον*)的邪恶和其他全部的喜剧来比附它们,②还要再加上羊人剧、喜剧和模拟剧,在这些剧中,它们的作者一边是丑陋淫秽的,另一边发明了疯狂过度的行为。[a4-a8]如果某人从这些作品中选出一些东西向我们证明犬儒哲学的品质,以便诽谤诸神,并向所有人狂吠,如我在开头说的,就让他滚,让他滚到他愿意去的任何地方。[a8-a14]但是,如果这个人(译按,指前文说的某位读者)将第欧根尼当作神来崇拜,首先"在流通的货币上打上假印记③",随后将自己完全托付给阿波罗神给出的建议——"认识你自己",我们之所以仰慕第欧根尼和克拉忒托斯,显然是因为他们在实践中遵循这一格言,我认为这才是一个渴望去统治他人和想要成为智慧之人的男子汉应该去遵循的。[a14-c3]我们是否知道,第欧根尼敬奉这位神意味着什么?他奉这个神的命令轻视大多数人的意见,并"在流通的货币上打上假印记",而不是在真理上。[c3-c5]我们该将什么样的敬重献给"认识你自己"呢?我们可否称其为"流通的货币"?

---

① 一则谚语,比较,Archilochus 辑语,27,(Bergk 辑)。

② 一个为忒修斯杀死的强盗,比较普鲁塔克,《希腊罗马对比名人传》关于忒修斯的传记,11。

③ [译注]"流通的货币"指为大多数人广泛接受的意见。

[c5 - c7]我们能否将此归为首要的真理,并凭借"认识你自己"这个神谕发现"在流通的货币上打上假印记"的行为呢?[c8 - d2]正如某人完全不看重习俗的意见,而是径直走向真理,他就不是凭着那些意见来决定自己的行为,而是依据真实的行为,我认为,那些能"认识你自己"的人,正是能精确地认识他自己的真实,而不是他人关于自己的种种意见。[d3 - d9]因此,难道不是这样吗?——皮提亚的神说了真理,第欧根尼确信这一点,他遵循这位神,所以他没有成为被流放的人。我不会说他比波斯王更伟大,但根据传统,他激起了那个征服波斯帝国的人(译按,指亚历山大)的羡慕——这个人要与赫拉克勒斯的功绩竞赛,在野心上也大大地超过了阿基琉斯。[d10 - 212a5]那么,第欧根尼对诸神和人类是什么样的态度,就不能通过俄诺玛奥斯的说法来判断,也不能通过菲利斯库斯的悲剧得出结论——他将很多作品归在第欧根尼的名下,以毁谤他那神圣的名字——而是通过第欧根尼自己的行为来认识。

[a6 - a9]他为什么要以宙斯的名义去奥林匹亚盛会呢?为的是观看竞赛吗?难道他不是在伊斯特摩斯($'Ισθμίοις$)运动会和泛雅典娜节上能轻易观看此类比赛吗?[a9 - b3]那么,他来奥林匹亚是希望结交最优异的希腊人吗?难道这些希腊人没有去过伊斯特摩斯吗?所以,他来到奥林匹亚除了敬奉神,不可能再找出别的原因了。[b3 - b5]你说,他没有被宙斯的霹雳吓得惊慌失措,我也没有必要试图说服你相信,诸神常常被宙斯的雷电吓得惊慌失措。[b6 - c2]然而,我感受到了对诸神恐惧地发抖,我爱他们,畏惧他们,敬重他们,总之,这经受的所有那种感觉,恰似面对善良的主人、①师者、父亲、护卫者以及此类的人物时的感觉。这正是我几乎

---

① 参柏拉图《斐多》63c。

要从座位上起立,离开你的讲演的原因。[c2 – c4]然而,我不清楚该以何种方式详述这一点,尽管可能保持沉默会更好一些。

[c5 – c7]当第欧根尼来到奥林匹亚的时候,是一个分文没有的穷人,然而他却命令亚历山大到他面前来——如果狄翁说的是可信的话。① [d1 – d3]因为在他看来,常去敬拜诸神的庙宇是他的责任,当时那个最不可一世的君主来到他面前拜访他也是相配的。[d3 – d6]难道他曾写给阿赫克达摩斯('Αϱχίδαμον)的不是高贵的劝诫吗?第欧根尼不仅在言辞上,而且在行动上都敬畏诸神。[d6 – 213a1]这个人喜欢居住在雅典,但当神圣的命令将他带到科林斯,之后他被那个带他到这里来的人释放时,他也绝不认为应该离开科林斯。② [213a1 – a6]因为他相信诸神关心他,他来到科林斯既不是任意的也不是某种偶然,而是诸神以某种方式将他送到这里来。他看到这个城邦比雅典有更多的奢侈逸乐,需要更伟大和更高贵的训导者。

[a7 – b2][为你再举另外的一个例子]克拉忒托斯不是有很多充满魅力的、优雅的诗句表达对诸神的虔敬和敬畏吗?如果你没有空闲认真学习它们的话,请你从我这里听听这些诗句吧!

[b3 – b6]
皮埃里德斯的缪斯啊,记忆女神和奥林匹亚的宙斯的
美丽的女儿们,请听我的祈祷,
请你们赐给我与胃相配的粗食,但不要同时给予我
奴役——因为那会使得生命微不足道。

[b7 – d5]
请让我于朋友们有益,而不是讨他们欢喜,

---

① 参金嘴狄翁(Dio Chrysostom),《讲辞》(Oration)4.12, Arnim。
② 第欧根尼也卒于科林斯。

我不愿将财富和名声汇在一起，
也不愿努力获得尽是危险的财产和牛羊，
而是渴望正义地获得和拥有财富，——
这财富是易携带的，也是好获得的，就是受人尊敬的美德。
如果我幸运地获得了这些事物，那我将请求赫尔墨斯
和圣洁的缪斯息怒，
不是用奢侈昂贵的祭品，而是用虔敬和美德。

[d2-d6]你看到他对诸神的颂扬，[与此相反]，你对诸神的祈祷不就像是对他们的亵渎吗？多少百牛祭能比得上虔敬的价值呢？神圣的欧里庇得斯曾正确地歌颂虔敬说：

"虔敬啊，诸神的女王，虔敬？"①

[d7-214a1]或者你从未注意到：所有不管是伟大还是渺小的事物，都是凭着对诸神的虔敬才自然地拥有力量；一旦虔敬消失，敬献百牛祭也毫无益处，就算献上奥林匹亚的千牲祭也是枉然，除此之外，还有什么别的办法吗？[a2-a6]我认为，克拉忒托斯懂得这些，他仅用虔敬来敬重和颂扬诸神，并且教育其他人，除了虔敬，不需要有任何昂贵的献祭，而且就算献祭，在其仪式中也要更重视虔敬。[a6-b2]这就是犬儒们对诸神的态度，像那些有智慧的人一样，他们从不聚在一起听这些演讲，也不与朋友们用比喻和神话来获得快乐；因此欧里庇得斯说得很好："朴素的神话讲述真理。"②[b3-b4]因此，他说，说谎者和不义之人才需要一种影射的方法，

---

① 参欧里庇得斯《酒神的伴侣》(*Baccha*)，行370。
② 参欧里庇得斯《腓尼基妇女》(*Phoenissae*)，行472。

那么这类人与人交往的方式是什么呢？［b5－b7］行为好过言辞，首先他们表明崇尚贫穷，蔑视继承而来的财富。［b7－c4］他们要想锻炼节制的美德，首先通过各种方法锻炼节俭，他们要是想去掉其他人生活中的浮夸和傲慢之风，他们首先会来到市场和诸神的庙宇旁生活。［c4－c8］在他们用言辞反对奢侈傲慢之前，他们已经用行为击倒了它们；他们不是用言辞，而是用行为证明：如果一个人全然不需要什么，或需要得很少，不被身体欲求所困，那么，他就将拥有与宙斯一样的权力。［c9－d3］他们也尊重那些犯了错误的人——这些人因时运不济而犯错误，他们不亵渎死亡，他们的仇敌甚至用酒祭奠这些更节制之人的逝去。［d3－215a1］这些真诚坦率的犬儒们没有仇敌，即便有人击打他们的身体；即便某人扛着他的名声四处逛；即便有人辱骂和诽谤他们。因为仇敌只产生于争斗中，而那些超越争斗的人总是会受到友好的热爱和尊敬。［a1－a6］相反，如果有人是一个犬儒的敌人，正如我认为的那样，大多数人是诸神的敌人，［而诸神却超越于斗争之上］，但对这个犬儒来说，这个人不是他的敌人，因为他不能伤害他，相反，这个人却将最重大的惩罚加在了自己身上，就是更大的无知；结果就是这个人被遗弃，丧失任何的保护。

［a215a7－b2］如果我现在要做的是，写下关于犬儒的哲学原则，我能提供很多细节，这些细节不会不比我曾说过的更重要。［b2－b5］现在，我要解释一个更加重要的问题，即依次而来的神话应当以何种方式被创作。［b5－b7］很可能，另外的一个问题也应该一同被提出，即，什么样的哲学适合于一种神话创作？［b7－b10］因为我们看到很多哲学家和神学家也创造神话，例如俄耳甫斯，这个最古老的哲人，后来的很多哲人都是照着他来学习的。［c1－c4］并且，如我们知道的，色诺芬、安提斯泰涅和柏拉图在许多

地方要求要有神话，这表明了，如果神话创作不适合于犬儒，它依然适合于哲学。

［c5－d2］现在，我要预先叮嘱一下关于哲学的组成部分：无论从哪一方面来说，不管逻辑是与实践哲学相连，还是与自然哲学相连，它们之间的差异都不是很大，因为这两者都需要逻辑。［d3－d7］另外，这三种学问每一种都有相应于它们自身的学问。首先，自然哲学包括神学、数学，它研究万物的生成和毁灭，同时思索永恒和暂时，以及研究每个事物可能成为什么和它们的本质是什么。［d8－216a2］实践哲学则研究每个人的性情，每个家庭的治理和城邦的政治事务；逻辑在处理真理时是论证性的，在处理一般的意见时是充满了争论的，在面对那些看起来仅仅是可能的意见时，也是充满了争论的。［a2－a7］如果我没有弄错的话，这就是哲学的诸部分；这也不值得奇怪，即一个士兵很难正确地认识它们，也不能清晰地区分它们，以便看到我所说的更多来自经验和观察而非从书本中学到的这些。［a8－b4］真的，你就是我的见证人。如果你计算一下最近的那次讲演至今过了多长时间，我们也刚刚听到了这讲演，并且我有诸多事务缠身没有任何空暇。但正如我说的，如果我忽略了什么——尽管我认为我没有——并且有谁能帮助我提出更精确的分类，他将"没有敌人，只有朋友"。①

［b5－c1］这些哲学的诸部分中，神话创作与逻辑无关，也与自然哲学的分支数学无关，但是它会运用实践哲学和神学，前者处理个人的事务，后者处理入教和秘仪。［c1－c4］自然喜欢隐藏，那被隐藏起来的神圣存在不能以清楚明白的言辞暴露给不洁净的耳朵。［c5－c7］这正是自然的特征，神秘且不可知的自然已经给予了我们

---

① 柏拉图《蒂迈欧》54a。

诸多益处，它不仅照料我们的灵魂，而且滋养身体，并使我们认识诸神的本质；[c8 - d4]同时，我认为这常常通过神话的方法来完成，每当最纯洁的神圣真理被编织进谜语和加入神话中去时，大多数人的耳朵就没有能力听到它们。

[d5 - d8]哲学的诸部分中哪一部分与神话创作紧密关联，是显而易见的，因为在我看来，那首先选择使用神话的哲人们就是我如此说的见证人。[d8 - 217a4]柏拉图就在冥府审判的神学叙述中讲了很多神话，甚至在他之前的卡利俄伯斯之子（译按，指俄耳甫斯）也如此。安提斯泰涅、色诺芬和柏拉图在写作关于美德问题的作品时，不是随意地，而是有目的地依据某种和谐原则混合了大量的神话。[a5 - b2]现在，如果你也想使用神话，你就应该模仿这些哲人们，并且一方面为了替代赫拉克勒斯，应该将柏尔修斯和提修斯的名字引进来，就是用安提斯泰涅的风格写作；另一方面，在普罗狄科使用戏剧性手法的地方，①你应该在对待那两位神上，②以另外一种相同的方式将其引入你的剧场。

[b5 - c1]既然我已经提到了适合于模仿的神话，那么让我们自身单独去看看什么样的神话适合于哲学两支中（译按，神学和实践哲学）的哪一个。我们不再需要召唤古代见证人的帮助，但我们要跟得上这个男人令人惊叹的足迹，③我尊敬他像尊敬神那般，他与柏拉图和亚里士多德的地位相等同。[c1 - c6]他并不是将全部的神话，而是仅仅将入会礼与秘仪联系起来——例如俄耳甫斯，这位创立了最神圣的秘仪的人已经将它们传给了我们。因为对于引导

---

① [译注]例如他关于赫拉克勒斯在十字路口选择的寓言。参色诺芬《回忆苏格拉底》2.1.2。

② 潘神和宙斯。

③ 指杨布里科；比较《赫利俄斯王颂》157d。

我们认识真理来说,这是神话中不相适合的因素。① [c7-d2]我的意思是,越发离奇和奇异的隐秘,看起来似乎是越发警告我们不要相信神话所说的东西,而是要勤奋地研究那被隐藏起来的真理,并绝不要过早地放弃这种努力,直到在诸神的引领下,那些被隐藏起来的事物显露在我们面前;[d3-d8]并且,我们利用我们强人的理智,或者是我们拥有的比理智更崇高完美的东西,我的意思是,整一和善的一部分在整体上具备不可分的性质;是充满了灵魂的东西,需要通过更卓越的东西在整一和善中领会灵魂自身的整一,同时要分离和区分"整一"的存在。[d8-218a5]但是,当我说到伟大的狄奥尼索斯的本性时,②我不知道在庆祝酒神节时如何突然进到迷狂的状态。现在我在我的舌头上拴了一头牛,因为我不应当讲那些不该说出来的东西。然而,但愿诸神赐予我和你们中的大多数人——那些还没有参加秘仪的人——尘世的欢乐。

[218a6-b2]现在我所说的和你们所听到的既是正义的,又不致引起神的愤怒,从言辞风格和思想中显现的每个逻各斯,都是被编写进神话中去的。因此,既然神话是某种逻各斯,并且往往这两种东西编写成一个整体,那么让我们分别细致地思考一下它们。[b2-b9]在任何一个逻各斯中,思想都是通过这种方式表达的:要么是简单的表达,要么是以形象的方式表达,这两方面的例子都是非常多的,前一种表达方式承认其中并没有什么错综复杂,但是后一种宣称在其中充满了错综复杂的形象,这些形象都是你非常熟悉的,除非你曾学习过修辞术,而不是对它一窍不通,[否则,你不能找到被隐藏起来的逻各斯],并且这些思想的绝大多数形象都是适合

---

① 比较《诸神之母颂》170。
② 比较《赫利俄斯王颂》144a。

用神话来表达的。[b10 - c1]然而,我没有必要谈论它们的全部,或是它们中的大多数,除了两种既庄严神圣却又看似矛盾的观点。[c1 - c5]这个原则也同样适用于说话的措辞。因为,这种原则是那些谨慎表达他们自身的人所赋予的特定形式,他们说话绝不像冬天从三岔路口而下的山洪($\chi\varepsilon\iota\mu\alpha\varrho\varrho\sigma\iota$)那样,①在言辞中夹杂着垃圾。[c5 - d5]现在,需要思考一下这两种类型。不论什么时候编造有关神圣之物的神话,一方面,其言辞必须是庄重的,其措辞的风格必须尽可能地克制、美好,要整个地与诸神相称;另一方面,绝不能有卑劣的或是渎神的以及不虔敬的话,因为我们不应当成为使民众对诸神极傲慢的源头,甚至我们应该首先与民众一起表达对诸神的虔敬。[d5 - 219a1]因此,其措辞中一定不能有与刚提到的不一致的东西,而是所有的言辞要庄重、美好、崇高、神圣和纯洁,并且要与诸神的本质权能相一致。[a1 - a6]但是,依据这种思想,那些不和谐的因素必然被看作是一种有益的恩惠,以至于就不需要从某种外在的提醒那里获得,而是从所讲的神话中求得那隐秘的教诲,并靠着诸神的引导,热心地追求知识。②[a7 - b3]至少,我听很多人说,狄奥尼索斯是一个有死的凡人,因为他是塞墨勒($\Sigma\varepsilon\mu\acute{\varepsilon}\lambda\eta\varsigma$)所生,他是凭着神圣的礼仪和秘仪才成为神的,就如同赫拉克勒斯神是凭着他王者般的美德被他父亲宙斯带到奥林匹亚的。[b4]"我的好先生哦,"我说,"难道你没有感觉到神话明显讲得比较隐晦吗?"[b5 - c1]但是,赫拉克勒斯以及狄奥尼索斯出生后那段生活是怎样的呢?——尽管在他们的诞生中有着更卓越和神圣的元素——他们

---

① [译注]$X\varepsilon\iota\mu\alpha\varrho\varrho\sigma\iota\varsigma$意思是因降雨或是融雪而在冬天涨水的山沟。意思是那些说话信口开河的人说的话中夹杂着很多垃圾,而毫无用处。

② 比较《诸神之母颂》170b - c。

是否也同时保留了人类的本性,并且定然与我们相似呢?[c2－c7]据说,当赫拉克勒斯还是个小孩时,①他那具有神性的身体是逐渐增强的,并且常常到老师那里上课和请教问题。据说他去当士兵,超过了所有人,他的身体也会感到疲惫。事实上,这些曾经都真切地发生过,只不过他比人类更强大。[c8－d6]例如,当他还是个褪褓中的[婴儿]时,就曾扼杀过蛇,并且与自然的基本要素对抗:极度的炎热或寒冷,处于绝境和不可克服的困难中——我指的是缺少食物和孤独,并且我认为,他寻找金酒杯的无穷尽旅程,不是为了金酒杯而去的,而是为了穿越所认为的世界尽头。[d7－220a2]那么,对赫拉克勒斯来说,什么事情是他不可能完成的呢?不顺从他神圣和最纯粹的身体的元素是什么呢?——尽管它们都被他那圣洁和纯粹的智慧所具有的技艺和力量所制服了。[a2－a9]因为伟大的宙斯凭着雅典娜超前的智慧,成为世界的守护者,并任命这位整个地是从他的身体中诞生的女神做他的护卫,随后他通过雷电的火焰,召唤他的儿子来到他身边。他通过高空的光线这一神圣的记号,命令他的孩子来到他身边。当我们沉思这些的时候,愿赫拉克勒斯给予我和你们欢乐。

[a10－b5]据说,狄奥尼索斯的出生,本质上并不是出生,难道是某种居住在人类附近的精灵的显现吗?当他的母亲怀着他的时候,正如这个故事所讲的,她受到善妒的赫拉的诱骗,恳求她的爱人(译按,指宙斯)去见她,就像往常他惯于去见他的妻子那样。[b6－b7]结果,她柔弱的身体不能承受宙斯的雷击,就被雷电的火光烧毁了。[b8－c2]正当她快被烧毁的时刻,宙斯命令赫尔墨斯从塞墨勒的身体中取出狄奥尼索斯,切开自己的大腿将他缝进那里。

---

① 指七岁前的孩子。

从那以后,胎儿逐渐发育成熟,宙斯感受到了新婚妇人那种分娩的阵痛。[c2-c6]那些针对"这条大腿"而唱的歌谣——["绝不要做这种缝补的事情"①]——为我们把光亮带到了酒神身上。这个神话说,那时,狄奥尼索斯正因为赫拉的诡计而变得疯狂,但诸神之母治愈了他的疾病,他立即变成了一个神。[c6-d1]狄奥尼索斯神的追随者不是利卡斯、赫拉克勒斯、伊俄拉奥斯、②特拉蒙、③赫拉斯和阿伯德罗斯这样的神,而是萨提尔、④巴克斯、潘神和一整群精灵。[d2-d7]你知道有多少人是凭着雷电的光火出生的,并且他的诞生和他的行为比人类更具有人性呢? 现在,我们为什么不能抛开这些蠢话,首先思考此处的这个事实,即塞墨勒在那神圣的事件中是明智的吗?[d7-d9]因为她是弗尼科斯的卡德摩斯的女儿,当宙斯听到他[指卡德摩斯]说:"弗尼科斯人已经打听到众神们行走的诸多道路",就请求弗尼科斯的居民为他们的这种智慧做个见证。[221a1-a7]现在,在我看来,她是希腊人中第一个感知到,宙斯的显现不会太久,并且她预知了这一点,然后她提供了某种与指狄奥尼索斯的崇拜紧密相连的秘密崇拜仪式,因为她没能坚持等待那已被预订的时刻,就被流泻到她身上的火焰烧死了。[a7-b6]正是凭着宙斯的意志,以一种共同的方式将火赐予了所有人,人类由此进入了一种新的统治秩序,并使他们(译按,指希腊人)从游牧生活转向了更加文明的生活;来自印度的狄奥尼索斯自己就是神灵显现的见证人,他常到他们的城邦去,引导他那浩浩荡荡的敬拜队伍,并赐

---

① [译注]译者所加,原文无此。
② 英雄赫拉克勒斯的侄子,曾协助赫拉克勒斯杀死九头水蛇。
③ 埃阿科斯的后代,埃阿科斯的父亲,参与寻找金羊毛的远征英雄。
④ 森林之神,具部分人身和部分马、羊身,好女色。

予每个城邦自己显现的标志,即"能酿甘醇"的那种植物。①［b6－c2］尽管他们的生活变得更文明了,但我认为,正是希腊人给予了他这个尊贵的名字,并且称塞墨勒为狄奥尼索斯的母亲,原因是她曾做的那个预言,同时,也因为狄奥尼索斯敬重她一直以来就是他被注定的冒险生活的第一个祭司。

［c2－c8］如果某人严肃认真地检验和盘问诸神的这些事件,那么,那些渴望进入神话中,去发现狄奥尼索斯是属于哪类神的人们就拥有了真理,这些神话隐秘地讲述这个神的本质,晦暗地述说,在有理智的诸神中间,他的父亲宙斯将其孕育和他在这个世界上的诞生是从未发生过的……②［c9－d5］整个世界和其他一切的事物都是值得依次去研究和检验的,但这对我来说,无论如何是非常困难的,部分是因为我对关于它们的准确真理一无所知,部分是因为我不愿意探询隐秘且显现的神,这就如同在剧场中,向那些没有理智的耳朵提出某个谜语和关于万物的思想,或者令他们转向哲学生活一样困难。

［d6－222a2］然而,让狄奥尼索斯自己来决定这些事情吧！尽管我向他祈祷使我和你为那些关于诸神的真实知识迷狂,以至于那些未经过酒神秘仪的人们无须花太多的时间就能经受彭图斯($Πενθεύς$)的经历,同时我们不会死去,但已经完全地从身体中解脱了出来。［a3－a9］因为彭图斯在其丰盈的生命中,在分享者之间完美地交融,在一切事情上也是纯洁的,但他依然没有达到狄奥尼索斯的本质;他经受了酒神秘仪和神圣的思想,但依然是不完美的——并冒着这样的危险:他的生命支离破碎,就像被切成了许多

---

① 指葡萄。
② 原文有缺漏。

的碎片——因此,他一无所有。[b1 – b5]但是,当我说"支离破碎"和"切成碎片"时,一定不要专注于这些言辞中的小溪:绝不要顺从命运女神纺的命线,而是要以另外一种方式理解这些言辞,它们被柏拉图、普罗提诺、波菲力和有精灵附身的杨布里科用过。[b6 – c4]因此,没有能力理解这点的人就会嘲笑它们,但我确信,那将是一种萨多尼昂式的嘲笑,因为他将永远错失诸神的知识,而在我看来,我凭着我的赫利俄斯神发誓,这种知识绝不比统治包括罗马和野蛮人在内的世界价值更少。但是,我不知道是哪个神使我在一种酒神般的迷狂中如此胡言乱语。

[c5 – c9]现在回到我之所以这样说的事情上吧!无论何时,关于神圣事物的神话都与理智的思想不一致,但正是由于这一点,某些人大声地呼喊,并恳求我们不要轻率地相信神话,而是要研究和仔细探究它们隐秘的含义。[c9 – d5]在这样的神话中,那些不协调的因素恰恰比庄严且坦率的言辞更有价值,尤其是当后者被用来描述诸神的美好、伟大和善时,就会有种危险,其实它们依然是指人类。当这个意思被不一致地表达时,就有这样的一种希望:一般人将会轻视这些言辞更加明显的意思,这时,纯粹理智可能对诸神本性提出超越所有存在物的特殊理解。

[223a1 – a5]这就是与入会礼和秘仪的条规紧密相连的哲学,为何应该以各种各样的方式用虔敬和庄严的言辞去表达,这种思想应该用一种更加特别的方式详细阐述。[a5 – a9]但是,某人为了提升道德而创造的逻各斯,并将神话嵌入其中,不是为男子汉们准备的,而是为那些确实不论年龄还是理智都还是小孩子的人们准备的,这类人整个地需要这种逻各斯和神话相混杂的言辞。[a9 – b4]然而,如果你(指赫拉克勒奥斯)将我们都看作稚童,例如此处的阿那托利乌斯,你也将我们的曼姆里阿斯和撒鲁斯特包括在内,另外,

如果你以此看待这里其他的所有人,那么你需要航海到安提库拉去了。①

［b4－b8］为什么人们应该佯作不知呢?② 以诸神的名义,或以他们神话的名义,甚至以万有之主赫利俄斯神的名义,［告诉我］,你完成过什么不管伟大还是渺小的事情吗? 你什么时候与那些会反抗压迫且拥有正义的人竞争过呢?［c1－c3］你什么时候劝慰过那些因遭受了死亡或是他们的朋友遭受了死亡而悲伤过度的人,告诉他说"死亡绝对不是恶"呢?［c3－c7］哪个明智的青年会赞颂你,因为你已经使他从放纵变得节制,不仅是在身体方面,而且是在灵魂方面呢? 你在生活中又曾做过什么勤勉的训练呢?［c7－d3］你又曾做过什么事可以配得上第欧根尼的拐棍,③或是——凭宙斯起誓——他那自由的言辞呢? 你真的认为拿着一根狗棍,让你的头发三倍的长,游走诸城邦和军营,一边对那些最善良的人恶语相向,又照料那些最卑贱的人,是一个伟大的行为吗?［d4－d8］以宙斯和在座的这些听众的名义告诉我,由于你这类人的缘故,谁开始厌恶哲学? 你为什么在意大利拜见了有福的孔斯坦提乌斯皇帝,而没有去高卢那样遥远的地方呢?［d8－224a3］如果你曾来到我们这里,无论如何你会结交到一个能更好地理解你的言辞的人。你骑着你的骡子在世界各地游荡,从中你又获得了什么呢?［a3－a8］是的,我听说你们使那些赶骡人精疲力竭,以至于他们害怕你们甚过

---

① 在安提库拉有一个人叫 Hellebore,据说能医治好人的疯病。关于这个谚语,比较贺拉斯,Satires 2.3.166。

② 由此开始,尤利安用一连串的问题来质问赫拉克勒奥斯,并充满了讽刺。

③ 犬儒派哲人四处游荡时拿着一根棍子,并留着长长的头发,戴着破烂的斗篷。

害怕士兵。我也听说，你们中的一些人用木棍非常严酷地驱使他们，甚过士兵们的剑。所以，他们自然就更害怕你们。[a8 – b6]很久之前，我为你们取了一个绰号，现在我想把它写出来，就是"僧侣（'Αποτακίσταϛ）"①——那些不虔敬的加利利人用来称呼某些人的。他们中大部分人通过微小的牺牲换取更多的东西，甚至是全部的东西，并且还要争取到大量的尊敬、众多的随从和奉承话。[b7 – b9]他们做的有些事情和你们做的一样，除了可能说出些神圣的启示来，但这不是我们习惯的做法，因为我们要比那些愚蠢之徒更加聪明些。[b10 – c4]大概正是这个差异：你们没有托词，像他们那样伪装着去征收税款，他们称为"施舍"，不管那可能意味着什么。但是在所有别的方面，你们的习惯和他们的几乎一样。[c4 – c8]像他们那样，你们背弃了你们的邦国，到处去游荡，你们比他们更多地扰乱了我的军营，也比他们更加鲁莽无礼。因为他们只有受到邀请，才会去，而你们则是为了得到好处径直自个儿就冲进去。[d8 – d4]你们有什么优良的品质呢？或是我们中其他人从你们那得到了什么美好之物呢？你们首先抵达阿斯克勒皮亚得斯，然后又到赛壬尼亚努斯，又到克特律昂，然后是一个长着金黄的长头发的小男孩——我不知道他的名字——然后是你们所有的人再来一次这样的游荡。[d5 – d7]我最好的先生们，你们从游荡中获得了什么样的益处呢？又有哪个城邦或是个人感受到了你们的"自由言辞"呢？[d7 – 225a2]你们首先选择游荡到一个连正眼都不愿瞧你们的皇帝这里来，难道不是蠢到家了吗？当你们到这里时，你们的行为

---

① 'Αποτακίσταϛ也有"独居的人"，或"持异教观念的人"的意思。此处尤利安明显在影射靠赈济生活的基督教僧侣，也表明了赫拉克勒奥斯虽是一个犬儒，但本质上是一个基督教僧侣。

难道不是更冒失、更愚蠢，像疯子似的，以同样的口吻对我既阿谀奉承又咆哮吗？——你们甚至将你们的书籍献给我，而且再三坚持这些书应该献给我。[a2-a6]我不认为你们中有谁哪怕拜访过一所哲学家的学园——像我的书记员那样经常地访问，事实上，通往王宫门廊的入口在阿卡德米、吕克昂和帕提兑(Ποικίλης)这些地方。①

[a7-a10]你们做的都是些多么无聊的事情啊！无论如何请丢弃它们吧！直到现在，你们也不能从你们的长头发和木棍中获得任何益处。难道我应该告诉你们，你们是如何使哲学遭人鄙视的吗？[b1-b6]这是因为绝大多数无知的修辞学家们，不凭着赫尔墨斯神的言语也能说服别人，另外，在雅典娜女神和赫尔墨斯的共同帮助下也不能变得有智慧的人，总是常常溜到市场上乱转，从那些修辞家那里学习知识。[b6-c2]因为他们不知道这个谚语中的道理："葡萄才使葡萄成熟"②——然后所有人就一股脑儿砸进犬儒派中。他们也拿着木棍、戴着破斗篷、留着长头发，并且伴随着无知、傲慢、粗鲁，总之一句话，学得惟妙惟肖。[c3-c7]他们说，他们正走在美德已经预备好的捷径上，然而我宁愿你们走在更曲折的道路上。因为你们通过那条更远的路要比你们现在走的更容易抵达。你们没有看到吗？捷径总是充满了巨大的困难。[c7-d5]这就如同走交通大道的情形，一个有能力走捷径的人要比其他人更容易绕圈子，然而这根本不意味着那个绕圈子的人就总能找到捷径，哲学的情形也一样，因为哲学的终点和起点是同一的，就是要认识自己和变得像神。那就是说，起点是认识自己，终点是要变得与更高的存在相似。

---

① [译注]这个词是门廊的意思，指廊下派。
② 一个表示竞争、仿效的谚语。比较 Juvenal. 2.81。

[d6 - d9]因此,无论谁想成为一个真正的犬儒,他都要蔑视钱财和众人的意见,而且,首要的是将他的思想转向自己和这个神。[d9 - 226a1]对他来说,金子就不再是金子,荒漠也不再是荒漠,如果某个人为了交换而询问它们的价值,并给出了恰当的价格,[他会拒绝],因为他知道二者都是泥土。[a2 - a7]事实上,那些更罕见之物和更容易获得之物被他看作是众人虚荣和无知的结果。他绝不会依据赞美或责难去评判美丑,而是依据其本性去评判。他避免过度的事物,也厌恶男女之欢。[a7 - b5]当他被迫去满足身体的需要时,他不会是意见的奴隶,而去等待一个厨师、调味品和烤肉的香味。他也从不会去注意芙丽涅和莱斯,①也不会需要妻子,不会思慕少女和女仆。因为他满足身体需要是靠着偶然得到的东西,通过克服所有身体造成的困难,从奥林匹亚的顶峰沉思所有其他的事物,[b5 - b10]就如同:"在阿特神的草地上,在黑夜里沉思。"②

当然,由于只能享受很少的快乐,就得忍受着比科库图斯(Κωκυτὸν)和阿克昂('Αχέροντα)更大的痛苦,③正如大多数更美妙的诗人们常常告诉我们的。[c1 - c5]这才是通往哲学的捷径。一个人必须完全地摆脱自身,并认识到自己是神圣的,不仅要将精神永不疲倦地、专心致志地固定在神圣的、圣洁的和纯粹的思想上;[c5 - c9]而且,他必须蔑视他的身体,用赫拉克利特的话说就是,认为身体"不比废物更有价值",他必须通过最容易的方法满足身体

---

① [译注]当时古希腊几位最著名的交际花,高级妓女之一。当金子的诱饵摆在我们面前,要抓住我们时,我们一定要像演说家达莫森被那位美丽的莱斯(Lais)要求付出一笔巨款去观看她的美貌时那样,说:"我可不会花如此大的价钱购买懊悔。"

② Empedocles,辑语,21,(Diels 辑)。

③ [译注]前者是冥府的哭泣之河,是阿克昂河的支流。后者是冥河。

的需要,只要这个神命令他将身体仅仅当作工具来使用。

[c10-d4]如人们说的,就到这儿吧！现在返回我偏离主题的地方！如我所说,由于神话应该讲给要么是那些理智依然处于孩童阶段的人,要么是那些实际年龄仍然是孩童的人,我们必须忍着痛苦,不对他们讲任何冒犯诸神或是众人的话,也不讲任何关于不虔敬之事的话,正如刚刚所做的那样。[d5-d9]我们必须在一切情形下仔细地检查：这个神话是否可信,是否与讨论的事情密切相关,所创作的神话是否真的是一个神话。不久前你（译按,指赫拉克勒奥斯）创作的那个不是你自己的,尽管你自夸说是你自己创作的。[d9-227a4]你的神话是古老的,你所做的仅仅是将它改变一下适应新的环境,正如我相信,人们惯于依照充满修辞和形象的思想做事。诗人柏罗斯就是这样一个例子。[a4-a6]看来,你没有创作你的神话,我聪明的朋友啊,你所做的就像年轻人那样狂妄自大,且是徒劳无益的蠢事,尽管这件事似乎是一个头脑灵活的人做的。[a7-b1]如果你读到过普鲁塔克那些神话性的故事,你就会成功地懂得：创造一个全新的神话,与为了某个自己的目的而改写已经存在的神话之间究竟有什么样的差异。[b2-b3]但是我一定不会通过推荐你阅读那些又长又难读的书,而耽搁你哪怕一分钟,或妨碍你沿着通往智慧的捷径狂奔。[b4-b9]你不曾听过德摩斯泰涅创作的神话,那是马其顿人要求雅典的演说家们放弃时,他向雅典人讲述的。你应该去创作这类神话。难道因为天堂的缘故,这对你来说太困难,以至于不能将其与这类神话相联系吗？你把我也逼迫成一个神话的制造者了。

[c1-c6]一个非常富有的男人（译按,指孔斯坦丁大帝）,有成群的山羊和一大群牛,在"牧场上放牧山羊",成千上万的马在河边的水草地上悠闲地吃草；他还有众多的牧人：既有奴隶,又有雇佣的

自由人,有牧牛人、牧羊人和牧马人,当然也有宏大的产业。[c6 - d1]这众多的财产都是他的父亲留给他的,但他自己获得了更多,他渴望让自己变得更富有,无论是采取正义还是不义的手段:因此他几乎不注重诸神。[d1 - d6]他有好几个妻子,并和她们生养了众多的儿女。他要在他死之前将他的财富分配给他们。但是他从未教过他们如何去管理,或是如何获得更多,如果这些财富会缩减的话,他也不教他们如何保存他们已经拥有的。[d6 - 228a3]由于他的无知,他只满足于财富的数字,他也从未让自己学习任何这类技艺,因为他不是靠着任何理性的原则获得他的财富的,而是靠着经验和习惯,就像那些庸医们一样——他们医治病人靠的仅仅是经验,以至于他们不了解很多无法治疗的疾病。[a3 - b2]因此,由于他认为有众多的儿子就足以保存他的财富,他没有想过如何使他们变得有美德。但正是这个事实成为他们彼此之间不义行为的源头。因为每一个儿子都渴望像他们的父亲那样富有,并独占整个财富,所以就去攻击他的兄弟。在一段时间内,他们会这样行事。[b2 - b6]他们的亲戚也与这些儿子一样,同样愚蠢和无知,因为他们自身根本没有接受什么更好的教育。这样,一场血流成河的杀戮就确定无疑了,命运将这种灾难带给了这个自满的家伙。[b6 - c3]因为"剑的锋利,他们瓜分了他的财产",一切被抛入了争斗和混乱中。这些儿子们拆毁了祖先的庙宇,他们的父亲之前就轻视它们,并瓜分了敬拜者进献的贡品——当然,占据的不仅仅是他自己的祖先的。[c3 - c7]除了拆毁庙宇,他们既在新的地方,又在之前庙宇的地基上建造了坟墓,尽管为命运所迫,或凭一种无意识的预感,他们将需要更多的坟墓,以便让他们知道,他们是何等地忽视了诸神。

[c8 - d1]因此,一切都处于混乱之中:那所缔结的婚姻不是婚姻,①同时还有亵渎诸神的人们——这时宙斯起了怜悯之心。[d2 - d6]他对他的儿子赫利俄斯说:"我的孩子啊,神圣的后代要比天空和大地更加古老,你依然对傲慢无礼和自以为是的凡人心怀憎恨,可你该要求哪个种族对如此多的不幸负责呢?"[229a1 - a6]或者你认为:你不能对这个人恼怒,也不能怨恨他,更不能将箭射向这个人的家族,很少有谁能对这样的灾祸负有责任,难道因此你就要毁灭这个人的家,使他无依无靠吗?"宙斯接着说:"然而,让我们召唤命运女神们前来吧,看看是否必须帮助这个男人。"命运女神们就服从宙斯的召唤[来到他跟前]。[a6 - b2]但是,赫利俄斯像是在思考什么,陷入了深深的沉思中,同时用坚定的目光凝视着宙斯。命运女神中最年长的一位说:"我们的父亲啊,虔诚和正义一起妨碍着我们。因此,劝说他们也就是您的事务,因为您曾命令我们离开他们。"[b2 - b5]然后,宙斯说:"虽然她们是我的女儿,然而到了质问她们的时候了。"他接着说:"可敬的女神们,那么有什么是不可说的吗?"她们回答说:"我们的父亲,没有,因为一方面您是命令一切的主宰。[b5 - c1]另一方面,您要细细观察,那些凡人中通过干尽坏事而获得幸福不是普遍存在的。"宙斯说:"这两方面我都会谨慎思考的。"然后命运女神们就编织和分配所有的命运,如父亲宙斯所愿。

[c2 - c5]宙斯接着对赫利俄斯说:"你看到的这个男孩就是你自己的孩子。"(这个男孩就是尤利安)——这个男孩是那些弟兄们的一个亲属,但他受到蔑视,且被抛弃了,尽管他是那个富有的男人的外甥,是他的继承人的堂弟[c6 - d1]宙斯说:"这个孩子就是你

---

① [译注]指不合伦理的婚姻。例如,堂兄妹之间的婚姻。

自己的后代。以我的权杖发誓,你要细心地照料他,医治好他的疾病。[d1 - d5]因为你看到他多么悲惨,受着烟雾、污物和黑暗的侵袭,并存在这样的一种危险:要是你不尽力保护他,你赋予他的火光也即将熄灭。因此要呵护和抚育他,我和命运女神们会支持你。"[d6 - 230a1]当赫利俄斯王听到这些,他非常高兴,也对襁褓中的这个婴儿感到喜悦,因为他感觉到,自己的那种火光还些微地保留在这个婴儿身上。从那时起,他就细心抚养这个"从流血、战争的喧嚣和杀戮中"收养的男孩。①[a2 - a4]父亲宙斯又命令雅典娜,这纯洁的少女神与赫利俄斯一起承担抚养这个婴孩的任务。[a4 - b1]随着他慢慢长大,变成一个"嘴唇上刚长胡子,正当茂盛华年"的青年时,他获悉了那些降临在他的亲属和堂兄堂弟身上的无数灾祸,并且完全扑在塔尔塔罗斯身上,他被这无数的不幸蒙住了理智。[b1 - b4]然后那无比荣耀的赫利俄斯在预见女神雅典娜的帮助之下,给他带来睡眠,同时转移了他的注意力。[b4 - c1]然后,当他从睡眠中醒来,径直走向了沙漠。在那里他发现了一块石头,休息了一会儿,开始与自己争论,他如何才能逃离这众多且巨大的罪恶。因为此刻所有呈现给他的事物都是沉重的,在那一刻,他几乎失去了任何希望。[c2 - c8]然后,赫尔墨斯,他喜爱这个年轻人,伪装成与他年龄相仿的青年出现在他面前,温和地安慰他说:"跟我来,我将引导你去一条更加容易的和更加平缓的道路,只要你能战胜这充满风暴和颠簸的旅途,在这条道路上你看到所有的人一旦跌倒,就会退回起点。"

[c8 - d1]然后,这个青年带着一柄剑、盾牌和长枪以极大的谨慎继续前行,尽管他的理智还不够强健。[d1 - d5]靠着赫尔墨斯

---

① 《伊利亚特》9.231。

的引导,他沿着一条平缓的路前行,这条路走起来步履轻盈,道路两旁的树上挂满了各种水果,繁花盛开,如诸神所喜爱的那样,当然也有各种各样的树木,有常春藤、月桂和番樱桃。[d5-231a1]当赫尔墨斯将他带到一座雄伟、高耸入云的山脚下时,说道:"在这座山的峰顶居住着众神的父亲。但是要谨慎地去——因为撒谎是所有危险中最大的①——崇敬他,带着最大的虔敬去向他询问任何你想问的问题。我的孩子,尽管你可以随意选择问题,但是唯一应问的问题是,什么是最好的。"[a2-a8]赫尔墨斯这样说完就消失不见了。尽管这个年轻人曾从他那里获知,他应该向诸神的父亲问什么样的问题,但当他看到赫尔墨斯不在他身边时,就自言自语道:"这个建议尽管是不可能完成的,却是好的。因此让我凭着命运的恩惠去问什么是最好的,虽然我还没有清晰地看到诸神的父亲。[a9-b4]父亲宙斯啊——或无论你让人们称呼您什么——请向我显示这条通向您的道路。因为我认为您的权能是最公正的,如果我从这个光辉壮丽的地方——我曾来到过这里——有能力判断您宫殿的美丽。"

[b5-c1]当他祈祷完之后,一种睡眠笼罩了他,然后宙斯向他显示了赫利俄斯。带着这种神圣的敬畏,他大声说道:"众神之父啊,为了这些和您其他的救助,我愿意将我自己献给您。"[c2-c5]然后他用双臂抱住赫利俄斯的双膝,恳求他不要放弃对他的救护,恳求赫利俄斯拯救他。但是赫利俄斯呼来雅典娜,让她首先询问他配备了什么武器。[c5-c9]雅典娜看到他仅有盾牌、剑和长枪时,说:"我的孩子,你的护甲和头盔在哪里呢?"他回答说:"即使我只有这些,也为自己招来了许多灾祸。因为在我的胞亲中,没有谁会帮助一个受到如此蔑视的人。"[c10-d1]伟大的赫利俄斯说:"因

---

① 柏拉图,《理想国》618b。

此你要懂得,你必须返回那里。"[d1－d4]这个年轻人赶紧向赫利俄斯请求,不要把他再次遣返尘世,而是要将他留在这儿,因为他再也不能回到这里来,他会被大地的罪恶所吞没。[d4－332a2]他哭泣着苦苦哀求,但赫利俄斯回答说:"年轻人,你尚且年轻,还没有获得奥秘。你只有回到你自己的族类那里,才能获得,然后才可以在大地上平安地生活。因此你必须返回,并且要清扫所有对我、雅典娜和其他众神不虔敬的人和侮辱我们的人。"[a2－a7]赫利俄斯说完这些后,这个年轻人沉默下来。接着,伟大的赫利俄斯引他来到一个高耸的山峰,它的山巅散放着光,但低处却被难以想象的浓厚云雾环绕,赫利俄斯让一束微弱的光就像穿过流水一般,穿过那厚厚的云层,说:"你看,这是那个继承人,你的堂兄。"

这个年轻人回答说:"我看到他了。"[a8－c3]"你看到那边的牧羊人和牧牛人了吗?"年轻人说他看到了。"你认为继承人的性情是什么样的?他的牧羊人和牧牛人的性情又是什么样的?"这个年轻人回答说:"在我看来,他身上最珍贵的部分在昏睡,沉浸在遗忘中,并热衷于享乐。他的牧羊人中有一些是忠诚的,但大多数道德败坏、野蛮残忍。因为他们非常贪婪,偷偷地卖掉他的羊群,然后反过来再咬主人一口——他们不仅毁灭他的羊群,而且从中获利甚多,把剩下的小部分归还主人,即便如此,他们还要大声地抱怨,说主人付给他们的报酬欺骗了他们。比起那些毁灭牧群的人,要求获得他们应得的报酬的牧人是更好的。"[c3－c6]赫利俄斯说:"如果现在我和雅典娜遵从宙斯的命令,分配你去统治这些人,以代替那个继承人,你愿意吗?"[c6－c7]这个年轻人又缠绕着赫利俄斯的双膝,真诚地恳求让他待在这里。[c8－c9]赫利俄斯说:"不要固执地不顺从,免得我像之前爱你那样深深地讨厌你而强迫你离去。"①[c10 – d1]然后这个年轻人说:"啊,最伟大的赫利俄斯,雅典娜,还有父亲宙斯,我呼唤你们见证:我顺从你意志的安排。"[d1 – d5]之后,赫尔墨斯再次突然出现了,给他的胸中灌进了巨大的勇气。现在他找到了返回地上暂居处的引路者。[d5 – 233b8]接着,雅典娜说:"美好的年轻人,定要学会我和这位神的技艺,那属于高贵的男子。牧者中最有美德的那位不喜欢这个继承人,因为谄媚之徒和无耻之徒使他成为他们的奴隶和工具。因此他不再为神所爱,并被那些故意谄媚他的人败坏了。当你返回那里时,要警惕他或许会让你成为他的谄媚者而不是朋友。我的孩子,这第二个警告要牢记:那继承人的理智在昏睡,因此他常常受骗,但你要明智和警觉,避免谄媚者诬陷某个朋友的忠诚而使你受骗,他像一个被烟和灰遮面的铁匠,却穿着白色的长袍,脸也被涂成白色,因而迫使你将自己的女儿嫁给他做新娘。②我的第三个警告是:你要认真地照看你自己,并唯独敬畏我们,在人类身上唯有理智最像我们,除此之外没有别的。现在你看到虚假的羞愧和过分的胆怯是多么深地伤害了这个愚蠢的人。"

[b9 – c7]赫利俄斯王接着说:"你选择朋友时要将他们当作朋友来对待,不要将他们看作你的仆人和随从,与他们交往时,要让你的行为慷慨、率直而享有尊荣;当你思考别的事情时,丝毫不要吐露它们。你看到,是那个继承人对朋友的背叛毁灭了他。要像我们爱

---

① 《伊利亚特》3.415。
② 对柏拉图《理想国》495e 的模仿。[译注]苏格拉底说:"他们不全像一个刚从监狱里释放出来并且走了好运的癞头小铜匠吗:他洗了个澡,穿了件新外套,打扮得像个新郎,去和他的主人的女儿——一个失去照顾,处于贫穷孤独境地的姑娘——结婚?"

你那样去爱你的臣民。要更加喜爱对我们的敬拜。因为我们是你的施恩者、朋友和护佑者。"这些话一说完,这个年轻人就变得十分安静,并坚定地表明他已经准备在一切事情上顺从诸神。赫利俄斯说:"来,我的孩子,现在放弃那些美好的希望,因为我、雅典娜和赫尔墨斯以及所有住在奥林匹亚的神,以及在天空中和大地上无处不在的全部神族,时时刻刻都与你同在,只要你对我们虔敬,对朋友忠诚,对你的臣民仁慈,统治他们,把他们引导到最好的事情上面去。但绝不要屈服于你自己的激情,变成它们的奴隶。保管好这些你带到这里来的盔甲,现在你要离开了,首先接受我的火炬,你可以在尘世中用它来照明,你也因此而不需要尘世的其他东西。从正义的雅典娜这里取一个头盔和一身护甲,因为她有很多,她将它们送给她喜欢的人。赫尔墨斯会送你一个金权杖。将这些全部装扮之后,平稳迅捷地掠过海洋和大地,要遵守我们的律法,不要让任何男人、女人、亲族或外邦人说服你忽视我们的命令。因为当你遵守这些命令时,你将会受到我们的喜爱并得到赐给你的荣耀,也会受到我们善良的仆人的尊重,使恶人和不虔敬之徒对你充满敬畏。你要知道,一个会朽的身体给予你,为的是你能强有力地履行这些职责。我们希望你清除你的祖先获得的尊荣,扫干净你祖先的房子。因此要牢记,你拥有一个不朽的灵魂,这灵魂是我们的后代,如果你跟从我们,你就会成为一个神,与我们一起看到我们的父亲。"

[c8-d3]我不知道这是个神话还是个真实的叙述。但是在你编造的神话中,潘神代表什么,宙斯又代表什么?——除了我是潘神,你是宙斯之外。[d3-d5]但,这是一个多么滑稽可笑的假潘神!更荒谬的是,凭阿斯克勒皮奥斯起誓,你说潘神比宙斯更伟大。[d5-d7]这话难道不是完完全全地出自这样一张嘴,它凭着病态

而又混乱的灵魂,而不是凭着从神那得来的灵感说话?①［d7－235a2］难道你不知道,萨尔摩纽斯(Σαλμωνεύς)受到众神正义的惩罚,②不就是因为他一个有死的凡人居然想扮演宙斯的角色吗?［a2－a5］在赫西俄德的诗作中也描述过这类人,他们借用诸神的名称来称呼他们自己,甚至用宙斯和赫拉的名字,但是如果你直到现在都没有听说过这些,我感到非常遗憾。［a6－b1］因为你没有受过良好的教育,命运也没有赐予你一个老师指导你去学习这些诗歌,正如我有的那样——我指的是这里的这位哲学家,③他引导我学习了它们,然后我抵达了哲学的门槛。那个在我看来是我们时代最优秀的人(指杨布里科)引导我进入其中,学习了那些教诲。［b2－b3］他曾教育我,首要的是实践美德,并把众神看作通向善的向导。［b4－b5］不管他从中获得了什么真正的益处,他自己必定已经列于统治凡人的众神之中了。［b6－b8］但他至少净化了我那疯狂的愚蠢和粗野,就如你们那样,并使我变得比我的本性更加明智谨慎。［b8－c6］正如你知道的,尽管我有极高的权力,我依然将自己交给了我的导师和他的朋友、同辈人以及学校中的哲学家们,同时我也极其渴望受到他所赞美的人的教导,我还读了他推荐的全部书籍。

［c7－d3］因此,这些老师们给我传授奥秘,首先,一个哲学家教我预备性的原则,然后最完美的哲学家向我揭示哲学的入口。尽管我因为其他烦琐的事情收获微少,但我依然从这种训练中获得了益处,没有按照你的那条捷径前行,而是走了最漫长的那条路。［d3－

---

① 《斐德若》244。
② 萨尔摩纽斯是埃利斯的萨尔摩纽斯的城主,因用隆隆的锅声和马车声模仿宙斯鸣雷,用火炬模仿宙斯掷闪电,引起宙斯的愤怒,被宙斯打入冥府受苦。
③ 以弗所的马克西穆斯。

[d5]我呼唤诸神为我做证,我相信我选择的路比你选择的要更快地通向美德。[d5-d7]无论如何,如果我不讲庸俗粗鲁的东西,我就正站在智慧的入口,而你却背道而驰。[d7-d9]"但正如为了美德,你和你的同胞们"①忽略了那被保留下来又重新充满你们的邪恶。[d9-236a1]如果你愿意忍受我温和的言辞,那么告诉我,"你们彼此共享的是什么呢"?[a1-a3]尽管你没有做什么能获得赞美的事情,你却批评每一个人。你的赞美也比那些最愚蠢的修辞家们更坏,更令人厌恶。[a3-b1]因为他们从不编造什么,嘴上总是挂着德罗斯、②勒托和她的孩子们,还有"悠闲地吟唱他们的歌,连树木也模仿他们"以及"满是露水的柔软的草地"和"鲜花的芳香"和"春日的季节"以及其他与此类似的形象。[b1-b2]伊索克拉底在他的演讲中何时这样做过呢?[b2-b4]或你看到那些献身于缪斯女神的古代作家们何时这样做过?——他们不像我们时代的作家们。[b5-b7]然而,略过这些吧,我应该使他们成为我的仇敌,攻击最拙劣的犬儒们和修辞家们。[b8-c1]当然,如果在我们的时代,那些具有真正美德的犬儒和诚实的修辞家们存在的话,我会喜欢他们的。[c1-c5]虽然一大堆类比进入了我的脑海——因为任何人只要渴望使用它们,就可以从大宝箱中拉出来——但由于我繁重的公务,我还是克制些好。[c5-d2]我还要补充些我的论述,就像债务平衡一样,在我去做其他事情之前,让我完成这篇论述。

[d3-d4]我问你,毕达哥拉斯和柏拉图对诸神的名字表达了

---

① 直接引自德摩斯忒尼《论王冠》(*De Corona*)128。
② 这里指提洛岛上的阿波罗。提洛岛是古代希腊仅次于德尔菲的阿波罗神所在地。勒托是阿波罗的母亲。在《克力同》的开头提到,一年一度的航海至得洛斯岛(Delos),以庆祝特修斯(Theseus)杀死米诺陶(Minotaur)的献祭活动的船队马上就要回来了。

怎样的崇敬？[d4 - d5]亚里士多德在这些事情上又是什么态度呢？难道这根本不值得重视吗？[d6]谁会否认那位萨摩斯的哲人在这些事情上表现出的敬畏呢？①[d7 - d9]因为他甚至不允许诸神的名字被用作标记，也不能轻率地以诸神的名义发誓。[d9 - 237a5]如果我应该继续告诉你，他曾到过埃及，访问过波斯，在每个地方都努力地理解诸神内在的奥秘，并被介绍进各种秘仪中，那么我也应该说说，对普通民众来说，什么是熟悉和显而易见的，尽管你可能从未听说过。[d6 - b2]然而你，听听柏拉图的说法吧："普罗塔库斯啊，面对诸神的名称，我感到巨大的恐惧，不是属人的恐惧，而是超出了属人的恐惧。因此，我在谈论阿芙洛狄忒时要用使她喜悦的无论什么名称；虽然我知道快乐是一个复合体。"②[b2 - c3]这就是他在《斐勒布》中所说的，他在《蒂迈欧》中也做了同样的事情。③[b3 - b5]因为他说，我们应该无须证据，就直接相信那告诉我们的事情——我的意思是说——那些诗人们所讲的关于诸神的事情。[b5 - b8]我担心，要是我引用这段苏格拉底的话，会为你提供一个借口——正如我相信由于他自然而然的反讽，迷惑了很多柏拉图主义者——使你轻视柏拉图的学说。[c1 - c4]因为那不是苏格拉底说的，而是蒂迈欧说的，他没有反讽的习惯。去质问一个人说的某件事和他是对谁说的，而不是关于言辞表达的真实，这不是一种健康的原则。[c5 - c7]现在，你愿意让我接下来引证那位智慧的塞壬吗？④——雄辩的赫尔墨斯神的形象，这个男人与阿波罗和

---

① 指毕达哥拉斯，他出生于萨摩斯。
② 《斐勒布》12c。
③ 《蒂迈欧》40d。英译注说，尤利安没能看到，柏拉图在此处是不严肃地说的。
④ [译注]指亚里士多德。把亚里士多德说成赛壬，很奇怪。

缪斯最亲密。[c8 – d1]他说,不应该去回答那些试图探询神是否存在或是提这个问题的人,——虽然他们是人,却应该像鞭打野兽那样惩罚他们。[d1 – d8]如果你曾读到过那些被归为进入他的学园的入门性言辞,就像进入柏拉图的学园那样,你就应该在最大程度上知道,那些进入吕克昂的学生被警告要崇敬众神,也被领进秘仪之中,参与最神圣的仪式,并向他们传授其中的各种知识。

[238a1 – a2]你也不要把第欧根尼当作吓人的东西来恐吓我。[a2 – a7]他从未加入神秘宗教,据说,他这样回答一个曾经要介绍他入会的人:"我的好年轻人,这是非常可笑的。想想那些包税人吧,如果只有他们被介绍入会,可以分享那个美好世界的奖赏,那么阿基希劳斯和爱帕美农达就注定在泥沼中说谎了。"①[a8 – b2]我的好青年,这是很难说的,因此我被说服去探询更多深刻的讨论。[b2 – b3]愿诸神允许我们理解他们,尽管我认为这已经由他们向我们显明了。[b3 – b5]因此,这是很明显的:第欧根尼不是你宣称的那样不虔敬,只是类似于我刚刚提到的那些哲人们。[b5 – c7]因为考虑到他所在的那个环境,他在其中的命运是确定了的,他需要听从阿波罗神的命令,并知道入会的候选人必须首先是登记在册的雅典公民,如果他生来不是一个雅典人,就必须先通过法律的手段变成一个雅典的公民,但他极力避免如此,而不是参加秘仪,因为他认为他是这个宇宙的公民。另外,他的灵魂是如此宏大,使他认为应该将自己与所有神的神圣本性联系起来,这些神共同治理着整个宇宙,而不仅仅是与那些其职分被限制在某个特定领域的神相联系。[c7 – d1]虽然他蔑视所有意见,并试图为"流通的货币打上假印迹",但他从未逾越他们的律法,而不崇敬诸神。[d1 – d4]他没

---

① 参《名哲言行录》6.39。

有回到那种他曾喜悦地从中解脱出来的奴役状态。我说的奴役指的是什么呢？——我的意思是,他没有让自己受某个单一城邦的律法奴役,将自己交给那些必须是一个雅典公民才能去做的事情。[d5-239a4]因为这就像为荣耀诸神而去奥林匹亚一样,也像苏格拉底顺从皮提亚祭司的神谕才拥抱了哲学一样——因为他说他自己在家中和私下里接受了那个神谕的命令才变得对哲学热烈冲动起来①——这不就像我说的,这样的人不会高高兴兴地去神庙敬拜诸神,而是喜欢这样:他努力避免将自己交给任何律法或使他自己成为某个城邦政体的奴隶吗？[a4-a6]但是你会问,为何他没有说是这个原因而说是相反的原因,后者丝毫没有贬低神秘宗教的尊严？[a6-a8]因为一切不应该被讲出来太多,甚至是那些允许我们去宣扬的事情,在我看来,我们也应该克制,不向大众讲太多。[b1]这个解释在这种情形中是一目了然的。[b2-c3]因为第欧根尼知道,那个劝他加入秘仪的人,忽视了正确地过自己的生活。尽管第欧根尼以加入秘仪为荣,同时也希望改变这个人的德性并教给他:诸神慷慨地为那些正确地生活的人保留了奖赏,尽管他们没有经历秘仪;同时,那些恶人就算融浸在秘仪中也徒劳无益。[c3-c6]因为这就是这个神圣的秘仪祭司说的:"谁的手是不洁的,就不应该被介绍进秘仪。"②——当第欧根尼拒绝了入会礼的时候。

[c7-c8]如果你依然不信服我说的,那这篇论述还要再说些什么呢？

---

① 第欧根尼也像苏格拉底那样宣称,他有一个精灵引导他的行为。比较212d。

② 比较李维《自建城以来史》45.5。

尤利安皇帝致哲人忒米斯提乌斯①

[253a3 - a7]我非常渴望实现你在信中所写的希望,但我担心这样一个巨大的承诺会落空,比起其他一切事来说,这超出了我的[能力],况且又是针对你自己愿望做的事。[a8 - b4]我曾经想要与亚历山大、马库斯(Μάρκον)以及其他某个拥有高贵美德的人竞争,②但是某种巨大的恐怖抓住了我,现在我认为自己既绝比不上亚历山大的勇敢,也无法达到马库斯那完美的德性。[b5 - b9]随着这些想法的消失,我赞美有闲暇的生活,我常常愉快地回想起阿提卡的生活,那时我认为应坚持与你的朋友们唱同节拍的歌,就如同那些身负重担的人在歌唱中减轻他们的苦痛。③[c1 - c3]现在由于你刚到的信,更加剧了那种恐怖,且你指出的竞争在各方面看

---

① [译注]忒米斯提乌斯是一个亚里士多德主义的注释者,应该是一个学者,很难被称为一个哲人。他自称是一个实践的哲人,修辞术功夫了得。这可能是尤利安的第一点讽刺。早年,尤利安做过他的学生,但是在尤利安做了皇帝之后,并没有给他任何职位。从文中来看,忒米斯提乌斯给尤利安写了封信,提出了很多希望。但是这篇文章应该没有寄给忒米斯提乌斯,如此具有讽刺风格的信,不可能寄给自己之前的老师。并且在其书信中,并未见他写过给忒米斯提乌斯的信。那么,这篇文章就是尤利安故意写下来,批判类似忒米斯提乌斯的知识人在政治上的幼稚和浅薄。从文中看,这篇文章应该是在尤利安做了帝国皇帝之后很短的一段时间内写的。

② [译注]指罗马皇帝马可·奥勒留,廊下派的哲人。关于此处,参吉本《罗马帝国衰亡史》(上),页522(商务版),吉本对尤利安的评价。

③ 比较金嘴狄翁《讲辞》1.9 和 Arnim,此句是对狄翁的一个模仿。

来都极为艰难。[c4-254a2]你在信中说,我已被神安排在如之前的赫拉克勒斯和狄奥尼索斯同样的位置上,他们曾经同时既是哲人,又为王:几乎战胜了一切邪恶,净化了大地和海洋。[a3-a4]你命令我摆脱所有关于闲暇生活的想法,并且让我警惕自己的懒惰,以便为你那难得的建议去奋斗。[a5-a7]在这些之后,你又提到那些立法者,梭伦、庇塔库斯、吕库古斯,①你因此说,我必须做些比他们的功业全部加起来还更伟大的功业,这是人们对我正义的期待。[a8-b5]当我读到你的这些话时,我几乎被吓呆了,我认为,一方面,对你——[一个哲人]——来说,谄媚和欺骗是绝对不合正义的;另一方面,我又清楚地知道,我在天性上绝没有什么优越的地方,既没有天赋,后天也没有形成什么才能,我仅仅是热爱着哲学而已。②[b6]在这之中我对我的命运保持沉默,它一直提醒我警惕这种毫无实际用处的爱欲(τὸν ἔρωτα)。[b7-c4]因此,我不知道该如何理解你说的这些东西,直到神引导我的理智,以免你试图用这些赞美来怂恿我,并向我揭示那种竞争的崇高:你说这种竞争完全是必然的,政治中的生命就是在每一天中相互竞争。

[c5]但是你这样说,并没有使人向政治猛冲,而是使人转身退出[政治的战场]。[c6-d1]设想某个人要横渡你们所在的那个海峡,③发现自己不能轻易地渡过去,就请某个预言师告诉他,[d1-d2]他必然能渡过爱琴海和伊奥尼亚海,他才愿意出海。[d3-d6]这个预言者会说:"瞧这里,你看到了对面的城堡和海港,但是当你

---

① [译注]三人皆为古代希腊的七贤,属圣王传统。梭伦是雅典的立法者;庇塔库斯是玫瑰岛(Rhodos)的立法者,据说他的历史功绩之一是,调节平民和贵族的冲突;吕库古斯是斯巴达的立法者。

② 参欧里庇得斯《奥瑞斯特斯》,行16。

③ [译注]指博斯普鲁斯海峡,孔斯坦丁堡城外即是。

到那里时,既看不到瞭望塔,也看不到悬岩,此时你将会感激从远处看到的任何船只,你会向那些行驶中的船欢呼。[d7-255a5]此时,你将不断地向那个神(τῷ θεῷ)祈祷,①保佑你无论如何要看到伸手可触的大地,尽管那时已是你生命的终点。你对神祈祷,保佑你能够安全地抵达港口,以及救助你正在大海上的船只回到家中,你祈祷神能将你的生命带回到亲爱的祖国。所有这些都可能发生,但你现在难以确知,只有到你生命的最后一刻,你才能知道。"[a6-b3]你认为那个人听了这些话后,会选择居住在那个邻海的城镇吗?还是会为听说到的那些财富——这些财富来自那些进行海上贸易而幸存下来的人们——感到高兴呢?他们或是从很多熟人那里听说,或是从外国的朋友那里听说。从外族那里打听到的(ἱστορίας)②和在政治中发现的智慧使得尼奥克列斯的儿子(译按,指伊壁鸠鲁)命令:"要生活在隐秘之中。"[b4-b5]你似乎认为,你已经搞清楚伊壁鸠鲁说的,就想让我们也攻克伊壁鸠鲁对神明的亵渎,并为这样的知识欢喜得不行。[b6-b7]你说,伊壁鸠鲁如何赞美摆脱俗务的闲暇生活,在他散步的长廊上进行适宜的哲学交谈。[c1-c2]但是我很久以来就确信,伊壁鸠鲁在这一点上不高贵。[c3-c5]如果某个人被随便地推进政治生活中去,这个人还没有完全成熟,也没有政治才干,大多数人都可能不知该干些什么,困惑不已。[c6-d2]事实上,很多人说苏格拉底劝阻不具备很好天性的人[远离政治],就像色诺芬说的,苏格拉底劝阻城邦会议讲台上的格劳孔远离

---

① [译注]尤利安在此文中提到神都是加冠词的单数,究竟指哪个神,哲学神还是宗教神,须仔细揣摩。

② [译注]此词就是现在的"历史"一词。词典上如此解释此词:1. 探索到的知识,打听来的情况;2. 对打听到的情况的叙述;3. 科学的观察。

政治;①他也试图劝阻克莱尼亚斯的儿子,②但他的劝说没有打消那个年轻人对政治的强烈热望。

[d3 – d8]我们还要强迫听说了这些并理解了它们的人们,鼓励他们斗志昂扬地从事不知多么重大的[政治]事务吗?在这些事务中,既非仅仅是美德,也非仅仅权力做出正确的抉择,更大的程度上是命运女神使用暴力迫使事件往她那一边倾斜以合她自己的愿望。[c8 – 256a4]看来,克律西波(Χρύσιππος)在很多其他方面是有智慧的,并且如此认为也是正义的,但因为他对命运、偶然和其他诸如此类的原因是无知的,所以他难以同意这类非常有效的、从事情外部偷偷侵入的原因,而这些是时间明白无误地通过数不清的例子教给我们的。[a4 – a5 – a6 – b2]我们怎么能说加图(Κάτωνα)是好运和幸福的呢?③ 我们怎么能说西西里的狄翁(Δίωνα)是幸运的呢?④ 他们可能根本不关心自己的死亡,倒是非常关心自己有没有留下未竟的事业,这事业是他们从一开始就渴望完成的,他们也极度关心他们所赢得的成就是会得到好运还是遭受厄运。[b3 – a2]如果他们曾高贵地忍受苦难,他们将对那些事情感到失望,如我所知,他们的美德给他们的命运带来的慰藉也不少,但是他们不会被称为是幸福的——在他们那些高贵的事情失败之后;只有依据廊下哲人们所理解的幸福,他们才是幸福的。但必须说,因

---

① 参色诺芬《回忆苏格拉底》3.6.1。

② [译注]指阿尔喀比亚德。关于阿尔喀比亚德,参柏拉图《阿尔喀比亚德前后篇》、《会饮》。

③ [译注]指小加图(前95—前46),反对凯撒,在北非兵败自杀。参普鲁塔克《希腊罗马对比名人传》之《加图与狄翁对列传》。

④ [译注]指柏拉图的好友,反对西西里的狄奥尼索斯二世,看到很多人死于流血,因为自责而自杀。小加图和狄翁都是反对暴政,二者德性,为世人所称道。参普鲁塔克《希腊罗马对比名人传》之《加图与狄翁对列传》。

美德而被赞颂和被认为是幸福的是不一样的,并且如果向自然祈求生命的幸福,那么依据自然得到的幸福要比因为美德而受到的赞扬更好。①[c3 - c4]那种幸福最为稳固,最少受命运女神控制。[c4 - c5]那些身在政治生活中的人们,正如谚语所说,不能够远离……而呼吸……②[c6 - c10]真正的静观,或是创作,或是言说军事,正如那些理念和编造的虚假故事,被安置在无形体和只属于思维领域——远远在一切偶然的东西之上。[d1]如第欧根尼:

"他没有城邦,没有家庭,也丧失了祖国"③

[d2]这就是说,一个人不能从命运女神那里得到什么好运,相反也不会遭受厄运。[d3]习俗惯于如此称呼,荷马第一个说:

"一个为将士所信赖,事事关心的出谋人"④

[d6]某个人要是不愿意受命运摆弄,他该如何固守他自己的位置呢?[257a1 - a4]另外,要是这个人将他自己置于命运之神的重轭之下,他该做多大的准备,得有多大的审慎去维持天平两端的平衡,正如暴风中的舵手,该如何高贵地去忍耐呢?⑤

[a5 - a7]当命运之神仅仅是与那些高贵者为敌时,与他们列阵

---

① 比较亚里士多德《尼各马可伦理学》1.10.6。
② 此处原文缺漏。
③ 拉尔修说此句是非常著名的关于第欧根尼的一句引证,但是出处不知道。参《名哲言行录》6.38。
④ 参《伊利亚特》2.25。[译注]这是梦神对阿伽门农传达天神们的旨意,要他依据自己的努力和智慧夷平特洛伊城。
⑤ [译注]暴风雨中的舵手,比喻人生的航船。

交战不令人惊奇。令人惊奇的是,依据她自己的意愿,彰显那些她所支持的高贵者们的价值之时。[a8 – b6]当命运之神支持的最伟大的王①——亚洲的征服者,在成为大流士和薛西斯的帝国的主宰之后,显出了更大的残酷和傲慢;他用他的剑彻底地征服和毁灭了波斯、马其顿、雅典的民主($δημός$)、②叙拉古人、拉克戴蒙人的最高权力($τέλη$)、③罗马人的将军和数不清的独立自由的家国($αὐτοκράτορος$)。④[b7 – b8]很大程度上,需要用财富、胜利和奢侈去计算所有被毁灭者的数量。[b9 – c5]他们因为命运的不幸从自由人变成奴隶:卑贱者代替高贵者,极为低劣者走在了神圣者的前面,对此,我现在该如何详述这些事情呢? 难道要修改那些流传的记忆吗?[c5 – c6]也许人类经受这样的事例有益。[c7 – c9]但人类现在不会,将来任何时候也不会缺乏这样的例子,只要人这个族类一直延续。

[d1 – d6]并不是只有我一个人认为,命运主宰着绝大多数必做的事情;我也可以从柏拉图那令人钦羡的作品《法义》中为你摘取一段话——这话你曾非常熟悉,也曾教给过我,这不是我懒懒散散加进的词句,这话是这样的:[d7 – 258a1]"神统治一切,并且依据神的命运和时机统治所有的人类事务;事实上更为合理的看法

---

① [译注]指亚历山大,从这一段看来,尤利安对亚历山大并不倾慕,但吉本在其《罗马帝国衰亡史》中说,尤利安头脑发热,想建立像亚历山大那样的帝国,所以在与波斯的战争中受重伤而崩。
② [译注]$δημός$也指雅典的乡区,乡区是雅典民主制的制度基础。亚历山大不仅毁了一个城邦,也毁了一种政制。
③ [译注]$τέλη$指斯巴达的最高权力,是斯巴达的一种主要的政治制度。
④ [译注]这与文章题目"尤利安皇帝"($αὐτοκράτορος$)是同一个词,该词还指"自主统治的国家"。

是：技艺被当作第三必要的事物,与命运和时机相联合。"①[a2－a3]随后,柏拉图为一个工匠、有高贵行为的手艺人和神圣的王者应该是什么样的勾画了轮廓:[a4－a7]"克洛诺斯对此也知道,正如我们已经讲过的,他说,人类的本性根本没有任何能力治理人类的事情,当人的权威处在万物之上的时候,就处处充满肆心和不义。[b1－b5]所以,他反思过这些之后,在那个著名的时代,他为我们的城邦安排的王和统治者不是人类,而是更加神圣的族类和更强大的神灵,他做的就是我们现在对畜群和其他群居动物所做的。[b5－b7]我们从未指派某个牛去统治其他的牛,也从未指派某些山羊去管理其他的山羊,主宰它们命运的是我们——一个更强大的族类。[b8－c4]尽管神热爱人类,但他依然为我们准备了更强大的族类——属神的族类,他们不仅对他们自己是平易温和的,对我们也是如此,非常关心我们的和平和尊严,他们能超越于正义之上而毫不妒忌,因此他能确保人类的和谐与幸福。[c5－c7]这个逻各斯($\dot{o}\,\lambda o\gamma' o\varsigma$)说的是这一真理:②要是城邦的统治者不是来自于神,而是来自于某个有死的凡人,那么城邦中就会充满邪恶和痛苦的呻吟。[c8－d4]这个逻各斯认为,我们应该使用各种各样的方法,在我们有死的凡人中间去模仿克洛诺斯时代的生活,在公共和私人的事情上为那种思想所说服,以治理家庭和城邦,我们称这种分配的思想为'礼法'。[d5－259a2]如果一个人处于寡头政制或是民主政制下,其灵魂就会装满享乐,渴望各种淫欲,开始满足各种需要,这时,某个城邦或是普通民众就会将礼法踩在脚下——这可不是拯

---

① 《法义》709b。
② [译注]应该说,柏拉图在此讲的是一个神话,而非逻各斯。

救城邦的良策。"①

[a4-a7]我故意为你添加这整个故事($\tau\grave{\eta}\nu\ \acute{\varrho}\tilde{\eta}\sigma\iota\nu$),并不是想欺骗你,加进这些古老的神话($\mu\tilde{\upsilon}\theta o \varsigma$)也不是要伤害你,②它们只是偶然地与真理相像,却不是真实地创作出来的。[a8]但在这些神话叙述之上的真正的逻各斯是什么呢?[a9-b2]它的意思是,倘使某个人天性高贵,那么他的行为就应当是神圣的,他就是一个半神,总之,除去为保存生命而必要的东西,必须摆脱会死的凡人和灵魂中的兽性。[b3-b7]如果某个聪明之士非常忧虑被生活束缚,难道就应该按照你说的,为他展示伊壁鸠鲁那令人惊诧的闲适和菜园;为他展示雅典的城郊和桃金娘花枝;③为他指出苏格拉底的住处吗?[b7-b8]然而,比起我所经见的痛苦来说,我从未渴望过这种生活。[b9-c2]最妙的是,我也许应该告诉你,我自己所尝过的辛劳和那些我的朋友和亲族加到我头上的灾祸,那时我刚开始在你们那里受教育——如果你根本不知道这些可怕的东西的话。[c2-c6]那时,在伊奥尼亚,面对与我有血亲关系的人以及与我家族交好的朋友早先对我的种种束缚,而我非常轻易地就成了那个异乡男人的学生,我说的是那个智者,④而他没有留意到你。[c7]难道我不

---

① [译注]这一段是对柏拉图的《法义》713c-714a10的轻微的改动。尤利安摘引这一大段的意图还值得考察,起码他非常熟悉柏拉图的作品。从这一段引文看来,他熟悉柏拉图的政治哲学思想。柏拉图此处所讲的神话,还可比较《治邦者》中异乡人所讲的宇宙倒转神话。皆是说,我们这个时代是一个神退隐的时代,该如何统治?

② [译注]将此处的故事、神话与258c5处的逻各斯比较。尤利安在前文称柏拉图的说法是逻各斯,接着就说这是个神话、是个故事。

③ [译注]"城郊"指柏拉图学园所在地。柏拉图学园在雅典西北郊外约两公里的地方。桃金娘花枝指吕克昂学园。

④ [译注]这个异乡的智者是谁,并不清楚。

能忍受为了朋友而自愿离开祖国吗？[d1 – d2]真的,你知道那时我们正好与卡尔特利乌斯(Καρτερίῳ)在一起会饮,①而我们的另一个未被邀请的朋友阿拉克西乌斯('Αράξιον)来访,②我是如何为他请求。[d3 – d8]为了令人钦佩的阿瑞特('Αρετῆς)③珍贵的财富和这些财富在它的邻居那里所遭受的不幸,我第二次去往弗里吉亚的时间不是长达整整两个月吗？尽管那时我的身体完全是虚弱不堪的,随后,之前因困苦而生的疾病复发了。[d9 – 260a3]同样地,在我最后一次返回到你们这里之前,④那时我正与军队在一起,身边充满了多数人认为最严重的危险,现在我回想起那时写给你的那些信,⑤从未充满抱怨,几乎没有沮丧之情,也没有任何低劣的东西。[a4 – b2]当我再次返回希腊时,所有的人都认为我马上就会逃跑,在盛大的庆典上,我有盛赞命运赐予我的甜美,将之当作对我的遭遇的报偿吗？正如俗话所说：

"以金换铜,用一百头牛的高价交换九头牛的低价"⑥

[b3 – b5]如此,我没有为自己的家人感到喜悦,也没有为成为

---

① [译注]此人不详。
② [译注]此人不详。
③ [译注]怀疑这是个虚构人物,恰如普罗狄科的卡迪亚和阿蕾特神话中,阿蕾特寓指美德。
④ [译注]指361年,尤利安和他的军队向孔斯坦丁堡进军,途中在尼撒(Naissa)听闻孔斯坦丁乌斯驾崩的消息,时为361年11月3号。随后,尤利安到达孔斯坦丁堡,加冕为皇帝。
⑤ [译注]在其书信中并未有尤利安写给忒米斯提乌斯的信。
⑥ 参《伊利亚特》6.236：同提丢斯之子狄奥墨得斯交换铜甲,用一百头牛的高价换来九头牛的低价。此处讲的是格劳科斯用他的金甲与狄奥墨得斯的铜甲交换。

那里的土地、庄园和宫殿的主人而感到高兴,相反,我只是为希腊的命运而感到极大的喜悦。

[b6-c1]然而,看来我似乎难以低贱地忍受不幸,命运所赐的礼物也是某种低微和渺小的东西,因此,比起现在我们周围的自大虚夸来说,我确实更喜欢雅典,我多半会赞美那种闲暇的生活——但大部分烦累的事情连累了这个生命。[c2-c5]但是绝不应该评判我们中谁更强大,也不应该评判可见的失败和命运,而是应该牢记"认识你自己"和"让每个人实践他所熟悉的技艺"。①

[c6-d1]无论如何,至少对我来说,这显明的是君王之术($τὸ\ βασιλεύειν\ ἢ\ κατ'\ ἄνθρωπον$),②并且君王的本性——如柏拉图曾说过的——必须是更加神圣的。[d2-d4]现在我将加进亚里士多德的言辞,这是为了同样的目的,不是要"把猫头鹰带到雅典去",③而是要证明我完全没有忽视他的言辞。[d5-261a3]他在那本政治学的书中说:"如果被君王统治是城邦最优良的政制,那么该如何对待君王的子嗣呢?王位是否应该专属于君王的家族呢?但是,如果君王碰巧有很多子嗣,且都是庸才,那就是有害的。有人会说,君王可以不将王位传给他的孩子,然而让人相信君王会这样做是很困难的。我不敢对超越于人类本性的美德提出过奢的要求。"④ [261a4-a7]接下来,亚里士多德细说到,依据礼法进行统治的君

---

① 引自阿里斯托芬《马蜂》行1431。

② [译注]这个词组是一个对举,$τὸ\ βασιλεύειν$是为王之术,$κατά\ ἄνθρωπον$是"贯通人"之意。王者乃贯通高低之人。故王者为一切人之王。

③ 一句谚语,是"多此一举"的意思,因为猫头鹰是雅典娜的象征,象征智慧。雅典素有智慧之名,带智慧到雅典:多次一举。也可理解为带雅典娜到雅典。因为雅典娜就是雅典城邦的守护神。

④ 参《政治学》3.15.1286b22-28。

王,事实上是礼法的仆人和护卫,他既不认为这个君王是高贵的[君王],也不认为这样的统治可以算作一种政制形式;①接下来,他说道:"[b1-b5]关于所谓的全权君王,即依照君王自己的意愿来统治一切事务。一些人会认为在同是自由邦民的城邦中,一个人主宰其他所有人是不符合自然的。因为这些人认为依据自然的正义才是必然的。"②[b6-c3]随后跳过几行,他说道:"因此,看来是,这个遵循理智去统治的人才是真正的遵循神和诸礼法的。但是他若遵循人来统治,他就是引了野兽进来。因为欲望就是这样的一头野兽,激情会扭曲最优异的男儿。因此,法就是除却这种贪欲的理智。"③[c4-c5]你看到,这个哲人似乎在这里明显地不信任且指责了人类的本性。[d6-d7]所以,他在这样的言辞中说,人类的本性绝不可能胜过命运的严酷。[d1-d4]因为,他认为看重城邦的公共事务比看重自己的孩子更甚,这对人类来说实在是一件不容易的事。他也说,一个人去统治很多与他一样平等的邦民是不正义的。[d4-d7]最后,他又添上之前已达至极致的言辞:"除却欲望的理智才是法"④——政治事务应只托付给此种法,而不应该托付给任何男子汉的欲望和血气。[d8-d9]因为,在那些男子汉当中,即便他们非常高贵,但他们已经被欲望和激情所缠绕,而这都是极难以克服的兽性因素。[262a1-a8]在我看来,这些观点与柏拉图的观点非常一致:首先,统治者应当比被统治者更强大,不仅在养成高贵美好的习性方面,而且在天性方面也要优于被统治者;其次是在人

---

① 参《政治学》3.16.1287a2-5。
② 参《政治学》3.16.a10-14。
③ 参《政治学》3.16.1281a28-31。
④ 比较柏拉图《泰阿泰德》153。

们中间难以发现……①最后,他应该用各种方法全神贯注于礼法,这些礼法不是出于临时的情况而被制定的,也不是出于当今男子汉的血气和欲望制定的,因为这些男子汉完全不依据理智生活,[a9 - b2]而是,他应该净化理智和灵魂,绝不与荒谬的不义的伤害站在一起,制定神圣的礼法。[b3 - b5]他应该弄清楚政制的本性和正义的本性,并深刻地认识到不义的本性。[b5 - c1]他应该能够将他在那里获得的智慧应用到这里,并能为政治事务制定共同的礼法,所立的法既非出于爱,也非出于荒谬的恨,更不受邻人和亲族的影响。[c2 - c5]更好的是,他绝不应该仅仅为了他自己的同胞立法,他写下和颁布其法律也应为子孙后代和异族人,针对那些总是顾及私利的人们,他绝不应该放弃这种希望。[c5 - c9]例如,我听说智慧的梭伦和他的朋友们商议废除大量的债务,同时为他们提供了变得富有的机会,这些政策挽救了他的祖国,然而他自己却得到了耻辱的罪名。②[d1 - d3]所以,即便一个人的心智在处理政治事务时不受感情的影响,要逃脱这样的厄运也是不容易的。

[d4 - 263a1]尽管如此,我依然更喜爱之前的生活方式,并且若是要听从你给[我的建议],应当审慎地反思;这不是因为我唯独渴望像梭伦、莱库吕库斯和庇塔科斯这些男儿的[英名],而是因为我认为哲人们应当从洞穴中走到阳光下去。③[263a1 - a3]这就如同,为了身体健康的缘故,只在家中进行体育锻炼,这是难而又难的。[a4 - a10]因为"现在你来到了奥林匹亚,你家中的摔跤锻炼已变成了宙斯的跑道;在这里,你将看到从希腊各处来的俊杰,最重

---

① 此处原文有缺漏,列举的第二点佚失了。
② [译注]梭伦后来被雅典流放十年。
③ 参柏拉图的洞穴比喻。《理想国》卷七。

要的是你自己的同胞,你代表着他们,必须要竞赛获奖,必定将那些外族人吓得目瞪口呆,现在来到这里,向这些人表明你的祖国是多么令人畏惧"。① [a11 - b2]你本能够使他当场就慌乱不安,并在竞赛之前哆嗦不停,现在你可能认为在读了你的信之后,我也会以这同样的方式深受震动。[b2 - b5]关于这些事情,你立即就能教给我,要么是我现在就已经真正认识到的;要么是依次为与我有关的人所阻碍;要么是我整个地都做错了。

[c1 - c4]哦,亲爱的朋友,就我自己来说,已经给予了你所有值得的敬重,我想要弄清楚你写给我的信中令我困惑的观点:因为我是多么渴望能学到它们更加真实的含义啊![c5 - d1]你说,比起哲学生活来,你更赞美实践生活,并且呼唤智慧的亚里士多德做证;你说,他将幸福定义为实践中的高贵行为,同时显明了政治家的生活和沉思生活的不同;你说,他对这两种生活方式哪种更好犹豫不决,尽管在其他的作品中他更喜欢沉思的生活,你却说,他赞美拥有高贵行为的建筑师们。② [d1 - d4]你自己说,这些人就是亚里士多德所谓的王者,可亚里士多德从未说过你现在归于他的这些话,③以至于某个人能从你添加进来的这些词句中推断出完全相反的意思。[d5 -264a2]因为他说"我们说公共事务的建筑师们用他们的理智在最大程度上合适地去行事"④时,指的是那些立法者和政治哲人们(τοὺς νομοθέτας καὶ τοὺς πολιτικοὺς φιλοσόφους),总之,指的是所有用理

---

① [译注]这是一句引语,出自哪里并不清楚,我怀疑出自品达的颂歌。

② [译注]建筑师是知识和实践相结合的典型事例。他们既有建筑的知识,又命令建筑工人建造房屋,比喻的是理想的政治家或是立法者。参《治邦者》。

③ [译注]忒米斯提乌斯是亚里士多德学派的学者,尤利安在这里说,忒米斯提乌斯并不真正懂得亚里士多德的真意。

④ 《政治学》7.3.1325b。

智和逻各斯实践的人们,而不是指那些自私自利之人和世所公认的政治事务的手艺人。① [a2 - a10]对于他们来说,仅仅去留心和思虑必要做的事情,并向其他人下达这些事的命令是不够的,还要关涉到他们每个人要操持和实践礼法所命令的和机运所常常强迫的事情;除非我们称他们为建筑师,就如同荷马在他的诗行中常常称呼赫拉克勒斯"参与了伟大功绩者"②一样,这是一切人中亲自所能达至的最伟大的功业。

[b1 - b4]如果我们认为这就是真理,或者认为管理公共事务的人和主宰民众并成为他们的王者的人才是幸福的人,关于苏格拉底,我们又该说些什么呢?[b4 - b6]你或许会说,诸如毕达哥拉斯、德谟克利特和克拉左门尼的阿那克萨哥拉所过的沉思生活是另外一种幸福。[b7 - c2]苏格拉底热衷沉思生活,又热爱实践生活,他却在他的妻子和孩子面前没有任何权威,我们哪里能说他曾统治过两三个他的同胞呢?[c3]难道因为他不能主宰任何人,所以他就没有完成任何伟大的事情吗?[c4 - d1]我却认为,索福伦尼斯库斯之子(译按,指苏格拉底)完成的功业比亚历山大的要大得多,下面这些都应该归功于他:柏拉图的智慧,色诺芬的帅才($στρατηγίαν$),③安提斯泰涅的勇敢,厄立特里亚和麦加拉的哲学学校,克贝、西米阿斯、④斐多和其他有名望的人。[d2 - d3]更不用

---

① 留意手艺人和建筑师之间的差别,一般的政治家和真正的政治家之间的差别。

② 《奥德赛》21.26.

③ [译注]参色诺芬《上行记》,书中色诺芬以第三人称的口吻记叙了他带领一万多希腊雇佣军从波斯腹地返回希腊的军事旅程,其中经历战斗数十次。

④ [译注]二人均为毕达哥拉斯主义者,为《斐多》的主要对话人物。

说,我们这里的由于他才有的,吕克昂学园、廊下学园和阿卡德米学园。[d4-d5][现在我要问]通过亚历山大的征服,究竟拯救了什么呢?哪个城邦因此而变得更加强大了呢?靠着他又造就了什么更高贵的男子汉呢?[d6-d8]相反,凭借诸多事实,可以发现征服者们只是变得更加富有了,他们中既没有谁变得更加智慧,也没有谁变得更加明智,如果没有人变成浪荡子和傲慢之徒的话。[d9-d10]然而,现在那些能从哲学那里获得救护的人都要归功于苏格拉底。[d10-265a3]并不是只有我这样说,之前的亚里士多德似乎也认同这一点,他说:就他写下的神圣的言辞和波斯帝国的征服者相比,他认为[荣耀]一点儿不少。[a4]我认为他完美地正确认识到了这一点。[a5-b2]军事胜利很大程度上依赖于勇气和运气,如果你愿意的话,让我们说是由于对心智的自由运用,然而要采纳关于神的真实的意见,不仅需要具有完美德性的事功,而且要精通:某人是应恰当地被称为一个男子汉呢,还是应被称为一个神?[b3-b5]如果这条俗语说的是真的,即同类相求,每个人自然而然地为他的同类所熟知,那么某个为神所熟知的人就自然而然地应被认为是神圣的。

[b6-c2]既然我们似乎急于再次比较沉思的生活和实践的生活,并且你在信的开头就比较过这二者,那么我就让你回忆一下你曾提到的这些哲人:奥勒留、尼柯拉奥斯、①忒拉绪洛斯②和

---

① [译注]奥古斯都之后的一位历史学家。
② [译注]忒拉绪洛斯是公元一世纪亚历山大里亚时期著名的文法学家、占星学家,尼禄喜欢他的占星术,后成为尼禄皇帝的政治顾问,后来尼禄怀疑他谋反,他被放逐。他编订了最早的《柏拉图九卷集》。参塔西佗《编年史》6.21。塔西佗记载,因为忒拉绪洛斯占星术高超,所以尼禄命令他算自己的星命。结果他越算越害怕,尼禄因为他预测到自己将临的祸患而跑上去拥抱他,并祝贺他。

穆萨尼奥斯。① [c3－c5]因为这些人尽管没有主宰其自己的城邦，但如我们知道的，当埃及的治理权要交给奥勒留时，他却请求免除这[任命]；[c6－d2]当初忒拉绪洛斯与严酷且本性残暴的僭主提比略相交时，如果不是他将自己的作品流传下来，以为他申辩，恐怕他最终为自己招致的将是耻辱的名声——他并没有从政治中获得哪怕一丁点儿益处；[d3－d5]尼柯拉奥斯并没有什么伟大的个人功绩值得铭记，他为世人所知全凭他自己的作品；[d5－d9]穆萨尼奥斯勇敢地遭受不幸，凭着宙斯，他坚强地忍受野蛮残忍的僭主们，他才得以为世人所知，但是比起那些治理国家的伟大君王来说，他获得的幸福一点儿也不会少。[d9－266a3]奥勒留请求放弃对埃及的治理权，且是心甘情愿地放弃了这最强有力的事业，因为他并不认为这是最重要的。[a3－a5][现在我问你]对我们来说，正如你自己一样，既不是将军，也非民众演说家，更没有统治各个民族或城邦，难道过的就是一种无意义的生活吗？我想没有哪个男子汉会这样认为。[a6－a8]因为，你可以炫耀：很多哲人从你那里诞生出来，就算不是很多，起码也有三四个，这种生活比大多数国王加在一起对人类所做的善事还要大。[b1－c2]这个哲人不是领导某个小宗小派，如你所说，也不是仅仅为公共事务提供些许建议，他也绝不是将行为转变为言辞就罢，而是通过行为来实现言辞，并彰显这些行为，寄望于他人也如此行事；比起凭借命令激发起来的高贵行为，针对必须要做的事情，才更令人信服，也是更有实效的。

[c3－c4]但是现在，我必须回到我开头说的，并总结这封信，这

---

① [译注]廊下派哲人鲁弗斯（Gaius Musonius Rufus,30—80）有"罗马的苏格拉底"之称，以教诲过一种德性生活闻名，后遭尼禄流放。参塔西佗《编年史》15.71。

也许使得它比本来需要的长得多。[c5-c8]这封信的要点是:我讨厌政治生活,既非因为要逃避它的艰辛,也非渴求安乐,更非沉溺于闲适和轻松的生活;[c8-d4]而是因为,正如我在开头说的(比较254a8-b5),我知道我自己既没有那种教养,天性也不卓越;除此之外,恐怕我也没有哲学智慧——尽管我热爱它,但还没有达到应有的水平,另外,我在当下的同代人中也没有很好的声望。[d4-d6]这是我很久以前就写下的,现在我将尽我所能洗去你们对我的指责。

[d7-d8]愿神赐予我最好的命运,并让珍贵的智慧伴随这命运![d8-267a2]现在我认为,我需要来自神和你们这些用各种方法进行哲学探讨的人的帮助,因为我是你们的统治者,且在冒险的时候应首当其冲。[a3-a6]如果我说,神会通过我们为人类提供某种善,这善比我们所能提供的要更加伟大,也远远超出我自己的思想之上,请你一定不要对我说的话动怒。[a6-b2]因为,在我自己身上,既没有什么善,除了这点之外,我认为我也没有至高的天赋:事实上,我一无是处;正如你看到的,我很可能大声呼唤并严肃声明:不要向我要求什么伟大的事情,而是要将一切托付给神![b2-b8]因此,我不应该对我才能的不足负任何责任;即便我整体上是聪颖的,我也该谨慎和节制,不能将我自己[的名字]写在其他人的功绩旁边;正是凭着神加给万物的正义,我才感知到这恩惠,我也督促你们能感受到它。

赫利俄斯王颂

英译本导言

四世纪的时候,诗歌事实上完全绝迹了,对诸神的颂扬完全用散文的格调写成。根据修辞学家米南德的定义,尤利安的这篇讲辞是一曲天然的颂歌,尤利安在其中描述了一个神的自然品质。尤利安是新柏拉图主义不加批判的一个学生;并且明显的是,在毫无重大修改之下,再现了叙利亚的杨布里科的教义,而杨布里科是新柏拉图主义的一种堕落表现。东方的迷信取代了普罗提诺和他的追随者那种严肃的唯心论,新柏拉图主义尽管在最开始带有明显的宗教气息,但是如今被法术师和那些对来自东方的奇特的秘仪狂热崇拜的人阐释。

尤利安在文中所赞颂的那个理智神(intellectual god)更多的是波斯人的太阳神密特拉(Mithras),而不是阿波罗和赫利俄斯,这两位希腊人的太阳神在他的说明中仅仅扮演了一个很小的角色。这与当时盛行的密特拉崇拜有关。德尔图良说,密特拉崇拜是对"基督教的一种邪恶的剽窃(a Satanic plagiarism of Christianity)",因为它的秘仪让人回想起在基督教教堂中举行的圣礼。这种崇拜最初于公元前一世纪出现在罗马人中。在最开始的时候,这种崇拜不比伊西斯(Isis)和塞拉皮斯(Serapis)秘仪以及潘西努斯的那位伟大的母亲(the Great Mother of Pessinus)更受欢迎,但是它渐渐地战胜了它们,最终统治了整个罗马帝国,尽管希腊人从未欢迎过它。因为这种崇拜为罗马人提供了一种净化、奉献和自我克制的观念,而这些观念都是其他秘仪缺乏的。密特拉神的崇拜者们教导要抵抗罪恶的力量,将他们自己提升到一个严苛的道德原则之上,他们死后的奖赏是可以变得像产生他们的那些神一样纯洁。勒南说:"如果基督教在它的发展中患上了某些致命的疾病,那么整个世界就会变成密特拉神的。"

尤利安与普罗提诺和杨布里科一样,将太一或善看作至高无上的原则,它们统治整个理智世界,柏拉图的理念,在这里被称为理智性的诸神。但杨布里科为新柏拉图主义体系引进的一个变化是,将理智的诸神的世界看作中间性(intermediary)世界。而赫利俄斯－密特拉就是它们至高无上的神,赐予它们理智和能动性以及使它们统一协调的能量,而这些都是这位神从他自己的超自然的相似物那里接受的,这些相似物存在。这个三元合一(triad)的第三位是由太阳统治的可见可感的世界,而太阳是赫利俄斯可见的相似物。

尤利安的三元合一区别于其他的新柏拉图主义的三元合一(triad)的地方在于,它们之间的等级位置:他把中间性理智的诸神世界放在了一个更加重要的位置上,将其看作是赫利俄斯－密特拉的居所。他几乎不注意遥远的理智的世界,他将他的颂歌献给了赫利俄斯,这个理智的神和可见的太阳。赫利俄斯是这个三元合一的联结点。赫利俄斯的"中间性"不仅仅是局部性的:在任何可能的情形中,他都是调解者和统一者(mediator and unifier)。"$\mu\varepsilon\sigma o\tau\tilde{\eta}\varsigma$是亚里士多德学派中一个用来指方法、方式(mean)的词,但在尤利安之前没有任何证据表明这个词用来指调解者的能动的意思。然而,在普鲁塔克的一则信息中似乎暗示太阳的 $\lambda o\gamma\iota x\tilde{\eta}\varsigma$ $\psi\nu\chi\tilde{\eta}\varsigma$ 是波斯人的一种教义:善的原则最大程度上类似于光,恶的原则类似于黑夜,二者的中间是密特拉。因此波斯人称密特拉为调解者。"①纳维勒(Naville)已经指出了太阳作为调解者和基督教的道的相似性,尤利安也可能想到了这点。尤利安的体系的结果是一种可实践的对赫利俄斯的一神论式的崇拜,因此很可能他部分地与杨布里科做了对比。

在这里,尤利安利用了希腊人、罗马人对几个世纪以来流行的来自东方的神灵的认同。古老的名称,为文化的联系所钟爱,无须损害赫利俄斯的至高无上性就可以得到保留。尤利安把宙斯、赫利俄斯、哈得斯、奥克阿诺斯和埃及的塞拉皮斯看作同一个神。但是希腊神话中全能的宙斯现在成为一种创造性的力量,这种力量成为赫利俄斯的能力,并且二者没有可分离的本质。传统认为阿西娜是宙斯的孩子,但尤利安却将她看作是赫利俄斯拥有理智的先见的证明。狄奥尼索斯是他最公正的思想的工具,阿芙洛狄忒是赫利俄斯生发出来的一种本质。他首创了这种观点:所有希腊、埃及和波斯那些有重要地位的神都应该是赫利俄斯的部分显现。这些次要的神灵是一些调解性的精灵。他的目标是提供一种希腊式的积极对应物来反对基督教。因此他坚持荷马、赫西俄德和柏拉图的启发。

这篇讲辞是献给他的朋友和战友撒鲁斯特的,撒鲁斯特写了《论诸神和世界》(On the Gods and the World),这是一篇异教帝国的官方教义问答书。维拉莫维兹认为,这篇论文是对尤利安的《反加利利人》的正面补充。尤利安第八篇讲辞《慰藉》也涉及撒鲁斯特,

---

① 参普鲁塔克《伊希斯与俄赛里斯》(Concerning Isis and Osiris)46。[译按]参普鲁塔克《论埃及神学与哲学》(原名《伊希斯与俄赛里斯》),段映虹译,北京:华夏出版社。

当时撒鲁斯特被迫离开高卢(358年)。

赫利俄斯王颂

——献给撒鲁斯特

[130b1 - c1]我把我即将要说的事情看作是对万物——"那些在大地上呼吸和爬行的所有动物"①——来说最重要的事情,这些东西分有存在,并且拥有理性的灵魂($ἀστρόμαντιν$)和理智,②但最重要的是它对我自己的重要性。[c2 - d4]在我自己身上,我拥有关于这个事情的证据超出了我能提供的,它们仅仅对我自己来说是可知的。但这至少允许我不带冒犯地说,从我的孩童时起,就极端强烈地渴望这个神的光线能射进我的灵魂中来。从一开始,我的思想就完全被那种照亮天空的光线统治,我不仅渴望目不转睛地凝视太阳,而且当我在夜晚到室外散步时,看到苍天万里无云,我就毫无保留地放弃了一切,把自己完全交给了天空的美;以至于,我既听不进任何人对我说的一切,也不关心我正在做的事情。[d4 - 131d4]在这些事情上,我被认为太过于好奇,并且花了太多的精力,以至于当我的胡子刚刚长出来的时候,人们就把我看作一个占星家($τοῦ πέμπτου σώματος$)。③ 我请苍天做证,关于这个主题,我既没有阅

---

① 参《伊利亚特》17.447。

② 无理智的灵魂的反面,这更应该是属于动物的。柏拉图、亚里士多德、普罗提诺和波菲力都允许植物有某种灵魂的形式,但是杨布里科、尤利安和撒鲁斯特否认了这一点。

③ [译注]这个词其实就是天文学。

读过一本书,甚至我也不知道这门科学是什么。但是,当我有更重要的事情要说时,即我应该讲讲那个时候我如何思考诸神,我为什么要提到这些琐事? 然而,让黑夜埋葬在遗忘中吧! 但让刚刚说的这些为这个事实做证,即天空的光照耀了我,同时唤醒了我,并促使我对其沉思,以至于我使自己认识到月亮的运行与宇宙的方向相反,尽管我没见过一个在这些事情上有智慧的人。就我这方面而言,我羡慕那些太阳神已经准许他们继承一个神圣种子和为祖先所激励的人们,他们可以发掘智慧的宝藏。我也不会轻视我自己是受到太阳神的鼓励的——我出身于我的时代中统治这个世界的家族;但更进一步说,如果我相信智慧,我就把这个神看作是所有人共同的父亲。因为,据真理来讲,人和这位神共同创生了人,这位神在某些灵魂内播下神圣的种子——这些灵魂不单是来自于这位神,也来自于其他神,这些灵魂通过他们选择的生活方式揭示了某种目的。最幸运的是,任何人都可以继承对这位神的侍奉,甚至在不朽的祖先们延续三代以后,也可以继承。所以,当有谁认为他依据天性就是要成为赫利俄斯的仆人,——要么是独自,要么是与少数几个人一起,将自己奉献给主人——这绝不是一件可以轻视的事情。

[131d5 - 132c1]那么,让我们尽最大能力庆祝他的节日①——帝国的都城用一年一度的献祭来装扮这个节日。正如我知道的,如果某人仅仅凭着他可见的自身,②几乎不能理解这可见的太阳是多么伟大——我清楚地知道,在这个世界上没有人可以获得一种与太阳神相称的描述,然而,一种不会失败的方法是对他进行赞美——

---

① 12月25号,这是罗马历法中的新年。
② 尤利安区分了可见的太阳与赫利俄斯,但可见的太阳也是赫利俄斯神的一种属性。

这是人类语言所能达到的最伟大的高度。但至于我,有雄辩之神赫尔墨斯在我旁边帮助我,还有众缪斯和众缪斯的领袖阿波罗,因为他在他的领域中也非常雄辩,他们会允许我谈论诸神批准人类应该言说和相信他们的东西。那么,我的赞颂方式是什么?如果描述他的本质和起源,他的权力和能量,包括可见的和不可见的,以及他赐予所有世界的神圣礼物,①我就能创作一篇完全不会引起这位神不快的最好赞颂——难道这不是显而易见的吗?说了这些,那让我开始吧!

[132c2 – 133c6] 从苍穹的极点到大地的最深处,这个神圣的和最美的宇宙是为这个神持续不断的天意所连接在一起的,原初就一直存在,在所有时代里都永不朽坏,是为第五实体($τὸ\ ἕν$)②——它的顶点是太阳的光线——紧紧守卫着的;在次等和更高的程度上,是被这个理智的世界所守卫的;但是在一种更崇高的意义上,它是为这个宇宙的王所守卫着的。因此,不管称他为超理智的合适,还是称他为存在的理念合适,说到存在,我意指的是整个理智的区域,或是太一,因为太一($τἀγαθόν$)在某种程度上似乎优越于其他所有存在物,或者用柏拉图的话来说,它是善本身($νοῦς$);无论如何,整全的这个非混合的原因显露了所有存在的美、完善、整一和不可抵抗的权力;由于首要的能动实体产生了——它位于理智性诸神的中

---

① 有三个世界,第一个是只有纯粹的理性可以认识的理智世界,$νοητός$;第二个世界是第一个世界中的理智所产生的一个具有理性的世界,$νεορός$;第三个世界是可以感觉的世界,$αἰσθητός$。第一个世界是新柏拉图主义借自于柏拉图《理想国》508 处,第二个世界是杨布里科构建的。

② 尽管亚里士多德没有使用这个术语,但它属于他第五元素优越于其他四种的理论,亚里士多德称之为 aether 或 first element,*De Coelo* 1.3 270b,比较 *Theologumena Arithmeticae* 35.22 Ast,那里他称第五元素为"aether"。

间——能动性的原因,赫利俄斯这位最有权能的神,从他本身而来,并在所有事情上都朝向他自己。即便如此,当神圣的柏拉图写道:"因此,当我说到这一点的时候,要理解我意指的善的后代,善在他自己的相似性中开始运动,同时与善相联系的是纯粹的理智和他在理智世界的对象,这就是可见世界中太阳与视力及其对象的联系。"他是相信这些话的。因此,赫利俄斯的光与可见世界的关系,就如同真理和理智世界的关系。他自己就是一个整体,因为他是最初的和最伟大之物的儿子,换句话说,就是善的理念,从它不变本质的永恒区域那里得到营养而持续存在,并且接受了统管理智诸神的权利,他自己分配给理智诸神善——善是理智诸神的源泉。我认为,善是理智诸神的美、存在、完善和整一的原因,善将诸神联在一起,并用神圣的光照亮他们。因此,这些也是赫利俄斯赐予理智诸神的,因为善指派他去统治和管理他们,尽管他们先于他之前到来,并与他一同进入存在,我认为,这是为了类似于善的原因可以引导理智诸神为他们所有人祝福祈祷,也可以依照纯粹理智统管他们。

[c7 – 134d5]这可见之物即第三位的世界,①明显是对象可以被感觉到的原因,可见的赫利俄斯是可见诸神的原因,②就如伟大的赫利俄斯赐予了理智诸神众多的礼物。有清晰的证据表明,一个人可以借助可见之物来研究不可见的世界。首先,光本身不就是一种不可分的和神圣的形式,不就是一种运动着的透明形式?至于透明本身,不管它是什么,因为它是所有元素最根本的基础,所以说,也是属于它们的一种独特形式,它不像是可分的或是混合的,它也

---

① 尤利安通过三种方式表达太阳,首先是理解为超常的,这种形式中赫利俄斯区别于理智世界中的善;其次是赫利俄斯-密特拉,理智诸神的统治者;第三是可见的太阳。

② 133d – 134a 是关于太阳光的一段离题话。可见诸神指众星体。

不接纳可分实体的特殊性质。① 因此,你们不会说,热是透明的一种性质,或热的反面冷是其一种性质;你们也不会将其分配给坚硬或是柔软或是任何其他各种各样的与触觉、味觉、嗅觉相联系的特质;但是它的本性仅仅对视觉来说是显而易见的,因为正是光将视觉带进活动中来。并且光是这个实体的一种形式,所以说,光是天体的一种底层,并且与天体内在地共存。所以说,光自身是没有实体的,是顶点和精华,就是太阳的光线。腓尼基人在神圣的学问方面非常智慧和博学,他们说,光从每一个方面发射出来的光线都是纯粹思想未被污染的典型。我们的理论也与他们的说法一致,光自身是无实体的,不应该将光发散的光线看作是可分的,而是应该将其看作,思想(Ὑπερίους καὶ Θείας)未被污染的活动将光流射到它自己的处所②——这光线被分配给整个苍天的中间,由此光射出它的光线,并用每一种活力充满天界,用神圣的和未被污染的光照亮万物。这种活动从光那里四处照射并照射到诸神那里,至少在某种程度上,我刚刚描述过这种活动,随后会更进一步谈论这种活动。但是,除非我们另外寻求向导和光的帮助,否则我们用眼睛看到的将仅仅是来自于这种活动的一个名称。一般而言,关于什么是可见之物,首先应将其带到光的照射之下,以便接受一种形式,正如物质被带到匠人的手里接受形式一样。事实上,粗糙的熔化了的黄金仅仅是金子,还不是一种形式或是形象,直到匠人给它一个恰当的形状才算成功。所以,所有可见之物,除非它们在光的帮助下被带到眼

---

① 《论灵魂》(De Anima) 419a;亚里士多德在那里说,光是现实,或透明中介的积极决心,尤利安模仿了整个段落。
② νοῦς与赫利俄斯在此处是同一的;比较 Macrobius, Saturnalia 1.19.9, mundi mens est,"太阳是宇宙的思想";杨布里科,Protrepticus 21,115;Ammianus Marcellinus,21.1.11。

睛之前,它们才能获得可见性。因此,凭着光给予人视力,和可见之物能被看见的能力,它们才变得完善,其方式是通过一种单一活动的两种能力:即视觉和可视性。① 其完美的能力是在形式和质料中被表现出来的。

[d6-135c2]然而,某种程度上这可能是非常微妙的;但是对于那些引领无知者和无学识者的哲人和修辞家来说,当赫利俄斯升起和降落时,这位神(译按,指赫利俄斯)在这个宇宙中有什么权力呢? 他创造黑夜和白天,在我们面前改变和管理这个宇宙。但是别的天体拥有这种能力吗? 依照这种观点,我们为何不相信那些更加神圣的事情呢? ——即,赫利俄斯王的力量充满了那些苍穹之上的不可见和神圣的理智诸神,他所具备的力量是为了善本身服务的,正是他的这种力量让众天体屈从于他的统治,万物都是来自于他,都是凭着他的天意才能得以运转。因为别的星体围绕着它们的王跳舞,以某种间距与他紧密联系,以完美的顺序绕着他旋转,产生某种间隙,在它们的轨道上追逐运行,②正如那些这个领域里的博学之人称它们为可见的运动;月光的盈亏出于月亮与太阳之间距离比例的变化,我认为,这一点无论对谁来说都是再明显不过的。我们认为,理智诸神更加庄严的身体对应众天体的这种运转秩序——这是否合理呢?

[c3-136a3]因此,我们要理解赫利俄斯王这些功能之外的功能。首先从他使得宇宙中的事物变得可见这一事实就可以看到,他具有使事物变得完善的能力:借着他的光,他完善了可见之物;其次,他使宇宙万物流变不息,显示了他的创造性和生成性能力;第三,他使运动变得和谐,朝向整一和同一个目标,显示了他使万物联

---

① 尤利安模仿了柏拉图,《理想国》507、508。
② 例如星体静止的位置、直接的和倒退的运动。

系成一个整体的能力;第四,从他自己所处的中间性,我们知道,他居于中间性的位置;第五,从他在星体之间的中心位置,我们知道,他是理智诸神的王。现在,假如我们看到其他任何可见的诸神也拥有这些能力,或类似的重要能力,我们千万不要把赫利俄斯的统治能力分配给其他诸神。但是,如果除了他善的能量——他将这同等地分给了诸神——与其他神没有任何共同性,让我们呼请建立了宙斯和赫利俄斯共同祭坛的库普鲁斯的祭司做见证;但是在呼召他们之前,让我们先呼召阿波罗做见证,他与我们的赫利俄斯是一致的。因为阿波罗神宣称:"宙斯、哈得斯、赫利俄斯-塞拉皮斯,三个神共享一个头!"①让我们假设,在理智诸神之间,赫利俄斯和宙斯有一个结合点,甚至有一个单一的统治区域。

[136a4-137c5]因此,我认为柏拉图称哈得斯为一个智慧的神是符合理智的。② 我们也称这个神为哈得斯-塞拉皮斯,也就是说,对柏拉图所说的那些居住在幸福岛之人的灵魂来说,这个神是不可见的和理智的神。我们不要将赫利俄斯看成传说交给我们的、让我们感到颤抖的神,而是将他看成温柔的和给人慰藉的神,因为他彻底地将我们的灵魂从生成中解放了出来:他没有将他解放了的那些灵魂禁锢在身体中惩罚他们,而是将我们的灵魂带到高处并提升到理智的世界。这个教义不完全是新的,而是荷马和赫西俄德这两个最庄重的诗人教给我们的,不管这是他们自己的观点,还是幻

---

① 这个 oracular verse 是 Macrobius 引证的德尔菲的,Saturnalia 1.18.18;但是尤利安,无疑是跟从杨布里科,用塞拉皮斯代替了诗行最末尾的狄奥尼索斯。塞拉皮斯崇拜在希腊罗马世界的盛行,开始于托勒密在亚历山大城建造的塞拉皮斯神庙。

② 《斐多》80d;在《克拉底鲁》403 处,柏拉图也讨论了 Hades 这个词的语源学,尽管不是很严肃。

想的,他们都是为一种对真理的神圣疯狂所激发的,这教义明显是来自下面的说法。赫西俄德在追溯赫利俄斯的家谱的时候,①说赫利俄斯是许配里翁和忒娅('Ὑπερίους)的儿子,从而暗示了他是那超越于万物之上的神的真正儿子。因为除此之外,μεσότης还能有什么别的意思呢?② 忒娅自己在另外一种意义上不就是最神圣的存在吗? 但是我们不要相信关于这两位神的结合或婚姻的说法,因为诗神缪斯是不可信的,总有些微不足道的矛盾。但是让我们相信,赫利俄斯的父亲和祖先是最神圣和至高无上的存在;哪个别的神能有这样的本性可以让自己超越万物,并超越万物的中心点与目标呢? 荷马称赫利俄斯为许配里翁之子,并显示了他不受任何外物束缚的本性,超越于所有的限制和约束。因为,正如荷马所说,宙斯是众神的主人。当赫利俄斯在神话中说,由于奥德修斯同伴的不虔敬,③他将要抛弃奥林匹斯山不管,宙斯没有像对其他神说的那样,对赫利俄斯说,"我会将你们扔到大地和大海中",④当然,赫利俄斯也没有用脚镣和暴力威胁宙斯,相反,宙斯说,他将惩罚奥德修斯同伴的罪恶,由此,赫利俄斯说,他会继续为众神带来阳光。因此,难道这不是表明了,除了不受条件的限制,赫利俄斯还有使万物完善的能力吗? 除了他送来阳光,以及他自身的不可见,他为众神完成了我说到的这些祝福,为什么众神的本质和存在还需要他呢? 因为当荷马说"牛眼睛的天后赫拉,派遣赤裸的赫利俄斯带着万般的不情愿

---

① 《神谱》371;比较品达,*Isthmian* 4.1。
② Ὑπερίους的意思是 he that walks above。
③ 他们吃了太阳神的牛群;《奥德赛》12.352 以下。
④ 《伊利亚特》8.24。宙斯说这话是威胁诸神,如果他们帮助特洛伊人或是希腊人战斗。

到奥克阿诺斯的河流",①他指的是,凭着厚厚的浓雾——黑夜被认为是恰当的时间。当然,浓雾必定是女神自身,在另外的一个地方他说:"赫拉在他们面前铺展开厚厚的浓雾。"②但是让我们把这些故事留给史诗吧!因为它们所激发的必定仅仅是指人类。我现在要将这个神与他教授给我们的联系起来,即将他自己和其他众神联系起来。

[137c6 – 138c11]大地包含所有处于生成状态的存在。但是,是谁赋予了它不朽性?难道不是赫利俄斯凭借确定的界限使得一切聚集在一起吗?③ 如果说存在的本性应该是无限的,这是不可能的,因为存在既不是被造的,也不是靠着自己而存在的。如果存在中有某些事物永不停息地变化,不间断地生成,没有什么是被分解返回存在的,那么生成之物的本质就不会成功。所以,赫利俄斯神以与其本性相符的方式运动,当他认可存在之物时,就提升并激励存在之物的本质;当他远离时,他减少和毁灭存在之物的本质;或者他通过赋予这种本质运动和用生命充满它,来持续地使其不断地再生。他的离开和转向其他的方向,是那些易朽之物颓败的原因。他恩赐的礼物曾经降临到大地之上。不管当代的国家还是另外的一个国家接受了它们,生成永远都不会停止,这个神也不会对这个永远都变化着的世界给予更多的益处或更好的益处,因为这就是他的习惯。由于同一性,活动和存在也存在于诸神之间,类似于超越于万有之上的万物之王赫利俄斯;他也使得所有天体实现最简单的运动,④这些天体以与整全相反

---

① 《伊利亚特》18.239。
② 《伊利亚特》21.6。
③ 尤利安现在开始描述赫利俄斯的实质或是他的本性,137d – 142b。
④ 太阳、月亮和星体;星体的轨道由于太阳和月亮直接的和相反的运动变得复杂了。

的方向在运转。事实上,这正是亚里士多德为之欢欣鼓舞的事情,与其他人比起来,亚里士多德给出了他(译按,指赫利俄斯)至高无上性的证据。然而,从所有其他理智诸神那里,可辨识的力量传给了这个世界。那么,这究竟意味着什么呢?难道当我们断言统领权已经被分配给赫利俄斯的时候,我们不是已经排除了其他理智诸神吗?更甚,我认为,从可见世界那里获得不可见世界的信念(比较133d),这样是正确的。另外,这位神即便完全可见,并赐予自身和整个宇宙力量,这种力量也由其他诸神赋予大地,我们也应该相信在不可见的诸神之间存在彼此的交流,而这位神与诸神交往的模式就是成为他们的管理者,而其他诸神则顺应他的这种管理。因为,这位神居住在理智诸神最中间的最中间,但愿赫利俄斯王会向我们保证,他会告诉我们,他处于那些不可见诸神的中间,这个中间性('Aσληπιόν)的本性究竟是什么。

[138d1 – 139b3]我们不把"中间性"定义为,①那种意指对从两极同等距离远的地方看起来相反的东西,例如,颜色中,黄褐色或暗灰色居于中间,或者温暖是冷和热的中间,以及与此类似的情况,而是指把那些彼此分开的东西联接在一起的情况;例如,恩培多克勒用和谐所意指的那类事情,②和谐完全消除了冲突。那么,赫利俄斯把什么东西联接在一起呢,他所处的中间又是什么呢?我认为,他是在环绕宇宙的可见诸神和那些环绕善——因为理智的和神圣的本质不受外部的影响和增减,凭着本性不断繁殖——的无形体的理智诸神之间的中途。因此,赫利俄斯王理智和完全美好的本质是

---

① 尤利安定义赫利俄斯拥有中间性的方式;他是调解者,在两个世界之间联系的中途,和理智诸神的中心。

② 比较 Empedocles,辑语 18;122.2;17.19(Diels 辑)。

在无混杂的极限的中间,自身是完善的,并且区别于诸神的数目,包括可见的和不可见的,和那些可被感觉到的,亦即那些仅仅是理智的,我已经宣称过,我们必须以某种方式感知他的中间性。但是,如果我也一定要一个一个地描绘这些事物,为的是我们可以用我们的理智认识他居间性的本性在各种变化中究竟如何与那些最高之物和最低之物相联系,即便这非常不容易完整地描述,我也要尽力讲讲那些能够讲的。

[139b4 – 140d10] 这个世界是一个理智的世界,先于所有的时代就存在,它将万物联结成"一"。难道我们的整个世界不是一个有机体吗?——丰满的灵魂和理智完全遍及整体,"完美,所有的部分都是完美的"。这个统一的双重的完美的中途——我指的是,统一性的一种将理智世界所有存在的事物联结在一起,统一性的另外一种将可见世界中的万物联结成整体和并赋予它们同样完美的本性——这两种统一性,我说,就是居住在理智诸神之间的赫利俄斯王那完美的统一。然而,在理智诸神的世界中有一种联结的力量,这种力量将万物联结成一个整体。另外,在苍天中有没有一种不可见的事物,这种事物以其自己的轨道运转,即第五实体的本性,正是这种事物将所有部分联结和压缩在一起,将那种本性上倾向于将分散和彼此分离的事物结合在一起?因此,这类存在是联结的两个原因,一个在理智世界中,另一个在可感世界中,赫利俄斯王将这两个世界联结成一体,模仿了理智诸神中前者联结的力量。因此,难道不是这种不受条件限制之物照亮了万物和传递给可见世界吗?——这种不受条件限制之物主要存在于理智世界中,最后存在于苍天的可见的天体中,拥有赫利俄斯王不受条件限制的两个本质之间的中途本性,那种主要的创造性本质也不是来源于他的光线。从另外一种观点看来,整全的创造者是"一","多"是在苍天中旋转

的能动的诸神。① 因此,我们也必须将这些诸神的最中间者置于能动的活动之上,这种活动从赫利俄斯那里降生了这个世界。但是生成生命的权力在理智世界中也是丰富和过剩的;我们的世界也充满了生成性的生命。因此,明显的是,赫利俄斯王的生命生成的权力也是两个世界的中途:我们可见世界的种种现象可以为此做证。因为,他使一些形式完善,又创造另外一些形式,或装饰,或唤醒生命,没有任何一件事情能脱离开赫利俄斯创造性的权力,正是赫利俄斯带来光明和使万物诞生。除此之外,更进一步说,如果我们应该理解理智诸神——没有任何永恒的东西需要增加——之间那种纯粹的、未被污染的和无形的本质,②那么任何性质相异的事物在这里都不会有立足之地,而是用它自己无瑕的纯粹填满这个世界;如果我们应该理解纯粹、纯洁的非混杂的本性和神圣的本质——其元素完全是非混杂的——在这个可见的宇宙中,其环绕着旋转的天体,③那么此处,我们也应该发现赫利俄斯王光芒四射的和纯洁的本性,位于两个世界的中途;那也就是说,位于不朽的纯洁和完美的纯洁的中途,前者存在于理智诸神中,后者是一种无瑕疵的、摆脱了老死的状态,它存在于这个我们都能感知的世界上。最伟大的证据,甚至不是从太阳照到大地上来的阳光——这光是混杂的——尽管这光不容纳尘土和污点;而是保留了完整的纯洁、毫无瑕疵,从所

---

① 柏拉图在《蒂迈欧》(*Timaeus*) 41a,区分了"在我们的眼前环绕的诸神"和"那些只要他们愿意就显露自己的诸神"。尤利安在这里规律地描述了一个三和音(triad);他的三个世界每一个都有其自己不受条件限制的本质;其自己创造性的权力;它自己生成生命的权力;在每种情形中,中间形式都是作为一种沉思能力的赫利俄斯或作为理智神的赫利俄斯。
② 尤利安描述了三种本质,和在三个世界中的三种形式。
③ 即可见的天体。

有存在的事物的外部的影响中解脱出来的自由。

［140d11－141b2］但是,我们必须继续思考无形的和理智的形式,①还有那些联结物质或实体的可见形式。另外,理智世界是所有环绕着伟大的赫利俄斯的诸形式中的最中间者,通过这些旋转的形式,物质的形式受到了帮助;因为它们从未能够存在或是被保留下来;由于他的帮助,它们没有被带入存在,从而与存在相联系。请考虑:难道他不是诸形式的分离和物质联合的原因,在其中他不仅允许我们理解他自己,而且还将自己呈现在我们眼前？因为他的光线散射到整个宇宙,和他的光具有统摄的能力,证明了他是那个给予每一种被造之物以一种独特的存在的主人。

［b3－c8］尽管有很多恩惠与这位神的本质相联系,对我们来说也是显而易见的,这表明了他是理智诸神和可见诸神之间的中途,让我们进入他后一个可见的世界。他在后一个世界中的第一个区域给予太阳守护神的形式和独特性。②接下来是他在可感世界中的生成区域,其中更荣耀的部分包括天空和天体的原因,然而稍次一级的部分引导我们这个生成的世界,他的永恒性包含着那个世界非被造的原因。现在为了描述这位神本质的所有特性,即便这个神自己保证某个人可以理解它们,要描述这些本质也是不可能的,看到它们以及用思想完全掌握它们,在我看来也超越了我们的能力。

［c9－142b3］但是由于我已经描述了很多这些性质,我必须设

---

① 赫利俄斯联结了诸形式(柏拉图的理念)——这些形式存在于理智的世界中,和在我们的世界中联结他们自身的物质;比较《诸神之母颂》171b。

② 这些守护神包括,模型、理念和理念的假设;比较142a,《致雅典人的信》(letter to the Athenians)275b。尤利安在此处给天使下了定义,正如奥古斯丁在《上帝之城》(De civitate dei)10.9中引证的波菲力,将它们与精灵区别了开来,并将它们置于以太中。

置一个标志,在这个讨论中,现在我将略过其他很多需要探究的论题。那么这个标志是什么呢?这位神那种包含所有这些问题——仿佛是将它们全部聚集在一颗头颅下——的本质的知识是什么?但愿他自己向我的思想暗示了,因为我渴望以一种简洁的概要的形式描绘这双面的原因,即从他所进行的和他自己的本性两方面以及那些他赐予可见世界的恩惠进行描述。那么,我们必须宣布,赫利俄斯王是"一"和一切都来源于这位神,甚至那个自身就是"一"的理智世界都是来自赫利俄斯;他是理智世界的最中间者,通过调解性的位置居于最中间,而这调解性是和谐的、友好的,联合了那被分离之物;他将最初和最终结合在一起,在他自己的神性中拥有竞争性的、联结的办法、生成生命的办法和联结存在的办法;他为我们能够感知的这个世界创建了所有种类的恩赐,不仅是他用光带来光明的方式,赐予了这个世界荣耀,而且由于他呼召了存在,与他自己一起,实现了太阳的守护神的本质;最终在他自己内部,他理解了所有生成之物的非生成的原因,更进一步,优先理解了永恒天体生命的永恒的和不变的原因。①

[b4 – c5] 至于这位神的本质究竟该如何正确地说明,尽管更大的部分已经被略过了,然而我们也已经讲了很多了。但是,因为他的权能和他的活动是如此伟大,以至于我们应该越过我们观察到的他的本质部分的界限——因为当神圣的事物进入可见区域的时候,它们应该是多种多样的,由于在它们之中有丰盈的生命,并拥有生成生命的能力,这是自然而然的——去考虑我们不得不去做的事情。因为我必须跳进这深不见底的大海,尽管我尽我最大努力,也无法呼吸,尤其在这个论述的第一部分之后更是如此。虽然如此,

---

① 即天体;比较 *Fragment of a Letter* 295a.

我依然必须冒险将我的信任放在这位神上,以便尽力去把握这个论题。

[c6 – 143c3]我们必须假设,关于这位神的本质已经说过的东西完全适用于他的权能。① 凭宙斯起誓,因为一个神的本质是一回事情,他的权能是另一回事情,他的活动又是第三种事情,这是不可能的。因为他所意愿的全部,都有能力去做,并使其实现。他不会意愿他不愿意的事情,因为他不缺乏力量去做他所意愿的事情,这也不是说他渴望实现那些他无能实现的事情。然而,人类中间是另外一种情况。因为他的灵魂和身体——这两者混合成一个整体——是一个两面竞争的自然,前者神圣,后者黑暗和阴沉。因此,自然而然,在这二者之间有一个争斗和长期的不和。亚里士多德也说,这就是为何在我们之中彼此和谐的时候既没有快乐也没有痛苦。因为他说,对某个人而言是快乐的东西,对另外一个人来说则是痛苦。但是在诸神之间,却没有这种情况。因为善的本性永恒地属于他们,而不是断断续续地属于他们。首先,当我试图表明他的本性的时候,我已经全部说过了,那么我必须考虑继续叙述他的权能和活动。尽管在这种情形中,论证转向是自然而然的,我接下来描述的他的权力和活动,必须被认为是符合他的本性的,而不仅仅是符合他的活动。因为正是存在与赫利俄斯相联系的诸神,并且类似于这位神纯洁的本性,尽管在可见的世界中,他们是多种多样的,在赫利俄斯那里,他们则是整一。现在首先听听他们关于注视诸天的说法,不像牛马或是其他非理性的和愚蠢的动物,②而是从中吸

---

① 接下来就将描述赫利俄斯的权能和活动:142d – 152a。
② 比较148c,《蒂迈欧》47a,《理想国》529b,在这些地方,柏拉图区分了凝视星体(star – gazing)和天文学。

取了关于不可见世界的结论。但是甚至在这之前,如果你愿意,考虑一下他至高的权能和活动,不是遵循无限的数目,而是仅仅遵循一些。

[c4 – 144a6]首先,他的权能是由于他揭示了整个理智的本性显示出来的,因为他将极端聚合在了一起。因为甚至在可感世界中,我们也能够清楚地识别位于火和大地之间的空气和水,①就像联结极端的中间点,难道不会有人理智地认为,在这种情形中,与元素分离并优先于元素的原因——通过其生成的原则,并不是生成本身——在那个世界中也是如此的秩序,在那个世界中诸元素正是凭借赫利俄斯而彼此联接在一起的吗?并且宙斯创造性的权力也与赫利俄斯内在一致,正如我先前说的,凭着库普路斯的理智,神殿是共同的为他们建立并分配给他们的。我们也呼召阿波罗来为我的陈述做见证,因为确定无疑的是,关于赫利俄斯的本性,阿波罗比我知道的更好。因为他也遵循着赫利俄斯,并由于他思想的单一的理性和他本性的稳定性以及他活动的持续性,他也是赫利俄斯的战友。

[a7 – b6]但是,阿波罗绝不可能表现出从赫利俄斯那里分离了狄奥尼索斯神圣的创造性功能。尽管他总是从属于赫利俄斯,以至于暗示狄奥尼索斯在王权上是他的搭档,但是阿波罗对我们来说,则是最公正目标的解释者——这目标是与我们的神紧绑在一起的。更进一步说,赫利俄斯理解了最公正的理智综合体的原理,他也是众缪斯的首领阿波罗自身。并且,因为他用公平的秩序充满了我们整个的生命,他诞生了阿斯科勒皮奥斯($\Delta\iota o \sigma \varkappa o \upsilon \varrho o\iota$),尽管在这个世

---

① 《蒂迈欧》32b;柏拉图说,为了创造宇宙的实体,"God set air and water between fire and earth"。

界开始之前他就让阿斯科勒皮奥斯待在他身边。

[b7-c10]尽管应该探究属于这位神的其他众多的权能,但是没有谁能够探究全部的权能。认识到下面的这些就足够了:在宙斯和赫利俄斯关于分离的创造——这创造优于本质——之间,有一个对等的和一致的统治区域,也就是说,在这个绝对原因的区域中,这是与可见的创造物分离的,且优于可见的造物;其次,我们观察到他的思想的单一性,而他的思想与永恒的和持久的相似性——他与阿波罗一起分享了这种相似性——联结在一起;第三,他的创造性的功能——他与控制分离的本性的狄奥尼索斯一起分享了这种功能——的分离的部分;第四,我们已经观察到众缪斯的首领的权力,这种权力在最公正的对称性和理智的混合中被揭示出来;最后,我们理解到,赫利俄斯和阿斯科勒皮奥斯实现了整个生命的公正秩序。

[d1-145d7]所以,涉及在世界之初就存在的他的那些权力,与这些同在的是他置于整个可见世界之上的劳作,他用善的礼物填满了这个可见的世界。因为他是善的真实的儿子,并从善那里接受了他完美的神赐的完善性,他自己分配了恩典给理智的诸神,赐予他们慈善的和完美的本性。这就是他劳作的一部分。这位神的第二件工作是,他极其完美地将理智之美在理智的和无形的形式之间进行分配。当生成性的本质——在我们的世界中是可见的——渴望在美本身之中生产和生育的时候,①受到这种本质的引导就是非常需要的,在理智美区域中,正是这件事情永恒地在发生,不是断断续续地发生,不是这会儿丰富那会儿贫瘠。因为在我们的世界中仅仅是暂时美好的一切东西,在理智世界中则总是美好的。因此,我

---

① 柏拉图《会饮》206b,τόκος ἐν καλῷ。

们必须断言,在理智的和永恒的美中生成的后代,引导可见世界中的生成原因;这个神的后代呼召存在并与其同在,他又分配了完全的理性。因为,正如通过他的光,他赐予了我们的双眼视力,同样地,在理智诸神之间,通过他对应的理智的部分,正如我相信的,他赐给所有理智诸神理智的美和通过理智理解存在的能力。除此之外,万有之王赫利俄斯的另一种不可思议的活动是赋予所有高贵的族类以力量和权能——我的意思是指,天使、精灵、①英雄和那些分裂的灵魂,②这些灵魂依然存在于模型和原型的种类中,并绝不会停止将它们自身交给肉体。我已经描述了我们的优越与这个世界的神的本质、权力和活动,颂扬了万有之王赫利俄斯,我已经尽我所能赞美了他。但是,正如俗话说,眼睛比听力更值得信赖——尽管它们比理智要更弱且更不可靠——来,让我努力告诉这位神可见的创造的功能;但是首先让我恳求他准许我,用某种连续的方式去谈论这种功能。

[d8 – 146 – 147c8]环绕着赫利俄斯的永恒,存在于这个可见世界之中,并且环绕这个世界的永恒之光有其固定的位置,既不是断断续续地放射光芒,也不是在不同的地方以不同的方式放射,而是总是以同样的方式放射他的光芒。另外,如果某人渴望从时间的视角尽其理智所能去理解永恒的自然,那么他就会最容易地知晓,推动万物的赫利俄斯凭借他的永恒,赐予了这个世界多么多的恩惠,甚至能够理

---

① 柏拉图《法义》713d 将精灵定义为优于人类但次于神的一个族类,他们被创造出来是为了监视人类事务的;尤利安,《尤利安皇帝致哲人忒米斯提乌斯》258b 模仿柏拉图的描述;比较 Plotinus 3.5.6; pseudo – Iamblichus, *De Mysteriis* 1.20.61;尤利安,《致一位祭司的信》(*Letter To A Priest*)290b。

② 即,个体的灵魂;这个术语,来自于新柏拉图主义者和杨布里科,尤利安暗示了有一个不可分割的世界灵魂;比较 Pltotinus 4.8.8。

解,永不停歇的普照万物的万有之王赫利俄斯。现在,我意识到,伟大的哲人柏拉图和晚于他的,①当然也绝对次于他的那个哲人——我指的是卡尔基斯的杨布里科,②他不仅通过著作使我熟悉了其他哲人的学说,而且——我清楚地意识到,他们将一个生成世界的概念看作是一种假设,可以说,为了让由赫利俄斯引起的光能够被承认,他们假定了这个假设。但是且不说我不符合他们的能力的标准,我决不能如此的鲁莽轻率,尤其是因为光荣的英雄杨布里科认为,这样去假设不是没有风险的,即便只是一个关于这个世界创造的临时性的界限的假设。与此相反,赫利俄斯出现于一个永恒的原因,使万物永恒地产生出来,凭着他神圣的意志、不可言说的速度和不可超越的权力,他从不可见的万物中产生了我们现时代可见的万物。然后,赫利俄斯将他自己的位置分配到中天,为的是他能在所有方向上赐予那些凭着他而出现和与他一起的诸神同等的恩惠;他可以引导天空的那七个球体,③和第八个,④当然我也相信他还引导第九个球体,也就是我们的世界,我们的这个世界以一种生和死的持续循环在旋转着。因为显而易见的是,这些星体正如他们围绕着赫利俄斯在跳舞,他们也在赫利俄斯和他们自己的运动之间维持着一种和谐的运动;整个天空——在所有方面都适应赫利俄斯——充满了跟随赫利俄斯的诸神。因为赫利俄斯是天空中五个区域的主人,当他在其中三个区域之间来回运

---

① 《蒂迈欧》37c,当德穆革创造宇宙的时候,他发明了时间作为divided substance 的属性。

② 关于尤利安对杨布里科所欠的恩情,比较150d,157b – c。

③ 克洛诺斯、宙斯、阿瑞斯、赫利俄斯、阿芙洛狄忒、赫尔墨斯、塞勒涅是七个星球,比较149d。尽管赫利俄斯引导其他的天体,但他也被看作是其中之一。

④ 指固定的星星;比较杨布里科,*Theologumena arithmeticae* 56.4:"the eighth sphere that encompass all the rest."

动时,他在那三个区域中产生了三种恩惠。① 剩下的区域是强有力的必然性的范围。② 对希腊人来说,我说的可能是不好理解的,好像一个人有义务对他们仅仅说那些他们熟知的和熟悉的事物。正如某人认为的,这对他们来说是完全陌生的。在你们看来,狄俄斯库里兄弟(Διοσκουροι)是谁?③ ——最智慧的人啊,他们没有任何疑问地接受了你们如此多的传统。你们称他们为"交替的日子",因为他们不能在同一天全部被看到? 显而易见的是,正是通过这一点,你们意指"昨天"和"今天"。但是以同样的狄俄斯库里的名义,这意味着什么? 请让我将他们应用到一些自然对象上,为的是证明我没有说空话和蠢话。但是谁也发现不了这样的对象,不管一个人是多么细心地去寻找它。因为一些神学家们持有的理论认为,这个宇宙的两个半球是被注定了的,没有什么意味深长的含义。因为一个人如何称呼每一个半球为"交替的日子"是难以想象的,尽管他们光芒的增加在每一天都是极细微而不可感知的。但现在让我们思考一个某些人认为我正在创新的问题。④ 我们正确地说,太阳周期的时间对大地之上的人来说是同样的,同样地享有每一天和每一个月。因此考虑一下,

---

① 这三种恩赐总是与春天联系在一起;尤利安似乎模糊地描述了太阳的周期运转。

② 必然性在密特拉秘仪中扮演着一个重要的角色,有时候被认为与管理正义的处女座同一。

③ 狄俄斯库里(兄弟)(宙斯和勒达的双生子卡斯托耳和波吕丢刻斯的合称;死后成天上的双子座;被视为体操运动员、战士和水手守护神)。关于狄俄斯库里被接受进密特拉秘仪,参 Cumont。尤利安没有给出他自己的观点,尽管他反驳了后来的希腊天文学家的看法。Macrobius, *Saturnalia* 1.21.22 将狄俄斯库里和太阳看作同一。

④ [译注]这里尤利安暗示了他的宇宙论叙述的创新所在,这种创新就在于,他用天文学来描述宇宙。

"交替的日子"这个表达是否不能被同等地应用在热带地区和其他的地方,或者南北极?但是一些人会反对说,这不能被同等地应用在这二者上。因为前者总是可见的,当影子以相反的方向形成的时候,①对那些居住在大地的这些地区的人们来说,这二者也是可见的,但是后者的情形则是,能看到其中之一的人们却看不到另一个。

[d1-148a5]然而,不应该如此长久地停留在同一个主题上;因为赫利俄斯是冬至和夏至的原因,正如我们知道的,赫利俄斯也是理性之父;同时因为他从未放弃极点,他也是奥克阿诺斯,是双重本质之主。我此处的意思不是模糊的,难道没看见,在我的时代之前,荷马已经就同样的事情说过,"奥克阿诺斯是万有之父"?是的,对凡人和有福的诸神来说也是如此,正如他自己会说的那样;并且他所说的是真实的。因为在存在——这种存在不属于奥克阿诺斯本质的产物——的整体中没有一个单一的事物。但是,这对于两极有什么用处呢?我应该告诉你吗?事实上,保持沉默是更好的;但是关于其他,我会说说。

[a6-b10]一些人说,即便所有人都不相信,太阳依然在没有星光的天空上运转,这天空要远比不动的星体所在的区域高。基于这个理论,赫利俄斯不是居于所有星体的最中间,而是处于三个世界的中途的位置:即根据秘仪的假设,如果一个人应该使用"假设"这个词的话,而不是说"已经建立的真理",用"假设"这个词去研究天体。因为秘仪的祭司们告诉我们,他们已经受到了诸神或强大的精灵的教诲,然而,天文学家们却根据他们在可见的范围中观察到的和谐,做出了合理的假设。无疑,赞同天文学家们是恰当的,但是有

---

① 亦即热带地区。在赤道上,在冬季月份,影子在夜晚朝北;在夏季月份,影子在夜晚朝南,对整个赤道地区来说,这或多或少是真实的。

人会认为,相信秘仪的祭司是更好的,我尊敬和敬畏他,既打趣又非常真诚。正如俗语所说,就是如此之类的。①

[148c1 - 149 - 150d6]除这些我已经提到过的诸神外,在天空中依然有数量众多的被那些俯瞰众天体的诸神认为是神的诸神,这不是偶然的,也不缓慢。因为赫利俄斯将黄道圈分成了三个区域,他与三个区域中的每一个都紧密相连,所以他将黄道圈也分成了十二种神圣的权力;然后他又三分了这十二种权力中的每一种,为的是形成三十六个神。② 因此,正如我相信的,有东西从上面的天空向我们降临下来,是美惠三女神的三重礼物:我意指的是,对这位神来说,从那些区域中,通过将它们四等分,送给了我们理性的四重的荣耀,这表达了时间的变化。事实上,在我们的大地上,美惠三女神在其雕塑中模仿了一个循环。并且,狄奥尼索斯是美惠三女神的赠予者,正是在这个联系上,狄奥尼索斯据说与赫利俄斯一起统治。为什么我应该继续对你们说,荷鲁斯($^{\tau}\Omega\varrho o\nu$)和其他诸神的名字,③这些神都隶属于赫利俄斯?因为从他的劳作中,人们已经学会认识这位神,这位神通过有福的理智的恩惠,使得整个天空变得完美,并赋予了天空一种可理解的美;因为他们将天空作为他们的出发点,他们已经学会了从赐予的善的礼物的丰富上认识赫利俄斯的整体和部分。因为他掌控着所有的运动,甚至是这个宇宙最低层面上的运动。他在一切方面都使得万物——自然、灵魂和每一个存在——变得完美。赫利俄斯将诸神的巨大的队伍变成单一可命令的整体,他又将

---

① 普鲁塔克,《希腊罗马对比名人传》关于德摩西梯尼的传记,4,以独特的柏拉图式的方式引证了这个短语;比较柏拉图,《法义》676a。
② 比较 Zeller, *Philosophie der Griechen* III. 2^4 P. 753, note。
③ 这是埃及的太阳神,这位神的崇拜首先被引进到希腊,然后到罗马。

这个整体交给雅典娜普罗尼娅('Αϑηνᾶ Προνοία),① 正如传说所示,她从宙斯的脑袋上蹦出来,但是我要说,她是从赫利俄斯那里长出来的,整个都是从赫利俄斯那里长出来的,同时也被包含在赫利俄斯内部;尽管我不同意传说所讲的,但我断定雅典娜的出生,不是出自赫利俄斯最高的部分,而是诞生于整体的赫利俄斯。至于在其他方面,尽管我相信宙斯与赫利俄斯在智慧方面没有不同,我还是赞同古代的传统。并且,如果正确地理解了这些话的话:"他来到皮托和眼睛灰色的普罗尼娅面前。"② 就知道,我使用雅典娜普罗尼娅这个词语,不是在创新。这证明古人们也认为,雅典娜普罗尼娅分享着阿波罗的王权,正如我们所相信的,阿波罗和赫利俄斯绝对不是不同的。事实上,难道荷马不是凭着神圣的灵感——因为我们可以设想,荷马是为一个神所激发的——显露这一真理?他在自己的诗中常常这样说:"愿我享有雅典娜和阿波罗所享有的尊敬"——凭宙斯起誓,那就是说,阿波罗与赫利俄斯是同一的。并且,正如阿波罗王,凭着他理智的纯粹性,是与赫利俄斯联系在一起的,所以我们也必须认为雅典娜已经从赫利俄斯那里接受了她自己的本性,并且她是赫利俄斯理智的完美形式:所以,她将那些聚集在赫利俄斯周围的诸神联结在一起,并将他们有序地带进万有之王赫利俄斯的整体中;她也是遍及七层天的纯洁的和纯粹的生命的通道——从天空

---

① 雅典娜作为有预见性思想的女神,在德尔菲受到崇拜,但是此处的 Pronoia 是雅典娜更早时候的一个绰号,"她的雕像立于神庙前面";比较埃斯库罗斯,《欧墨尼得斯》,行 21,希罗多德《原史》8.37;后来的作家常常混淆这些形式。尤利安在 179a 处又将这个称号应用到诸神之母身上和普罗米修斯身上 182d;比较 131c。

② The grey-eyed 是雅典娜的又一个名称。

的最高点直到月神塞勒涅,①因为塞勒涅是雅典娜用智慧填充的天空的最低一层;在雅典娜的帮助下,塞勒涅拥有着比其他的天体更高的理智,并用理智的形式装饰着在她下面的事物的领域,因此,是雅典娜驱散了野蛮、混乱和无序。而且,雅典娜赐予了人类智慧和理智以及创造的技艺作为礼物。无疑,雅典娜居住在诸城市里的议会人厅里,因为,正是通过她的智慧,人类建立了政治共同体。我还要就阿芙洛狄忒说一些话,正如腓尼基人中的智慧之人断言的,也如我相信的,她帮助促进了赫利俄斯能动性的功能。说真的,她是诸天体神的一个综合,并且在他们的和谐中,阿芙洛狄忒也是爱和统一的精神。② 因为她非常接近赫利俄斯,并且,当她追求像赫利俄斯一样的道路的时候,就赞成他;阿芙洛狄忒赋予了诸天晴朗的天气,并给予大地生成性的力量:因为她自己忧虑有生命之物的生育。尽管永恒生育的赫利俄斯王是主要的创造性原因,然而阿芙洛狄忒也是与他一起产生作用的节点;这个用她的魅力使我们着魔的神,也从高空向大地发射最甜蜜、最纯洁,比金子还要更有光辉的光。我渴望为你们展示腓尼基人的更多理论,且不管我的论辩接下来要显示的一些目的。恩摩萨③——一个从远古时候起就奉献给赫利俄斯的地方——的居民在他们的神庙中一起敬拜赫利俄斯、摩

---

① 比较 152d。尤利安关于月亮的功能和位置的理论来自于杨布里科;比较 Proclus《论柏拉图的〈蒂迈欧〉》(On Plato's Timaeus),258 以下。

② 比较 154a,和 Proclus《论柏拉图的〈蒂迈欧〉》155 以下,259b,在那里阿芙洛狄忒被称为是"联结女神"和"和谐者"。

③ 比较《诸凯撒》313a,《憎恶胡子的人》357c。恩摩萨在叙利亚,在那里有一座崇拜巴尔(Baal)神——太阳神——的神庙。皇帝赫利俄高巴鲁斯(Heliogobalus,218—222)就出生在恩摩萨,他的名字暗示了他是巴尔神的一位祭司,这位皇帝试图将巴尔神崇拜引进罗马。

尼莫斯(Μόνιμον)和阿茨左斯("Αζιζον)。① 杨布里科说,这种秘仪的含义被解释成,摩尼莫斯是赫尔墨斯,阿茨左斯是阿瑞斯,二者都是赫利俄斯的顾问,而赫利俄斯是赐予我们的大地很多福佑的通道。

[150d7-151a5]这就是赫利俄斯在诸天中的工作,并且当与我提到的诸神一起完成这些工作的时候,他们抵达了大地最远的边界。但是要说清楚,在月亮之下的区域中,他的劳作的种类将会花很长的时间。尽管如此,我必须以一个简洁的概述来描述它们。当我宣称(参133d,138b),从可见之物我们可以观察到诸神本性的不可见的性质的时候,我意识到我现在提它们过早了些,但是论辩要求我现在应该以恰当的秩序详细解释它们。

[a6-152a4]我说过,赫利俄斯统治着理智诸神,是他将众理智之神统一成了一个整体,即将数量众多的神统一进了他那不可分的本质之中;另外,我也证明了,在那些我们可以感知到的理智诸神之间,和那些在他们最幸福的轨道上永恒地旋转的诸神之间,赫利俄斯是领导者和主人;因为他将他自己的生成性的力量赐给了他们的本性,并且不仅用可见的光束,而且用其他数不清的不可见的礼物充实了整个天空;更重要的是,可见的诸神所提供的丰富的礼物也是凭借着赫利俄斯才被制造得完美无缺的,甚至是那些高于可见诸神自身的礼物也是凭借着赫利俄斯不可言说的和神圣的活动才被制造得完美无缺的。以同样的方式,我们必须相信,某些与赫利俄斯联系在一起的神已经下降到我们的这个世界:这些神引导元素的四重本性,并且与三种更高的族类居住在一起(比较145c),那些灵魂是被那些元素高高举起的。但是,对于那些可分离的灵魂来说(比较145c),有多少恩惠是由于赫利俄斯才实现的啊!由于他提

---

① 这位"强大的神"与金星是同一的。

升那些灵魂的判断能力,用正义引导它们,并凭着他灿烂的光辉洁净了它们。另外,难道不是他从高处赐予了生成性的力量,才使得整个自然运动起来,在生命中点起火焰吗?但是对于那些可分离的本性来说,难道不是由于他才使它们能够走向那命定的目标吗?①亚里士多德说,人是由人和太阳一起创生的。因此,关于赫利俄斯王同样的理论必定可以应用到那些可分离的灵魂的所有其他的活动上去。再次,难道不是他通过使用两种水蒸气为我们造出了天空中的雨水、风和云朵吗?因为当他使大地变热的时候,他吸起了蒸汽和烟雾,从其中升起的不仅是云,而且包括我们大地上所有的物理性变化,既有宏大的也有微小的。

[a5 - 153a10]但是,当我至少可以自由地回到我的目标上来时,为何我要费如此多的笔墨来处理同一个问题呢,尽管我还没有首先颂扬赫利俄斯赠予人类的所有的善?因为我们是从他那里诞生的,并凭着他,我们才得以繁育。但是,他那些更神圣的恩惠,和他赐予我们的灵魂的所有礼物——他使灵魂从身体那里获得了自由,并将灵魂提升到与这位神同源同族的那些实体的区域之上;他神圣之光的美和荣耀为了我们的灵魂安全下降,被分配给我们的这个世界;就让我相信这一切已经证明了它的真理吧!然而,我不需要犹犹豫豫地讨论这么多所有人熟知的东西。柏拉图说,天空是我们智慧方面的导师。从对天空的沉思中,我们已经学会了知晓数的本质——我们仅仅从太阳的运转中知道了数的特征。柏拉图自己说,②白昼和黑夜是首先被造出来的。接下来,从对月光的观察——月光是赫利俄斯赐予月亮女神的——我们随后在理解这些

---

① 亦即它们在死后升到神那里去。
② 比较《蒂迈欧》39b、47a。

事物上取得了更大的进步：在每种情况下都推测万物与赫利俄斯的和谐。因为柏拉图在某处说，我们的族类在本性上注定是受苦的，诸神怜悯我们，而给了我们狄奥尼索斯和众缪斯作为我们的玩伴。并且我们认识到，赫利俄斯是他们共同的主人，因为他也被作为狄奥尼索斯的父亲和众缪斯的领袖受到敬拜。不是有阿波罗——他是赫利俄斯在王权方面的伙伴——在大地的每个部分设置神谕，用来激发人们的智慧，通过宗教和政治法令的方式来使人类的城邦合理有序吗？并且，他通过希腊人殖民的方式，已经使得这个世界的绝大部分文明化了，从而使得罗马人更容易地管理这个世界。因为，罗马人不仅属于希腊人这一族，而且他们为诸神建立和维持的神圣法令与虔敬信念，从起初到现在都是希腊人的。另外，除此之外，他们创立了一种绝不次于任何被治理得很好的国家的政制形式，如果说，事实上不是优于所有其他已经被投以实践的政制形式的话。由于这个原因，我自己也承认，我们的城市是希腊人的，不论在血统方面还是在政制方面。

[153b1 - d5] 我应该继续告诉你，赫利俄斯是多么关心人类的健康和安全吗？——通过生育阿斯科勒皮奥斯作为整个世界的救主。① 以及他是如何通过给我们送来阿芙洛狄忒和雅典娜——因此同时也为我们设置了一条保护的律法，即我们必须联合起来去保护我们的族类——而赐予我们每一种美德吗？当然，如此的原因是，为了与太阳的运转周期一致，所有的星体和一切有生命的族类被唤起来去生育他们的族类。对我来说，还有什么必要去荣耀他的

---

① 比较144c，《反加利利人》200，235b、c。阿斯科勒皮奥斯在尤利安的宗教中发挥着非常重要的作用，他作为赫利俄斯 - 密特拉的儿子和这个世界的救主，被有意地用来攻击耶稣基督。

光线和光呢？因为任何人都知道，如果夜晚没有星星和月亮，黑夜将是多么糟糕，所以从这些方面他能够看到，太阳的光线对我们来说是一个多么巨大的恩惠。并且他在夜晚也永不停止地供给这光，这光来自较高空间处——那里也依然需要这光——的月亮，然而他通过夜晚让我们在辛苦后得到了短暂的休憩。但是如果某人要描述赫利俄斯赐予我们人这个种类的所有恩惠，那将会难以计数。因为在我们的生活中，每一个人所感知到的幸福都是从这位神那里来的恩惠——要么是完美地来自于他自己，要么是来自于其他神，但是这些其他神也是由于赫利俄斯才变得完美。

[d6 - 154d11]而且，赫利俄斯是我们的城市（译按，指罗马城）的建立者。因为不仅是作为万物之父受到荣耀的宙斯与雅典娜和阿芙洛狄忒一起居住在卡皮托山上的神庙里，[①]还有阿波罗居住在帕拉丁山上，赫利俄斯自己在阿波罗的名下[②]——这是人人都熟知的和熟悉的。并且，我能够举出更多的事例来证明，我们，作为罗慕路斯和埃涅阿斯的后代，在每一种方式和在一切方面都是与赫利俄斯紧紧相连的，但是我将仅仅简洁地提到最熟悉的事情。根据传说，埃涅阿斯是阿芙洛狄忒的儿子，而阿芙洛狄忒隶属于赫利俄斯，同时又是他的亲戚。传统已经告诉我们，我们的城市的建立者是阿瑞斯之子，在这个传说中彼此矛盾的因素由于后来显现的支持它的前兆已经被相信了。因为他们说，是一只母狼允许他吮吸乳汁。现在我意识到，阿瑞斯——他被那些居住在恩摩萨的叙利亚人称为是阿茨左斯（"Αζιζος）——在神圣的序列上先于赫利俄斯，但是之前我

[①] 这里指的是朱庇特在 Capitoline 山上著名的神庙；比较尤利安《孔斯坦提乌斯皇帝颂》29d。这座神庙中的三个神像是献给朱庇特、密涅瓦和朱诺的，但是尤利安忽视了朱诺，因为他希望将阿芙洛狄忒和埃涅阿斯联系在一起。

[②] 前文已经说过，阿波罗与赫利俄斯同一。

已经提到这一点了,所以我想我可以略过这一点。但是为何狼仅仅对阿瑞斯来说是神圣的,而对赫利俄斯来说就不是神圣的?并且,人们称呼一年的时期为λυκάβαντά,这个词来自于λύκου[狼]。① 当荷马说:"当吕卡巴斯(λυκάβαντά)巡游完十二个月",②不仅是荷马和希腊那些著名的人物都这样称呼它,而且赫利俄斯自己也这样称呼它。现在,你们是否希望我提出更大的证据来表明,我们城市的建造者被送到大地上来,不仅仅是阿瑞斯自己,可能有一些拥有阿瑞斯品质的高贵的精灵也参与了形塑他有死的肉体——据说阿瑞斯问过西比尔③,在她为维斯塔女神端来沐浴之水的时候,④但是全部的事实是,库里诺斯神的灵魂从赫利俄斯那里来到地上;⑤因为我认为,我们必须相信神圣的传统。赫利俄斯和塞勒涅——他们分享可见世界的君权——的紧密结合,正如曾经使得库里诺斯的灵魂降临到大地上,同样地,在用霹雳火消除了他身体的可朽部分之后,引导他从大地飞向赫利俄斯。⑥ 那个创造地上事物的她是如此的清晰,她的位置就位于太阳之下最遥远的点上,当库里诺斯被女神雅典娜送到地上来的时候,她就接受了他;并且当库里诺斯

---

① 尤利安接受了这个不可能的语源学 path of wolf; Lycabas 的意思是 path of light。λύκος(狼)和λύκαβαντα有同样的词根 λυκ,所以尤利安将这两个词看作了同源词。

② 《奥德赛》,14.161. Lycabas 也被用在罗马的钱币上,用来指"年"。

③ 贞洁的处女 Silvia 生了孪生兄弟 Romulus 和 Remus,Silvia 的父亲被认为是战神马尔斯,即阿瑞斯。

④ Vesta 是罗马的女灶神,希腊神话中的赫斯提亚(Hestia)。

⑤ 这个名字是在 Romulus 成神之后给予他的名字,战神的另一个名称,传统认为是战神来到地上幻化成罗慕路斯,死后又回到诸神的世界中。比较《诸凯撒》307b。

⑥ 关于这段传说,参 Livy 1.16, Plutarch, *Romulus* 21; Ovid, *Fasti* 2.496; Herace, *Odes* 3.3.15 以下。

再次飞离大地的时候,她径直让他返回到了万有之王赫利俄斯那里。

[155a1–156b7]你希望我再提到另外一个证据,我指的是努马王的功绩吗?① 在罗马,贞洁的少女祭司们在不同的时间轮流守卫着太阳那不朽的光辉;她们守卫着被赫利俄斯的代理者在大地上创造出来的火焰。并且,我还可以告诉你这位神的权能更大的证据,这是这位最神圣的神自己的功绩。也许一个人会说,所有其他的民族都把月份归因于月亮;但是我们罗马人和埃及人唯独将每一年的天数归因于太阳的运动。如果在说了这些之后,我应该说说,我们也崇拜密特拉,并每四年举办一次赛会来荣耀赫利俄斯,那么我也应该说说在某种程度上属于近来的那些习俗。② 但是,选择一个遥远的过去的例子是更好的。一年周期的开端在不同的民族中被置于不同的时间。在某些地方,一年的开始是春季的春分,在另外的地方,盛夏是一年的开端,在其他很多地方,晚秋才被当作一年的开端;但是他们都唱诵对赫利俄斯可见的恩惠的赞美。一个国家在庆祝季节的时候,最好是要适应田地里的劳作,即,当大地回春的时候,当所有的庄稼刚刚开始发芽的时候,当大海开始适于航行的时候,以及当令人厌恶的、阴郁的冬天重新换上一副令人愉快的面容的时候;另外,应该授予夏季王冠,③因为在这个时

---

① 努马(Numa Pompilius),传说是在罗慕路斯之后的王,罗马的很多宗教仪式都归因于他的创建。

② The Heliaia 由罗马皇帝奥勒留 274 年在罗马建立,但是 Unconquerable sun[不可战胜的太阳神]在奥勒留之前的一个世纪已经受到了崇拜;参 Usener, *Sol invictus*,载于 *Rheinisches Museum*,1905。尤利安在《诸凯撒》336c 处用赫利俄斯的波斯名字密特拉来称呼他。

③ 阿提卡的一年开始于夏至。

候,人们认为果实丰收的时候到了,谷物已经丰收了,树上的水果也正在成熟。还有更加精妙的是,当所有的果实处于它们最成熟的时候,衰败也开始了,而这个时候,一年也就到尾声了。由于这个原因,人们在晚秋庆祝每一年的新年。但是,我们的祖先们从最神圣的努马王开始,就对赫利俄斯投以了更多的敬畏。我认为,他们忽视了实用的问题,因为他们自然而然是宗教性的,具有不一般的智慧;但是他们知道,赫利俄斯是使万物有用的原因,所以他们命令新年的仪式对应现在的季节;那也就是说,当赫利俄斯离开最南边,开始向我们这里运动,并围绕着魔羯星座,仿佛它是一个目标点的时候,从南方到北方不断运转,从而让我们享有了年岁的恩惠。我们的祖先,因为他们正确地理解了这一点,因此能够建立一年的开端,一个人可以从下面所说的话中感受到这一点。因为,我认为,不是这位神转变运动方向时,而是当他变得对所有人①来说可见的时候,如他从南到北运转时,他们才指定了这个节日。因为对他们来说依然无知的是,迦勒底人和埃及人所发现的那些精密的律法,希波库斯和托勒密又使得这些律法变得完善;②但是他们仅仅从感觉上来判断,就受限于他们实际上能够看到的事实。

[b8 – 157b8]但是正如我曾经说过的,这些事实的真实性被后来的一个世代承认了。在新的一年开始前,在被称为是克洛诺斯月(译按,指十二月)的最后几天,我们举办最奢华的盛典来荣耀赫利

---

① [译注]这里所有民族是指赤道以北的民族,当时之人所知的民族都位居赤道以北,这里"可见"的意思是太阳可以直射每个民族所在的土地时。

② 希波库斯是希腊的一位天文学家,活跃于公元前二世纪中叶。他的作品失传了。托勒密(Claudius Ptolemy)是亚历山大里亚的一位天文学家,(90 – 168)。"托勒密体系"即他指所为。

俄斯,我们也将这个节日献给无敌的太阳。在节日过后,表演任何属于最后一个月的节目都是不合法的,即便这些节日是必要的,也不合法,因为预示不吉。但是,在循环周期上,在克罗诺斯月后,① 紧接着就是赫利娅($τὰ\ Ἡλίαια$)节。在这个节日上,愿众神准许我赞美,并用献祭来庆祝。愿在所有其他诸神之上的赫利俄斯——万物之王准许我这样做,从永恒开初,他就一直在生产着善的生成性本质:他甚至是理智诸神最中间者的最中间者;他用永不间断的和无止境的美、生成性力量丰盈、完美的理性填满了这些理智诸神,同时还有所有的恩惠,和独立的时间。现在他照亮了他自己可见的住所,这个住所永远都是作为整个天空的中心在运动,并赐予了整个可见的世界一种可分享的理智的美,并用同样数目的诸神充实了整个天空,如同他在他自己里面包含了理智的形式。并且无须任何分离,他们就在围绕着他的各种各样的形式中发现了他们自身,并围绕他形成了一个整体。还有,凭着他源源不断地生成和他赐予诸天体的恩惠,他将月亮之下的区域联结在了一起。关心整个人类,但尤其注重我的城市(译按,指罗马),他甚至让我的灵魂从永恒进入存在,并让我的灵魂成为他的追随者。因此,我不久之前祈祷,愿所有这一切都可以受到他的准许,更进一步,愿他的光荣赋予我的城市以作为一种永恒的存在——只要这是可能的——并永远地保护她(译按,指罗马);至于我自己,愿他也准许,只要我活着,我就可以探明人事和神事;最后,愿他准许我活着,并用我的生命来为这个国家服务——只要这令他喜悦,既对我好,又对整个罗马帝国有益!

---

① 萨杜恩(Saturn)的节日,罗马的农业神,相当于希腊神话中的克洛诺斯。其节日在十二月将近结束的时候举行,即基督教的圣诞节那一天。12月25日是罗马人的新年。这里尤利安使用了萨杜恩的希腊语形式。

[b9-158c4] 亲爱的撒鲁斯特,①我在三个夜晚里创作了这篇文章,为的是与这位神三重创造性的力量一致,②尽可能符合它显现在我记忆中的样子:我已经冒险将它写了下来,并献给了你,因为你曾经认为,我早先关于克罗尼亚的作品完全没有价值。③ 但是如果渴望看到对这同一个题目更加完整、更加神秘的处理,那么请读杨布里科关于这个题目的作品吧,④你将发现那里有人能够获得的最圆满的智慧。并且,愿强大的赫利俄斯准许我也能获得关于他的完美知识,那样我就可以引导所有人,尤其是那些配得上学习的人。只要赫利俄斯准许我们共同地敬畏杨布里科,这个为众神所爱的人。因为他是我在这里写下这些东西的源泉,仅有某些观点来自于其他的一些人,就好像它们发生在我们的思想中。然而,我清楚地知道,没有人可以比他叙述得更完美,尽管他应该在这个任务上劳作得长久些,谈论一下新鲜的东西。因此他自然就从这位神的真实知识上离题了。因此,在有了杨布里科对这同一题目的论述之后,再创作任何东西都是一种徒劳的努力,如果我是为了给予他人指导的缘故才写下这篇文章的话。但是由于我希望创作一篇颂词来表达我对这位神的感激,我认为这是尽我所能讲述他的本性的最好方式。所以我认为这篇文章的创作不是徒劳的努力。因为俗语说"要尽你的所能为不朽的诸神献上祭品"。我提供的不仅是祭品,而且还有我们提供给诸神的赞美。因此,我第三次向赫利俄斯——万有

---

① 参英译本导言。

② 关于三重的创造性的力量,比较 Proclus《论柏拉图的〈蒂迈欧〉》94cd。此处尤利安的意思是指,赫利俄斯的三种创造模式,即在三个不同世界中的创造模式,比较 135b、c。

③ 这篇作品丢失了。

④ 他的论文《论诸神》(On the Gods)已佚。

之王祈祷,愿他亲切地酬谢我的这份热诚;愿他赐予我一种有德性的生活、更加完美的智慧,和为神灵所激发的理智,以及当命运意愿从生活中温和地退场时,要在一个合适的时间;反之,如果可能的话,我要攀登到他那里去,遵循他,但是,这只有当我生命的行为在众多岁月流逝之后值得如此做的时候,才是可能的。

憎恶胡子的人[1]

英译本导言

尤利安从361年秋来到安提阿,一直待到362年3月。安提阿是一个富裕的城市,并且是重要的商业中心。但是在尤利安的眼里,这座城市的荣耀依赖于两件事:阿波罗著名的圣地和修辞学校;但这二者在孔斯坦提乌斯统治期间被安提阿市民忽视了。位于达芙涅郊区的阿波罗圣林中,已经建起一座基督教教堂,安提阿最杰出的修辞学者,利巴尼乌斯(Libanius)在尼可米底亚(Nicomedia)受到了更高的尊敬。[2] 尤利安在安提阿的行为以及他没有能成功地取悦当地的市民可以作为分析他的异教复兴之所以失败的一个原因。基督教在当地已经极为普遍,但他却没有努力使异教重新变得受欢迎,这是他的失误。他不断地提醒当地人,关于神的真实知识留给了哲学家们,但就连以前保守的异教徒们也不愿意分享他对哲

---

[1] 原文标题是 Ἀντιοχικὸς ἢ Μισοπώγων,英译是 Beard‐Hater。[译注]这篇作品的主题是哲人生活方式与民众生活方式的对比,尤其是节制的生活方式与奢侈放荡的生活方式的对比。

[2] 比较利巴尼乌斯,*Oration* 29.220。在那里利巴尼乌斯警告安提阿市民,凯撒利亚已经变成了一个智术中心,因为在那里提供更高的薪酬,并劝诫他们不要忽视修辞术,这是他们光荣的原因。

学的热诚。更何况,安提阿是一座轻浮的城市。哈德里安皇帝一直以来都受到安提阿市民轻浮的冒犯和攻击,现在,圣克吕索斯托姆(Saint Chrysostom)的布道展示了一幅同样的画像作为对尤利安的讽刺。尤利安过着苦行式的生活,他也厌恶叙利亚民众和安提阿地方官员的腐败。他们用抑抑扬格写成诗歌来讽刺他,要么说他从来不去他所恢复的神庙,要么是在他召集的集会上,用不合时宜的对皇帝的嘲笑来显示他们并不是来敬拜皇帝的诸神的。

这篇文章是尤利安针对这种讽刺写的回应。在尤利安离开安提阿后,当地的市民感到懊悔,他们派出了一个使团去和尤利安讲和,尽管利巴尼乌斯在其中调解,尤利安也没有原谅他们对他的侮辱,和他们一直以来对诸神所表示出来的亵渎。

[337a1–338a7]诗人阿那克里昂('Ἀνακρέον)创作了很多读起来令人愉悦的诗歌,因为命运女神赐给他一种奢华的生活。但这位神不允许帕罗斯的阿尔凯奥斯('Ἀλκαῖος)和阿基洛库斯('Ἀρχίλοχος)将他们的诗歌贡献给欢乐和愉悦。① 由于他们被迫忍受不幸,时而是这样的不幸,时而又是别的不幸,他们就用诗歌缓解种种不幸,通过嘲笑那些不公正地对待他们的人,减轻了天意加在他们身上的重担。但是对我来说,一方面法律禁止我实名控告那些不公正对待我的人——尽管我没有对他们做过什么不好的事情,他们却总是对我充满敌意;另一方面,当前在出身好的人中间流行的教育趋势,禁止我使用歌曲中的音乐。因为在当今,人们认为研究音乐是一件比曾

---

① 在公元前七世纪,阿尔凯奥斯和阿基洛库斯都遭受了放逐,并且后者在与纳克索斯的战斗中阵亡了。关于阿尔凯奥斯的不幸,比较 Horace,《颂歌》(*Odes*)2.13。

经用敲诈欺瞒的方法去获得财富更加丢脸的事情。然而我不会由于这些原因，就放弃我用我自己的力量从缪斯那里赢来帮助。事实上，我已经注意到，甚至是野蛮人在渡过莱茵河时所唱的野蛮歌曲也是用语言创作的，他们的歌声像鸟儿发出的刺耳且嘶哑的声音，但他们依然感到愉快。我认为，这总会发生：尽管二流的音乐家们令听众感到恼火，但他们依然能给自身带来巨大的愉快。我认为这是常情。我常对自己说，就像伊斯摩涅斯——我自己的天分绝不如他，我常勉励自己要有一颗相似的独立灵魂——"我仅仅为缪斯和我自己歌唱。"①

[338a8–339b2]然而，现在我要唱的歌曲是用散文写成的，它包含了强烈的嘲笑，凭宙斯起誓，它不是用来反驳他人——法律既然禁止，又能怎么办呢？——而是用来反驳诗人和作家自己。因为没有什么法律阻止某人写作赞美自己或是批评自己。至于赞扬我自己，尽管我很高兴这样做，但是我却没有理由这样做；批评我自己则有无限多的理由，我首先从我的脸开始批评。既然自然没有把这张脸造得非常俊美或漂亮，也没有把俊美赋予青年时期，我纯粹是出于任性和坏脾气为它增加了这胡子，似乎是为了惩罚它，正是这一缺点使得自然没有将俊美赐予我的这张脸。从而，我不得不忍受那些在其中蹦蹦跳跳的虱子，它就像一个野兽所居住的丛林。至于大口吃东西或是把嘴张得很开喝东西，这都不是我能享受的。我想，在我晓得这一点之前，我一定曾经将我的胡须和面包屑一起吞了下去。然而，在接吻这件事上，我却没有遭受什么不便。虽然如此，就其他目的来说，胡子明显是个麻烦，因为它妨碍我像别的那些

---

① 底比斯的伊斯摩涅斯，比较普鲁塔克《希腊罗马对比名人传》关于伯利克勒斯的传记，这句话变成了一个成语，比较金嘴狄翁，Oration, 78.420。

刮过脸的人,"嘴唇碰嘴唇那样亲密地接吻"——因为我想,这是非常甜蜜的——这正如那个受到潘神和卡利俄帕帮助的诗人,他创作了诗歌以赞美达芙妮。① 但是你们说,我应该用绳子把它拔出来!我非常愿意为你们提供绳子,只要你们有力气将它们拔出来,它的粗糙不会对你们那"洁白和柔软的双手"造成令人不快的伤害。不要让任何人认为我受到了你们讽刺的冒犯。因为是我自己的下巴上长的山羊胡子为你们提供了讽刺借口,我认为,当我把它们刮干净的时候,就会像帅气的小伙子那样,和自然赋予所有女人的一样拥有可爱美丽的脸庞。但是,你们甚至在白发苍苍之时,还通过那种舒适的和雅致的生活方式以模仿你们的儿子和女儿,或是借着你们那种充满女人气的性情,小心翼翼地把你们的下巴刮干净,你们的男子气几乎不会显露出来,你们是通过你们的前额而不是你们的下巴来显示你们是个男人。

[339b3 – 339d10] 但是正如我的胡子还不是足够长,我的头发也是乱蓬蓬,因为我很少修理我的头发和指甲,只有当我的手指影响到我使用笔的时候,我才会修理它。如果你们想要知道别的一些秘密,比如我的胸膛长满了蓬乱的毛发,就像狮子的胸膛一样——它们是兽中之王,就像我是皇帝一样,在我的生活中,我从未修剪过它们,从未把它们刮干净过,我的状况是如此的糟糕,我从未使我的身体的其他部分也变得清洁或柔软。如果我有一个西塞罗那样的肉赘,②那我也会告诉你们,但是碰巧我没有。请不要见怪,我还要告诉你们一些其他的事情。我并不满意让自己的身体处于如此糟

---

① 达芙妮是田园诗中的英雄。尤利安引用的诗是忒奥克里图斯(Theocritus)12.32。

② 普鲁塔克说西塞罗的鼻子上长着一个肉赘。参普鲁塔克《希腊罗马对比名人传》关于西塞罗的传记。

糕的境况,但另外,我所实践的生活方式是极为严苛的。我禁止自己去剧院,我就是这样的一个呆子,我也不允许把祭坛($\vartheta\upsilon\mu\acute{\epsilon}\lambda\eta\nu$)放在我的院子中①——除了新年的第一天。因为我是如此愚蠢以至于不能欣赏它;就像很多来自小地方的乡下佬不得不缴税或是向一个严酷的主人进贡。即使进入剧院的时候,我看起来也像一个补偿罪过的人。还有,尽管我是一个强有力的皇帝,我也没有雇佣哪怕一个人去管理滑稽剧和战车竞赛,就像我的副官和将军管理这个世界那样。如果你们留意最近的事情,那么"你们就会回想起他的青春,他的才智和智慧"。

[340a1 - b3] 可能你们还有其他的不满和我性情卑劣的清晰证据——我还要补充一些更加奇怪的性格特点——我的意思是我讨厌赛马,正如那些欠债的人讨厌市场一样。因此我很少参加赛马,仅仅是在诸神的节庆期间才会参加;我也不会像我的堂哥、②我的叔叔③和我的兄弟和我父亲的儿子④曾经做的那样整天待在赛场。我待在那里最多观看六场比赛。我跟那些热爱这种运动的人的情况不同,凭宙斯起誓,跟那些不讨厌这种运动的人的情况也不同,实际上我非常乐意远离它。

[b4 - c7] 但所有这些都是表面的。事实上,我所描述的你们对我的冒犯,是多么微小的部分啊! 但是请转向我的私人生活吧! 失眠的夜晚躺在一张简陋的木板小床上,从来不会过度饮食的习惯,使得我的脾气对你们这样一个奢华的城市来说,就是不友好和严酷的。然而,我采用这些习惯不是为了给你们树立一个榜样。在我还

---

① 此处指狄奥尼索斯的祭坛,因为狄奥尼索斯是戏剧神。
② 指 Constantius。
③ Count Julian 曾经做过安提阿的总督。
④ 指 Gallus,是尤利安同父异母的兄弟。

是个孩子时,一种奇怪的和无意识的幻想就抓住我,劝服我反对我的胃,所以我不允许用大量的食物填满它。因此,向别人吐食物这种事情几乎从未发生在我身上。尽管我记得,在我成为凯撒之后,有过这样的经历,但那也是偶然的,总之,我不会不节制地吃东西。我想,告诉你们一个故事可能是有益的,尽管这个故事本身极不优雅,但正是因为这个原因才特别适合我。

[d1-342a6] 有一年冬天,我待在我喜爱的卢克提亚 (Λουκετίαν)——凯尔特人这样称呼巴里西亚人的这个城市①——的冬季兵营里。这座城位于河中的小岛上,有一道墙将它围了起来,同时有木桥通往河岸的两边。这条河很少会涨落,冬天的深度和夏天一样,它同时为人们提供水源,清澈见底,对于那些想饮用的人来说,这是极其愉快的。因为那些居住在岛上的人不得不主要从这条河里汲水。那里的冬天非常温暖,可能是因为大洋暖风的缘故,因为卢克提亚距大洋不超过九百斯塔特,从大洋远远地吹拂着温暖的微风,大洋的水似乎要比内河的水更加温暖。不管是由于这,还是由于什么别的原因使我很费解,总之,我要说的事实是,居住在那里的人们有着更为温暖的冬天。在岛的附近长着一种很好的葡萄植物,一些人在冬天里将麦秆和类似的东西做成衣服的样式覆盖在无花果树上,以使它们成长;这样做是为了保护树木免受冷风对它们的伤害。正如我接下来要说的,我待在那里的那个冬天要比往常更严寒,那条河带来很多像大理石一样的冰块。我想,你们知道,白色的大理石来自弗里吉亚;冰块非常像弗里吉亚的石头,非常大,一块接一块地漂浮在河上。事实上,看起来就像它们要建一条不会毁坏的道路,为河搭一座桥。那个冬天的气候确实要比往常严寒,但是

---

① 即现在的法国首都,巴黎。

我睡的屋子却没有按照当地大多数房子采取的取暖方式使其变得温暖;当然,在房中间燃一堆火使其变得温暖是非常方便的事情。我认为,这之所以会发生,恰是因为我在当时像现在一样愚蠢,首先展示了我的无人性,就像它对我来说是自然而然的。因为我希望,让自己习惯于在没有这种帮助的情况下忍受寒冷的气候。所以,尽管那个冬天的气候不断变得寒冷,我依然不允许我的仆人为房子增加热度,因为我担心那会导致墙壁中的湿气散发出来;但是我要求他们带来已经燃烧过的余烬,把它们放在房间中数目适中的热炭之上。尽管那里炭不是很多,那些炭还是使得墙壁散发出大量的水汽,这使得我睡着了。我的整个头部都被烟雾环绕,我差点儿窒息了。我立刻被带到室外,医生建议我吐出刚刚吞下去的食物——凭宙斯起誓,食物是非常少的——我吐出了它们,马上就变得轻松起来,那之后,我度过了一个非常舒适的夜晚,接下来的一天无论我做什么,都感觉很愉快。

[342a7 – d4]这件事之后,尽管我身在凯尔特人中间,就像米南德刻画的那个古怪人,"我自己不断地将麻烦堆在我自己的头上"。然而,粗野的凯尔特人很轻易地就容忍了我的这些行为,他们天生就被一个奢华的、放荡的和拥挤不堪的城市厌恶,在这个城市中到处都是舞蹈演员、长笛演奏者、比普通市民都多的哑剧演员,以及毫不尊重管理城市的人。因为节制的羞愧适合于那些充满女人气的人们,但是它却更适合像你们这样充满男子汉气概的人,你们天一亮就开始狂欢,然后将无数个夜晚花在寻欢作乐上,你们不仅通过你们的言辞也通过你们的行为表明,你们蔑视法律。事实上,法律只有凭借有权力的人才能在人们中间激起敬畏;所以那些侮辱有权力之人的人们就是将蔑视加在了法律之上。你们在很多场合表明,你们正是通过这种类型的行为获取快乐,尤其是在市场和剧院中;

然而那些政府的官员则是通过群众的鼓掌和尖叫来获取快乐,由于所有这些人都把时间花费在娱乐上,他们就变得极为著名并被所有人广为传颂,比雅典的梭伦曾经与吕底亚王克洛伊索斯的交谈还要闻名得多。① 你们所有的人都是俊美、高大、皮肤光滑和没有胡子的;因为年轻人和老年人都像你们一样模仿腓尼基人的幸福;比起正义的生活,你们倒是更喜欢服饰的变化、温暖的洗浴和舒适的床。②

[342d5 – 343c7]③你们会回答:"那又如何?难道你真的认为你粗野的行为、野蛮的生活方式和你的粗陋笨拙能够与这些事情协调一致吗?最愚蠢和最好争吵的人啊,你那弱小的灵魂——那些有卑弱灵魂的人们将其称为是节制——难道不是如此愚蠢,以至于你竟然会真的把用节制来装扮你自己看作是你的责任?你错了;因为,首先我们不知道节制是什么,我们只是听说过它的名称,却没有见过真正的节制。但是,如果节制就是你现在实践的一类事情;如果节制就在于晓得人类必须受诸神和法律的奴役,如果节制就在于晓得公正地对待那些同样公正对待你的人,在于温和地容忍优越之人,在于研究和认识到穷人不会遭受不义,相反富人却会遭受不义;如果节制就是忍受一切烦恼,这些烦恼是你自然而然会碰到的,如怨恨、发怒和嘲笑,同时坚定地忍耐、不怨恨它们,并为你的怒气让路,还要尽可能地训练自己获得节制;如果某个人将节制解释为:一个人应该戒绝任何形式的快乐,即便它不是过分的不合适,当公开地追求快乐时,要认为它应受谴责,因为对一个人来说,仅仅在他的

---

① 比较希罗多德《原史》1.29。
② 《奥德赛》8.249。
③ [译注]从这开始一直到344b4 都是安提阿人对尤利安的讽刺。

私人生活里保持节制是不可能的,而在公共生活中,他就会意欲放纵的生活和剧场中的欢乐;总之,如果节制真的就是这样的,那么你就把自己毁了,而且你也在毁灭我们,而我们最不能忍受听到奴役这个词,无论是被诸神奴役还是被律法奴役。因为快乐就是自由地干一切事情!"

[343c8-344b4]"但你显得多么谦逊啊!你说你不是我们的主人,你也不愿意自己被这样称呼,你甚至讨厌这个想法,所以你事实上经常劝诫那些长久以来习惯于这个称谓的人们,放弃'长官'这个词,就好像它是某种令人反感的东西;你还强迫我们受地方法官和法律的奴役。但是如果你能接受主人这个称谓,对你来说是一件多么好的事情啊!尽管实际上,现实允许我们自由地生活,你在我们使用名称上是如此地温和,却对我们做的事情非常严格。另外,你强迫富人在法庭上节制地做事,使我们非常困惑,尽管你使穷人不再通过告密来获取金钱。由于你忽视剧场、哑剧和舞蹈,你已经毁了我们的城市,以至于我们除了你的严苛之外,从你那里没有获得任何益处;并且我们不得不忍受了七个月,以至于我们把这个城市留给了一只老母羊,还是一只卑躬屈膝地趴在神庙中祈祷的老母羊,我们应该完全消除这一巨大诅咒,但我们通过我们独创的傲慢,通过对你射出像箭一样的讽刺,完全实现了这一目标。高贵的先生,当你在我们的嘲讽之下灰溜溜地逃跑时,如何面对波斯人的标枪呢?"

[b5-345b4]来吧,我正准备在嘲讽我自己这件事上重新开个头。"先生,你规律地去神庙[祭拜],这是古怪的、堕落的,并且毫无意义。你做的事情就是让民众潮水般地涌入圣地,当然绝大多数都是地方长官,他们给你一个盛大的欢迎仪式,他们用鼓掌和尖叫向你致敬,就像他们在剧场中做的那样。那么,你为什么不能温和

地对待他们,并夸奖他们呢? 相反,你在这些事情上比皮提亚的神还要智慧些,①你向拥挤的人群发表长篇演说,用严厉的话指责那些尖叫的人们。"这就是你用来谴责他们的话:"你们几乎从不聚集起来去崇敬诸神,而是潮水般地涌到这里来敬拜我,同时将整个神庙搞得乱糟糟。你们应该变成审慎的人,有秩序地祈祷,沉默地从神那里祈求祝福。难道你们从未听过荷马的这句格言:要沉默地面对你们自己。② 或是当欧律克勒娅为奥德修斯的巨大成功激动不已时,奥德修斯是如何阻止她的:老奶奶,你喜在心头,控制自己勿欢呼。③ 荷马没有向我们展示特洛亚妇女向普里阿摩斯祈祷或是向他的任何一个儿女祈求,甚至没有向赫克托耳祈求(尽管事实上,特洛伊的男子们想把赫克托耳当作一个神来祈祷);在他的诗歌中,也没有向我们展示任何一个女人或男人向他祈求,但他说,向雅典娜祈求的所有妇女举起双手大声地号哭,而这本质上是一件野蛮的事情,并且仅仅适合女人去做,无论如何他没有展示任何对诸神的不虔敬,不像你们的行为那样。因为你们称赞人,而不称赞诸神,或者你们取悦我,而不取悦诸神,我只不过是一个凡人。但我认为,不去取悦诸神,而是用充满节制的心灵去崇拜他们,这将是最好的。"

[b5 - 346d2]瞧,我又忙于我平常的习惯了。我甚至不允许自己随意大胆和直率地讲话,但借着我惯常的笨拙,我正在用大量的话来反对我自己,就是这样:一个人应该向那些想要自由的人说,不仅要尊敬那些统治他们的人,还要尊敬诸神,为的是这个人可以被看作对他们是怀着好意的,"像一个宽容的父亲",④即使某个人天

---

① 在安提阿附近的达芙涅是阿波罗的圣地。
② 《伊利亚特》7.195。
③ 《奥德赛》22.411。
④ 《奥德赛》5.12。

生是一个像我这样古怪的家伙:"当他们私底下或公开地讨厌你和嘲笑你的时候,要忍耐他们,因为你认为那些一起来神庙中向你致敬的人们仅仅是为了取悦你。当然,你不能认为你能够与这些人的追求、生活和性情和谐共处。我同意这一点。但是谁又能忍受你的其他习惯呢?你总是单独睡觉,也没有任何方式可以缓和你那种野蛮的、不文明的性情——因为所有能够使你的性情变得温和的道路都关闭了——最糟糕的是,你在那种生活方式中寻求快乐,并将快乐置于普遍禁令之下。如果你听到那些讽刺你的话,难道你不会感受到冒犯吗?不,对那些不带半点善意地劝诫你的人们要感到高兴,他们不过是充满机智地用抑抑扬格写成的诗行轻轻地刮过你的脸颊,从你自己开始,首先表明爱嘲笑人的所有种类:引人羡慕,哑剧,舞者,不知羞耻的妇女,和那些模仿妇女之美的男孩,和那些不仅将他们的下巴刮干净,而且把身体也刮干净的男子——为的是那些见到他们的人可以认为他们要比妇女还要柔软;当然还有宴会和一般的节庆——凭宙斯起誓,不是那与明智的行为有关的神圣节日。我们已经有了足够多的这种人,就像俗语中的'三棵橡树';我们完全是在进行与他们一样的放纵。皇帝一会儿在宙斯神庙中献祭,一会又去了命运女神的神庙中;他接连三次拜访了德摩忒尔的神庙。"(事实上,我自己已经忘了我多少次进入达芙涅的圣地,那里仅是因为其守卫的疏忽才首先被禁止,之后又被那些不信神的人鲁莽的行为毁灭了。①)"叙利亚人的新年到了,皇帝又到友谊神宙斯的神庙去。随后,一般的节庆到来,皇帝又到命运女神的圣地去。之后,皇帝再次到友谊神宙斯的神庙里去,并根据我们祖先的习俗

---

① [译注]基督徒侵入位于达芙涅的阿波罗圣地,阿波罗的祭祀禁止他们进入。尤利安毁了那里的基督教堂,恢复了阿波罗崇拜。

做祈祷。现在谁能够忍受这样一个如此频繁地去神庙的皇帝,当他有权力扰乱诸神仅仅一两次,并庆祝所有人共同的普通节庆时,不仅那些掌握诸神知识的人能够参加,而且所有涌进这个城市的人都可以参加。因为,在这里快乐是非常充足的,一个人可以不断地享受快乐的果实;例如,可以看到男人和温柔的男孩在跳舞,以及大量迷人的妇女。"

[d3-348a12]当我考虑到所有这些说法的时候,事实上,我祝贺你们的好运,却并不责备我自己。因为可能是某个神使我更加喜欢我自己的生活方式。请放心,对那些拒绝接受我的生活方式和选择的人,我并没有什么不满。但我要尽我所能地补充那些针对我的讽刺,我会更加自由地将这些讽刺倾盆倒在我的头上。这对我自己的愚蠢来说是合适的,因为在一开始我没有理解这个城市的脾性是什么;虽然我很确信:我已经翻阅了我这个年龄的人可能翻阅的尽可能多的书。你们知道这个传说,它讲的是赋予这个城市名字的那位国王——或者当这个城市被殖民的时候,它就接受了那个名字,因为这个城市是塞琉古斯建立的,尽管其名字是来自于塞琉古斯的儿子;①他们说②,由于过度沉迷于舒适和奢华,塞琉古斯的儿子持续地坠入爱恋和被爱之中,最后他产生了一种无耻的对他继母的激情。尽管他希望能隐藏这种激情,但是他不能,他身体的活力渐渐地开始衰退,并变得极度虚弱,他的力量也在衰退,呼吸比平常更加虚弱。我想,那使得他变得如此的东西是个谜,因为他的疾病没有可见的原因,或者说这疾病没有显示它的本性是什么,尽管这个年

---

① [译注]指 Antiochus。塞琉古斯一世的儿子,安条克一世,前291年起与父共治;单独统治:前281年—前261年。

② 参普鲁塔克《希腊罗马对比名人传》关于德米特里乌斯的传记。

轻人的虚弱是有目共睹的。然后那个萨摩斯岛的医生设置了一个困难的问题,①为的是发现这种疾病的本性是什么。他怀疑什么是"仔细凝视枝干"——荷马的话②——的本性,在很多的事例中并不是身体的衰弱而是一个不坚定的灵魂引起了身体的衰退;而且他看到这个年轻人由于他自己的生活方式和习惯非常易于受爱情的影响,这个医生就使用了如下的方法追捕疾病。他命令一些俊美的年轻人和妇女从这个年轻人的面前走过,为首的是皇后,③他坐在这个年轻人的卧榻旁,观察他的脸色。当皇后经过时,明显地看到这个年轻人的表现:立马开始表现他的疾病的症状,其呼吸像要窒息之人的呼吸,尽管这个年轻人焦急地要控制他激动的呼吸,但他不能,而且呼吸反而变得更加不可控制,一道深深的红晕立刻布满了他的整张脸。医生看到这个情景,就将他的手放到这个年轻人的胸前,发现他的心急速地跳动,似乎快要蹦出胸膛。这就是当皇后出现时这个年轻人的症状;但是当皇后离去,其他人经过的时候,这个年轻人就恢复了平静,变得像一个处于正常健康状态的男人。埃拉西斯特拉图斯看到了这个年轻人烦恼的原因,告诉了国王。然后国王出于对儿子的爱,对他说,将把自己的妻子交给儿子。这个年轻人立马拒绝了,但是当他的父亲死后不久,他就带着极大的热情寻求之前第一次提供给他,但已经被他拒绝了的事情。④

[348b1-d8] 这就是安条克的行为,当他的后代模仿他们的祖先或给予这个城市名称的人时,我没有权利对他们感到愤怒。因为这就如植物的情形一样,它们的品质很长一段时间内不断传递,这

---

① 埃拉西斯特拉图斯(Erasistratus),公元前三世纪的一位希腊医生。
② 这话不是出自荷马,而是出自赫西俄德的《工作与时日》,行66。
③ 皇后是斯特拉托尼斯(Stratonice)。
④ 在普鲁塔克的版本中,安条克在其父亲活着的时候就娶了王后。

是自然而然的,或者可以这样说,一般而论,后代应该类似于其祖先;这与人类的情形相同,后代的道德应该类似于他们的祖先,这是很自然的。例如,我自己发现雅典人是所有希腊人中对荣誉最有抱负的,也是最合乎人性的人。事实上,我观察到,这些品质在所有的希腊人中以一种令人敬仰的程度存在着,我可以这样说,没有其他民族比他们更热爱诸神,也没有其他民族比他们对陌生人更友好。我的意思是,一般而言所有的希腊人都如此,但他们中的雅典人表现最突出,正如我亲自可以做证的。如果他们仍然保留他们祖先的美德,当然这同叙利亚人保持他们祖先的德性一样自然而然,和阿拉伯人、凯尔特人、色雷斯人和派奥西人的情形一样,我的意思是密西亚人居住在多瑙河河畔,而我的家族恰是来自于这个种族,带有顽固的粗鄙、严苛的生活习惯、笨拙愚蠢,且毫无魅力,并总是毫不动摇地遵守自己的决定,所有这些品质都是极为粗野的证据。

[d6 - 349b11]因此,我请求原谅,当然首先是为了我自己,在我这方面,我也原谅你们,因为你们模仿的是你们先辈的生活方式,当我说你们是"撒谎者和踏地跳舞的人"时,①我不是将其视作一种对你们的指责;相反,这是一种对你们的赞颂,我将其归因于你们对你们先辈行为的模仿。因为当奥托吕库斯说,他在"偷窃和背信弃义"②方面超过所有人的时候,荷马也赞颂他。至于我,由于我自己的笨拙和愚蠢以及古怪的性格,和我无法接受他人影响,或是由于考虑到我自己的事务,当民众恳求我或试图欺骗我的时候,我不能够屈服于他们的吵闹——我甚至很高兴接受这些指责。但是,你们的生活方式还是我的生活方式更容易被接受,这个问题对诸神来说

---

① 《伊利亚特》24.261。
② 《奥德赛》19.396。

是再清楚不过的,因为人类中间没有谁有能力作为我们之间的不和的裁判。因为这是我们自己的所爱,我们从不会相信哪个裁判者,因为我们中的每个人都是自然而然地喜欢他自己的生活方式并蔑视其他人的。事实上,我认为,谁能宽容跟他自己的目标截然相反的人,谁就是最体谅他人的人。

[c1 - 350d10] 现在我要思考这一点:我发现我自己犯下的其他严重的罪恶。因为我来到的是一个自由的城市,而这个城市不容许蓬乱不洁的头发,我却没有刮脸,更甚的是,胡子拉碴地就进入了这个城市,就像那些从未知道有理发师的人们一样。一个人本应该认识到,他看到的是某个斯米克里纳,或是某个忒拉绪勒昂塔,①或是某个古怪的老头儿或是一个疯狂的士兵,如果不是在年龄方面有些困难,我本应该将自己弄得漂漂亮亮,以一个花儿似的男孩的形象出现在你们面前,总之无论如何要在生活方式和女人气特征上像一个青年那样出现在你们面前。你们会回答:"你根本就不知道如何与民众混在一起,你也不认同忒奥格尼斯的名言,②因为你不能模仿水蛭,像它那样随着石头颜色的变化而变化自己的颜色。你的行为实在像众所周知的米克尼亚人那样粗野、无知和愚蠢。③ 难道你没有意识到我们这里与凯尔特、色雷斯或是伊利里亚相距很远吗?难道你没有看到我们的城市里有多少商铺吗?你受到店铺老板的憎恨,因为你不允许他们向普通民众和那些不惜代价拜访这个城市的人出售商品。店铺老板谴责地主高昂的价格,但你通过强迫他们

---

① 这个名字是新喜剧中那些贪得无厌的人的典型名字。忒拉绪勒昂塔是米南德喜剧中爱说大话的士兵的名称。
② 参忒奥格尼斯(*Theognis*)215 以下。他建议人们模仿水蛭的那种适应能力。
③ 米克尼亚是基克拉迪群岛中的一个岛,它的居民以贫穷和贪婪闻名。

做正义的事情,把他们变成了你的敌人。还有,那些在这个城市有一官半职的人遭受了双重的惩罚;我们的意思是,在你到来之前,他们公开地享受来自店铺老板和地主双方的利益,所以他们自然地感到难过,因为他们已经被剥夺了这些利益。整个叙利亚民众都不满意,因为他们不能喝酒和跳康达克斯舞蹈。① 然而,你却认为,如果你能为他们提供大量的谷物,你就是把他们喂养得足够好了。你另外一件可笑的事情是,你竟然不关注这个城市应该有水里的贝壳类动物。当不久前有人抱怨在市场上既不能找到贝壳类的动物,也不能发现大量的家禽的时候,你却不无恶意地嘲笑他们,并说一个有教养的城市需要的是面包、葡萄酒和橄榄油,只要有肉,这个城市就是在变得奢华。因为你说,甚至谈论鱼和家禽都是过分的奢侈和浪费,说这超过了伊塔卡的那些求婚人的界限;②并说如果一个人只吃蔬菜,不享受猪肉和羊肉的话,他就过得很幸福。你一定以为你正在向色雷斯人,或是高卢的那些不开化的人制订这些规则——这对我们来说是多么荒唐的一件事啊!——把你训练成这样一个有着'枫树的心和橡树的心'的人,没有把你训练成'参加马拉松战斗'③的那类人,总之你是半个阿卡奈人,④是个毫无乐趣的人和没有教养的家伙。当你去市场散步时,市场上弥漫着没药带来的芳香,同时一大群俊美的男孩跟在你身后,以至于引起市民的围观,并且有像我们城市中日日都展示她们自己的妇女歌舞队走在你的左右,这难道不是更好吗?"

---

① 一种非常淫荡的舞蹈。
② 《奥德赛》中在奥德斯修家中大吃大喝的求婚人。
③ 阿里斯托芬在其《阿卡奈人》行180用这个词来描述昔日雅典人的强健。
④ 指参加马拉松战斗的战士。

[351a1-352a4] 不,我的性情甚至不允许我观看放荡的生活,让我的双眼在所有方向上都看到放荡,在你们看来,这样我就可以表现得漂亮,当然不是灵魂上的美,而是脸蛋的漂亮。因为在你们的判断中,灵魂真正的美存在于放荡的生活中。然而,我的导师却教导我,当我走在去学校的路上时,要看着地面。至于剧院,也是直到我的胡子比头发还长的时候,①我才第一次去,就是到了这样的年龄,去剧场也不是我自己的意愿,你们一定知道,其中有三四次皇帝——皇帝是我的亲戚,并且是极近的亲戚——说"帮帕特洛克罗斯一个忙",命令我参加;这是我还过着私人生活的时候。② 因此请原谅我!因为我交给你们一个可以替代我的人,你们可以更加正当地憎恨这个人,我指的是我那个居心不良的导师,他曾经通过教导我要目不斜视地走路,所以他对于我与你们之间的争吵负有责任。正是他锻造了我的灵魂,就如同在灵魂中刻下了那些我不渴望的东西,尽管他非常热烈地往我的灵魂中移植,仿佛他在培育某种充满魅力的品质;他将粗野称作高贵,将缺乏各种食物的味道称为节制,将不屈服于某人的欲望或是不通过这种方法去获得幸福称作勇敢。凭宙斯和缪斯起誓,我向你们保证,当我还是一个小孩时,我的导师就对我说:"永远不要让你的玩伴——他们成群地奔向剧场——把你导向错误地渴求这些稀奇古怪的东西。你有对赛马的热情吗?荷马在他的诗中非常清晰地描绘过。③ 读这本书并仔细地研究它!你听说过他们在谈论哑剧的舞蹈演员吗?远远地离开他们!在费埃克斯人中间,年轻人的舞蹈非常富有男子气概。至于基塔拉琴,

---

① 色诺芬《会饮》4.28。
② 指他被任命为凯撒之前。
③ 《伊利亚特》二十三卷为帕特洛克罗斯举行的葬礼竞技。

你有费米乌斯,歌手有得摩多科斯。① 另外,在荷马的作品中,有很多听起来要比我们看到的有着更多快乐的植物:'我去过得洛斯岛,在阿波罗的祭坛旁见到一棵棕榈非常美丽的新生幼枝。'②想想树木繁盛的卡吕普索的海岛,基尔克的洞穴和阿尔基诺斯的花园;无疑,你永远不会见到比这些更令人愉快的事物。"

[352a5 – 353a3]那么,你们想让我告诉你们我的导师的名字和这个常常对我谈论这些事情的人属于哪个民族吗?凭诸神起誓,他是一个野蛮人;凭出身,他是一个斯基泰人,并且他与那个曾劝薛西斯入侵希腊的人有同样的名字。③ 而且,他还是一个阉人,在二十个月前,他还受到尊敬,尽管现在已经被用来当作一种侮辱和嘲笑的形式了。他在我的祖父的保护下长大,为的是他可以在荷马的诗歌方面指导我的母亲。因为我的母亲在生下我——我是她第一个也是唯一的孩子——之后几个月后就去世了,她被雅典娜从那些注定的众多不幸中收了回去,那时她还是一个年轻的女孩。然后,在我过了七岁时,我被交给了我的导师。从那时起,他就用他的这些观点说服了我,并让我在去学校的时候走一条直直的路;因为他自己不想知道其他的道路,也不允许我走其他的任何一条道路,就是他使得我被你们所有人都讨厌。然后,如果你们同意,就让我们结束与他的争吵,也结束你们和我之间的争吵。他既不知道我会访问你们,也没有预料到,甚至没有想过我来到这里,他从没有想过我会成为一个统治者——诸神会将如此大的一个帝国赐予我——尽管

---

① 二者都是《奥德赛》中的歌人,前者是在伊塔卡奥德修斯家中为求婚人弹琴的歌人,后者是费埃克斯人的歌人。

② 《奥德赛》6.162. 这是奥德修斯初到费埃克斯人的岛,与瑙西卡亚说话时,用来指瑙西卡亚。

③ 马尔多尼乌斯(Mardonius)。

他们没有使用巨大的强制来迫使这个他们选中的和接受了帝国的人(译按,指尤利安自己)。我们中谁也没有主动要求这一点,尽管诸神提供了荣誉或帮助,或无论什么你们喜欢叫的东西,我依然不愿意接受它,这个已经接受了帝国的人曾经坚定且真诚地拒绝诸神的意志。然而,这事属于,也应该属于诸神的意志。但如果我的导师已经预见到了这些,他本应会尽可能地将我训练得深谋远虑,以便能让我在你们眼中显得平易近人。

[353a4–354a7]你们可能要问,那又如何?难道现在没有可能让我将我的品性抛在一边,并为那些在我小时候培养起来的粗野品性忏悔吗?正如俗语所言,习惯是第二天性。与天性作对是几乎不可能的,要动摇我三十年训练的结果简直就是难上加难,尤其是它还伴随着极为辛苦的努力,并且我已经过了三十岁了。你们会回答:"很好,但是你试图审理和判决关于男女之事的案件,①这与你有什么关系呢?因为,无疑你的导师没有教导过你这些,因为他甚至都不知道你是否会统治帝国。"是的,恰恰是这个糟糕的老头儿让我确信,我应该这么做;并且你们也要帮我一同嘲笑他,尽管在我的人生中,他是所有人中对我最负责的一个。你们一定知道,他也被其他人误导过。你们常常可以见到这些人的名字——我指的是柏拉图和苏格拉底、亚里士多德和忒奥弗拉图斯——在戏剧中受嘲弄。这个老头儿愚蠢的地方就在于,他首先被这些人给说服了,然后他教会了我,在我还是个年轻人并热爱知识的时候,他说服我说,如果我在所有事情上模仿那些著名人物,我就可以变得更好,当然不是比其他人变得更好——因为他们不是我必须去竞争的对

---

① [译注]τῶν συμβολαίων指契约,合同,男女之欢。在这里,译者以为应该是指男女之事的案件。

象——而是要确保比之前的自己变得更好。相应地,因为我在这些事情上没有其他选择,只能遵从他,以至于现在我不再有能力改变我的品性,尽管事实上我常希望我自己可以,并且我责备自己,不能让那些作恶之人不受惩罚。但是这个时候,柏拉图的雅典异乡人的话就闪现在我的脑海里:"自己不作恶的人是配得上荣誉的,但那能使那些坏蛋不去作恶的人,配得上双倍的荣誉。因为前者仅仅对一个人负责,而当后者向法官报告其他人的恶行时,他是对除自己之外的其他很多人负责。并且那尽其所能帮助法官惩罚作恶之人的人,他自己在城邦中就是伟大的和有权力的人,我说,让他被宣称为是美德奖品的胜利者。我们应该将同样的赞颂送给节制、智慧和这样一个人所具备的其他一切美德,这就是给予那些不仅能让自己拥有这些美德而且可以向其他人传授的人的荣誉。"①

[a8-355a7]这些事情就是当他认为我将会成为公民的时候教给我的。由于他没有预见到,在我的生命中宙斯将会分配给我如此沉重的任务——这个神已经使我处于这样的情况之下。但是,由于我为自己作为一个统治者的美德少于我作为个体公民的美德而感到羞愧,我已经无意识地给了你们很多出于我自己的粗野的利益,尽管这都没有必要。柏拉图的另外一条律法使得我如此认为,并让自己成为你们眼中讨厌之人:我指的是,那条律法说,统治者和年老的人应该锻炼他们自己尊重其他人和自制,为的是大众可以模仿他们,从而使得他们自己的生活正确。与少数一些人比起来,我现在是独自在追求这个过程,但现在它有了一个非常难堪的结果,并且自然而然地变成了对我的谴责。因为在你们的城市里我们只有七个人,都是陌生人和新来者,——尽管事实上我们中有一个是你们

---

① 《法义》730d。

的同胞,一个与赫尔墨斯和我极为亲近的人,有着卓越的演讲才能。①我们没有其他人来一起处理事务,我们也没有任何不通向神庙的路可以顺便去拜访某个人;也并不是我们全部都很少去剧院,因为我们已经采用最可耻的行为,最不受欢迎的目的和生活的目标。希腊的智慧者们无疑允许我重复一下在你们当中流传的说法,因为我没有更好的方式去表达我的意思。我们驻扎在大路的中间,我们有如此频繁的机会与你们发生冲突,从而被你们厌恶,而我们本应该努力去取悦你们。"某人制服了某人。"②"蠢货,你的事务是什么?当你有能力通过变成他们作恶时的搭档以便赢得他们的好感时,你却将利益逐走,为你自己留下了憎恨;当你做这些的时候,你认为你是正义的,在你自己的事情上也是明智的。当人们犯错的时候,你本应该就考虑到这些说法,他们谁也没有责备过长官,但仅仅责备那伤害了他们的人,但这个试图作恶的人一旦被禁止去作恶,没有去谴责他预想的受害者,他就会将冒犯转向长官。"

[a8 - c9]"当你有能力在这种谨慎的理智的帮助下,不去强迫我们去做正义的事时;当你本可以允许每个人去做他喜欢做的和有能力做的事情的时候,——因为这个城市的性格就是极端的独立——我说,你怎么就没有理解了这一点,就断言市民们应该被智慧地统治呢?难道你没有观察过,在市民中间存在多么强烈的独立感吗?——甚至是这里的驴子和骆驼都有独立感。那些出租这些动物的人甚至引导它们穿过门廊,仿佛它们是新娘。露天的小径和宽广的马路当然不是为使用驴子而修建的,因为它们仅仅被当作一

---

① 这个人指利巴尼乌斯。与他同在的还有,以弗所的马克西穆斯(Maximus of Ephesus),普里斯库斯(Priscus),希曼里乌斯(Himerius),和医生奥利巴西乌斯(Oreibasius the physician)。

② 原文是:*ὁ δεῖνα ἐβιάσατο τον*。

种奢侈品来展示。但是在它们的独立中,驴子更喜欢使用门廊,并且没人会将它们带离门廊,因为他害怕这是剥夺了它们的独立,这就是我们的城市的独立性!你还认为,这个城市中可爱的青年应该保持安静,如果可能,还应该思考你喜欢思考的任何东西,但无论如何,怎么合宜地表达仅仅对你才是可听的!他们的独立性使得他们喜欢狂欢的生活;并且他们总是打扮得特别俊美去狂欢,当然,他们在节庆期间要比平时更加放荡。"

[355c10—357a3] 曾经有一次,塔伦托的市民由于这种类型的玩笑受到了罗马人的惩罚,因为当他们在狄奥尼索斯节日里喝醉后,侮辱了罗马的使节。① 但是你们在一切方面都要比塔伦托市民幸运得多,因为你们整年地寻欢作乐而不是在一年中的少数的几天;你们侮辱的不是外国的使节,而是你们自己的统治者,而这是由于他下巴上的胡子和他自己的铸币上所铭刻的图案。② 明智的市民们啊,干得真不错,你们这帮制作嘲笑,并从中获得益处的人!很明显,前者从嘲笑别人中获得快乐,而后者乐于听到这种类型的嘲笑。我分享了你们的快乐,你们在这些事情上,确实干得不错,因为在你们看来,禁止青年放荡,并惩罚这种放荡根本就是不高贵的,不是一件令人羡慕的事情。因为如果一个人盗取人类的权力去做和说,使他们感到愉悦的是什么,这将取消和剥夺自主独立的原则。因为你们知道人们应该在一切方面都独立,你们确实过着正确的生活:首先是你们允许妇女自己管理她们自己,为的是你们能够从她们的这种独立和过度的放荡中获益。其次是你们委托她们来抚养孩子,因

---

① 前272年,罗马控制了塔伦托。
② 安提阿人嘲笑异教的各种图案,比如赫利俄斯的雕像,而尤利安将其刻在自己的铸币上。

为你们害怕如果孩子们必须经历某种严酷的权威,他们将被证明成了奴隶;正如他们得以长成男孩,就必须被教给要在一切事情上尊敬老者,在这种坏习惯的影响之下,就会有很多对长官的尊敬显示出来,最后是尽可能不把孩子们归为奴隶;他们应该变得有美德,有很好的行为,并有秩序地生活。但是,他们在知道这些之前已经被败坏了。妇女们对孩子有什么影响呢?她们引诱孩子们效仿她们获取快乐的方法,去做的同样的事情,看起来似乎是最有福的,也是最有荣耀的。不仅人这么认为,野兽也这么认为。我认为,就是这个原因使得你们如此幸福,因为你们拒绝任何形式的奴役,首先从拒绝诸神的奴役开始,其次是拒绝法律,最后是拒绝像我这样的法律保卫者。我实际上应该是一个古怪人,如果诸神受了这个城市独立的影响,而不去惩罚它,我就应该感到后悔和愤怒。毫无疑问,诸神分享了我在这里所受到的不敬,你们在你们的城市里已经向我显示了这种不敬。

[357a4 – 358a4]市民们说:"Ξι 从未以任何方式给这个城市造成过伤害,Καππα 也没有。"这个谜语的意思——你们发明了它——是很难理解的,但我从你们的城市获得了解释,这是两个名字的首字母。前者代表基督,后者代表孔斯坦提乌斯。如果我说得很直率,请原谅!在一件事上,孔斯坦提乌斯伤害了你们,就是当他任命我为凯撒的时候,没有将我置于死地。至于其他,可能是诸神仅允许你们而没有允许罗马的其他众多市民,拥有众多贪婪的孔斯坦提乌斯,我可以这样说,是孔斯坦提乌斯的朋友们的贪婪。因为这个人是我的亲戚并且血亲很近;但是他对我选择的是敌意而非友谊,最仁慈的诸神裁断了我们彼此之间的争论,我证明自己算得上一个对他来说忠诚的朋友,而在我变成他的敌人之前,他已经期望打败我。当我真的对诽谤他的人感到生气的时候,为什么你们认为

通过赞扬他就会使我很恼怒呢？但至于基督，你们说，你们爱他，且将他当作你们城市的护卫者，以代替宙斯和达芙涅的神和揭露了你们聪明的虚构的卡利俄帕。但我对恩摩萨的市民有过恼怒吗？然而，我却对你们中的大多数感到恼怒，我可以确信地说，是对你们的长老、富有的市民和普通民众感到恼怒。后者事实上选择的是无神论，这些人中大多数人憎恨我，或者说是因为你们看到我坚持我们祖先遵守的神圣礼仪的礼法。那些强横的市民憎恨我是因为我禁止他们高价卖东西，但你们所有人憎恨我则是由于舞蹈和剧院。不是因为我剥夺了其他的快乐，而是因为我比起青蛙们在池塘呱呱乱叫，根本不在意你们这些快乐。既然我为你们的憎恨提供了如此多的把柄，你们谴责我不就是太自然不过了吗？

[358a4 – 359a9] 然而，罗马人加图（Κάτων），我不知道他的胡子长得怎么样，但是与那些赞美自己的温和与灵魂的高贵以及他们的勇气的那些人相比，加图是配得上赞美的——我说，他曾经来过你们这个人口稠密、奢华和富裕的城市。当他看到年轻人在郊外排列得很整齐，与他们的长官在一起，似乎是在进行某种军事演练，加图认为你们的祖先已经为他的荣誉做好了一切准备。所以，他立刻下马，向他们走过去，尽管同时他为他的那些朋友生气，他们已经先于他向市民们宣告说加图正在来的路上，命令市民快速前去迎接。当他处于当时的情境，并且感到轻微的窘迫和不好意思，体育馆的教练跑来见到加图，向他大叫："陌生人，德米特里乌斯在哪？"现在，这个德米特里乌斯是一个已经获得了极大的幸运的庞培城的自由民；如果你们知道它的总数——我设想，你们一定急于听到我马上你告诉你们——我将告诉你们一个与此相关的故事。拜占庭的达玛菲卢斯已经就这类故事写了很多，其中包含很多从其他书籍中搜集的奇闻逸事。他已经创造了很多能给予那些喜欢听小道传闻

的人——不管是老人还是年轻人——最大的乐趣的传说。因为老年人常常会再次复活那种对年轻人来说是天生的对小道传闻的爱好。我认为,这就是为何老年人和年轻人同等地喜爱故事的原因。好了,回到加图这里来吧!你们想让我告诉你们,他是如何回敬这个体育馆教练的吗?不要认为我是在诽谤你们的城市,因为这个故事不是我自己编的。如果任何谣言在传播,甚至传到你们这里来,或是那个凯伦尼亚男人(译按,指普鲁塔克)那里,他属于那些被称为是骗子的哲人中最卑微的级别——我自己从来没有达到那个级别,尽管因为我的无知,我曾宣称自己是其中的一员,我要说的是,加图没有回答一个字,而是大声地号哭,"呜呼,这个不幸的城市啊!"就像一个失去了知觉和为疯狂所缚的人,然后他离开了这里。

[a10 - d3] 因此,不要惊讶我有同样的感觉,因为我比加图更加没教养,也更暴躁和固执,正如凯尔特人超过罗马人。他出生在罗马,直到他进入老年的门槛,他都是在罗马人中受的教育。至于我,自从我成年之后,我就与凯尔特人、日耳曼人和荷西尼亚森林待在一起,①我在那里待了很长时间,就像猎人卷入野兽中。我在他们那里不知道如何去谄媚,仅仅知道如何行事简朴和坦率。在我的孩童教育期之后,作为一个少年的我,穿越了柏拉图和亚里士多德的论述,这两位哲人不适合那些由于他们的奢侈就认为自己是最幸福的人去阅读。之后,我不得不在最好战和充满热血的民族中间辛苦地劳作,这些民族拥有阿芙洛狄忒和蔓德罗克女神的知识,仅仅是为了结婚和生孩子,也知道酒神狄奥尼索斯,仅仅是为了能一下子喝很多酒的缘故。在他们的剧院中,没有放荡和傲慢存在,也没有人在他们的舞台上跳那种淫荡的舞蹈。

---

① 比较凯撒《高卢战记》,6.24。

[d4－360b8]他们那里不久之前听说了一个故事。一个卡帕多西亚人从这里放逐到他们那里,这是一个在你们城市中的金匠铺里长大成人的家伙——你们当然知道我的意思是什么——并且已经学会,正如一个人在那里会自然而然地学会,一个人不应该与女人交往,而是应该注重青年。在遭受了这里的一切之后——我不知道他究竟遭受了些什么,他来到那个民族的国王的宫廷,促使国王回想起你们这儿的习俗,即数量众多的舞者和其他各类的快乐;最后,因为他仍然需要 κοτύλν①——你们知道这个词指什么——他就邀请国王学习你们这儿的风俗,因为他依然渴望和爱好你们中间流行的艰苦朴素的生活方式。凯尔特人从不让相识的人表演 κοτύλν,所以他在王宫立即受到了欢迎;但是当舞者们开始表演在剧场中的那种艺术时,凯尔特人把他一个人留在那里都走了,因为他们认为舞者们就像一群被狂乱缚住的人。因此剧场在那个民族那里看起来非常荒谬,就如我认为的那样;然而,少数一些凯尔特人也嘲笑大多数其他凯尔特人,我在这里和其他几个人在你们看来在各方面似乎都是荒谬的。

[c1－361b2]对这个事实,我感到后悔。事实上,当我在凯尔特人中间享受了如此好的生活方式后,我竟然没有使得当前事情的形势变得最好,这是我的不义。由于我们性情上的相似,凯尔特人是如此喜欢我,以至于他们不仅冒险以我的名义拿起武器,而且赠予我数量极大的财富;我本想拒绝,但他们强迫我接受了这些财富,并在一切事情上忠于我。这是一个多么有趣的报道,我来到你们的城市,所有人大声宣称我是勇敢的、智慧的和正义的,不仅是在险恶的战场上,而且能娴熟地将战乱转为和平,容易接近,非常温和。但现

---

① 这应该是一种滑稽剧形式。

在你们改变了这种趋势,首先,整个世界的事情都被完全颠倒了,尽管我不是故意要颠倒的——要么是自愿的,要么是不自愿的;其次,我应该用绳子把我的胡子都拔出来,以及因为我反对基督,你们就开始怀念孔斯坦提乌斯。现在也许这个城市的守护神,已经许给你们一个孔斯坦提乌斯的双重允诺。在这些事情之外,你们还控告你们邻近的城市,这都是些神圣的,且是诸神的属民,就像我自己一样;你们也发出像针对我一样的嘲讽。尽管我清楚地知道,这些城市都爱我,要比他们的儿子们更爱我,因为他们立即恢复了诸神的圣地,毁灭了无神论者们的坟墓,其命令是我不久前发给他们的。他们是如此兴奋和感到得意,因为他们甚至用比我所能希望的更强的暴力,攻击了那些一直攻击诸神的人们。

[b3 – d3] 现在反观一下你们自己的行为。你们中的大多数人毁灭了刚刚建立起来的诸神祭坛,我带着极大的宽容告诉你们要安静。但我从达芙涅驱逐那个家伙时,你们中的一些人,为了补偿你们对诸神的行为,将达芙涅这块神的圣地交给了那些正为那个家伙的遗物感到悲痛的人们,然后你们中的其他人,或是偶然地,或是有目的地,用火猛烈攻击阿波罗的圣地,你们放的大火使得那些访问你们城市的陌生人战栗,但是你们的长老却忽略了给予你们大多数市民快乐,现在依然在忽略。现在,在我看来,甚至在那场大火之前,这个神就放弃了那个神庙,因为当我第一次进入神庙时,他神圣的形象给了我一个迹象。我呼唤赫利俄斯来为这件事在所有不信者面前做证。现在,我想要让你们想起另一个你们憎恨我的原因,然后再嘲笑我,——一件我常常会公正地去做的事情,这两件事引起了你们的憎恨,所以谴责我。

[d4 – 362b6] 在十月,这是依据你们的算法,——我想你们称呼它为 Λῷον ——你们的祖先建立的庆祝这位神的节日,并且你们有

责任热烈地去敬拜达芙涅。我急速从卡西俄斯山的宙斯神庙那里去那边,心想,我可以在达芙涅享受到你们的财富和共同精神的风貌。我想象庆祝活动有秩序地进行是什么样子,就像一个在梦中看风景的人一样,用来献祭的野兽,祭酒,为了荣耀神的舞蹈、焚香,和年轻人围在圣坛的周围,用神圣装饰他们的灵魂,穿着洁白和华贵的衣服。但是当我进入圣地的时候,我没有发现焚香,连一块糕点也没有,更不用说一只献祭的野兽。那时,我非常吃惊,又想我依然在圣坛的外面,你们定是在里面等我的信号,为的是尊敬我,因为我是最高的祭司。但是,当我询问这个城市打算为这个一年一度的庆神的节日提供什么时,祭司回答说:"我从我的家里带来一只鹅,献祭给阿波罗,但是这个城市这次没做任何准备。"

[b7 – 363c3]于是,由于喜欢制造敌人,我在元老院做了一个不是很得体的演讲,也许在此处引用对你们是合适的。"这真的是一件糟糕的事情,"我说,"如此重要的一个城市竟然比本都($Πόντον$)边界上的任何村庄更忽视诸神。你们的城市拥有一万份私人土地,一年一度的荣耀这位神的节日首先是由你们的先祖们开始庆祝的,因为诸神祛除了无神论的疑云,而你们的这个城市没有为了自己的利益献祭一只鸟,尽管如果可能,她应该让每个部族敬献一头公牛,或是如果这太困难,整个城市也应该为了你们自己的利益共同敬献一头公牛。然而,你们中的每一个人都将钱花在了私人的晚宴和其他宴会上;我很清楚,你们中的大多数人在五月节上,会浪费大量的金钱在晚宴上。虽然如此,为了你们自己的利益和为了城市的利益,没有一个市民提供一份私人的祭品,也没有一份整个城市提供的公共祭品,仅仅是那个祭司提供的!我想,他从家里数量众多的野兽中拿一部分献给这位神是更加正义的。因为诸神分派给祭司的职责是,用他们高贵的品格和有德性的行为荣耀神,也完成对诸

神合适的服侍;但我想,提供私人的和公共的献祭,这也适合于你们的城市。但是,你们却允许你们的妻子从家里带着各种东西到加利利人那里去,当你们的妻子救济那些穷人时,她们激发了对那个毫无神性之人的极大崇拜,而那些不信神的人是如此需要赠款,——至于当你们忽视对诸神合宜的祭拜,并且无人接近神庙的时候,你们自己认为你们并没有做什么不寻常的事情,——因为,我想在神庙里没有什么人需要去救济——你们中任何人准备生日宴会时,都会提供一份没有定量的晚餐和早餐,欢迎他的朋友来到昂贵的桌子旁边;然而,一年一度的节日来到,却没有人为这位神点一盏橄榄油的灯,或是洒一杯酒,或是拿一只野兽去献祭,或是焚香。现在,我不知道,有几个好人能够容忍在你们的城市中看到的事情,至于我,则很确信,这事也会让诸神不高兴。"

[c4 – 364b2]这就是我记得的在那个时候讲的话,这位神也为我的话的真实性做见证——难道他不会吗?——当他放弃了你们城郊的圣地,而这是他一直以来保护着的,尤其是当那次你们遭遇了"暴风雨"的时候,他还保护着你们——他告发了那些有权力和强人所难的人们思想的错误方向。但是我愚蠢地做这些事从而使得自己成为你们憎恶的对象。因为,我应该保持沉默,我想,就像那些与我一同来到这里的人,我也不应该去管闲事或是挑你们的错误。但我将所有这些指责,扑头盖脸地倒在你们的头上,没有什么其他的目的,仅仅是由于我轻率的脾气和一种荒谬的想取悦你们的欲望——因为这肯定不会被相信,当我向你们说那些话的时候,即我对你们缺乏善意;但我想,我正在搜索对诸神的那种虔诚的荣誉,和对你真诚的善意——我想,这是最荒谬的一种取悦形式。因此,当你们为了保卫你们自己而攻击我对你们的批评,并选择了一个不同的地方来制作你们的攻击,我想,这对你们来说是正义的。

因为,我是在这位神的靠近祭坛的和有神圣形象足迹的雕像下面,责骂你们,并且几乎没有见证者在场。但是你们却是在市场辱骂我,在大多数民众在场的时候,并且是靠着那些有能力创作这些令人愉快的俏皮话的市民的帮助。你们必定意识到,那些如此描述我的人和那些聆听这些描述的人都是需要负同等责任的人;并且那些聆听这种诽谤而感到很愉快的人,因为他们同等地分享了这种快乐,尽管比起那些诽谤的人,他们没有更多的麻烦,但依然分享了这种谴责。

[b3-d9]遍布整个城市,你们宣讲并聆听这种关于我的不可思议的胡子的俏皮话,还有关于我的从来没有向你们展示的令人陶醉的生活方式。因为我永远不会在你们中间展示这种你们过的和渴望从你们的统治者那里看到的生活方式。接下来关于对我的诽谤,从私人和公共两方面向我倾盆倒下,你们用抑抑扬格写讽刺我的诗行,因为我也谴责了自己,所以我允许你们带着极大的坦诚使用这种方法,我绝不会因为这些而对你们有所伤害,我绝不会把你们杀死或是鞭打你们,或是给你们加上脚镣,或是把你们囚禁起来,或是以其他任何方式惩罚你们。为什么我应该如此呢?我与我的朋友们一起,向你们显示的行为都是审慎明智的行为——对你们来说,这是一件最抱歉和最令你们不爽的事情——我没有成功地向你们显示任何美好的景象,我已经决定离开这个城市;事实上,不是因为我确信,我应该在我所去的任何一个城市都受到各方面的尊敬,而是因为我判断它是令人满意的,即万一我没有成功地令他们认为我是一个令人尊敬的人和好人,就不会让所有人由于我的不愉快而共同承担某种后果,也不会让这个散发着罪恶气味的幸福城市感到恼怒,就像我的节制和我朋友们的审慎那样。

[365a1-c5]我们中没有谁在你们的城市中买一块田地或是花

园,也没有人建一所房子,或是在这里结婚,或是与你们中任何一个年轻人陷入爱河,也没有垂涎亚述的财富,或是被授予法庭任免权;我们中没有谁受你们的影响,或是诱导民众举办宴会或是举办戏剧表演;他们都节制自己的需要,以至于他们有时间创作诗行,去反对那些攻击他们的作者。我也没有征收金币,或是要求任何银钱,或是增加贡品;而是免除了你们的欠款的五分之一的利息。而且,我也不认为我的自我节制做得已经足够好了,我有一个侍者,凭宙斯和其他诸神起誓,这个侍者是非常节制的,正如我相信的,尽管他受到你们的责骂,因为他是一个老人,并且前额有些秃顶,在私下里,他总是谦逊地戴着长长的头发,正如荷马让阿巴特斯戴的那样。在我的院子里还有二个或三个一点儿也不比这个老人差的人,如果你们愿意,现在是四个或五个了。

[c6 – 366b6] 至于我的叔叔,难道他没有最公正地管理你们,只要诸神允许他与我同在并协助我的工作?他没有以最高的远见管理这个城市所有的事务吗?在我看来,这都是令人羡慕的事情,我指的是那些统治者的温和和节制,同时,我认为如果我也做这些事情,我就会在你们眼中显出令人尊敬的样子。但是因为我胡子的长度让你们不快,并且长得非常蓬乱,还有这个事实——我没有出现在剧场中,同时我还要求你们对神庙持虔敬态度;因为比这些事情更多的是我持续参加神庙中的祭拜行为,也让你们感到不舒服,我还禁止从市场贪婪地获取。我已经决定要离开,把你们的城市留给你们。因为一个人在他的老年改变习惯不是件轻易的事,我认为,对这样一个人来说应该避开曾发生在鹧子身上的命运。这个故事讲的是,鹧子曾经有一个同其他鸟儿一样的调子,但它瞄准了像马一样的一种嘶鸣声,因为它忘记了之前的调子,又不能获得另外一种声调,结果两种都丧失了,因此,它现在发出的调子比其他任何一

种鸟的声音都更加刺耳。这就是我努力避免的命运,我的意思是,既没有成为真正的粗野之人也没有成功地完成转变。正如你们看到的,这是天意——我已经接近了"我的头发已经白黑相间"的年龄——正如特俄斯的那个诗人说的。①

[b7-367a6]这些就够了!但是,现在,以宙斯的名义,这位市场之神和城市的守护神由于你们的忘恩负义而补偿了我。我有共同地或是个人地不公正地对待过你们吗?是不是由于你们没有能力公开地复仇,你们就用抑抑扬格写的诗在市场辱骂我、攻击我呢?——就像喜剧诗人将赫拉克勒斯和狄奥尼索斯拉到舞台上做公开的表演。②或者你们能说,由于我克制不做任何针对你们的严酷行为,我禁止自己说你们的不好,你们就反过来用同样的方法来为你们自己辩护呢?我问,你们对我的敌意和你们对我的憎恨的原因是什么?我很确信,我没有对你们中的任何一个人造成过任何令人讨厌的或是不可救药的伤害——或是对个人,或是对你们整个城市。我也没有说过任何诽谤的话,相反,我倒是赞美你们,正如我认为我应该这样做,并赐予你们特定的利益,似乎这对那些贪婪之徒是自然而然的,以至于希望我尽我所能地给予很多人利益。但是,你们也清楚地知道,这是可不能的,包括免除纳税者的税和给予那些习惯于接受礼物的人任何东西。因此,我没有减少共同捐献的份额,因为帝国财政惯常都是靠捐献的,相反我免除了你们中多数人的捐税,这件事难道看起来不像一个谜?

[367a7-d7]然而,我对我的臣民所做的事情变得沉默了,唯恐这看起来变成我是故意去做的,仿佛我是在用自己的嘴皮子为自己

---

① 阿那克里昂(Anacreon),辑语,77,(Bergk 辑)。
② 比较《尤利安皇帝驳斥犬儒赫拉克勒奥斯》204b。

唱赞歌，相反，在宣告了这些之后，我就应该将那些最恶毒的侮辱倾盆倒在我的头上。但是我对你们的行为——尽管这些行为的方式是鲁莽和愚蠢的——无论如何也配不上你们用忘恩负义来报答。我想，这将会变成针对我而提出的指责；并且这些指责应该比我之前发表过的更加严厉，我的意思是，那些与我蓬乱的面容和我缺乏魅力之类的事情相关的指责，由于它们是更真实的，所以它们尤其与灵魂相关。我指的是在我来到这里之前，我曾经常常以最有力的形式赞美你们，无须与你们有实际的接触，我没有考虑过我们应该如何彼此对待；因为我原以为你们是希腊人的儿子，我自己——尽管我的家族是色雷斯人——在天性上是一个希腊人，我料想我们应该会给彼此带来最大可能的影响。我这个轻率的例子一定会被作为针对我的指责。接下来，在你们派了使节来见我之后，——你们的使节不仅晚于其他所有的使节，而且晚于位于埃及的亚历山大城的使节——我依然免除了大量的金币和银币的贡金和你们个人的所有的贡品，而对其他的城市我却没有这么做。而且，我把你们元老的登记数目增加到二百个，而没有吝啬一下；因为我打算使得你们的城市变得更加伟大和更强有力。

[d8 - 368b9]因此，我给你们机会去推选，并要求你们的元老中最富有者掌管我的国库和负责钱币的铸造。然而，你们却没有在那些有能力的人中推选，而是抓住了这个机会，像那些毫无良好秩序的城市一样行事，尽管这跟你们向来的品性倒一致。你们愿意让我提到一个简单的例子吗？你们提名了一名元老，在他的名字被登记于册之前，而且对他品格的审查还没有结束，你们就让他去市场上服务。然后，你们从市场中拉了另外一个人来，这个人是个穷鬼，并且无论在任何一个城市都可以被算作是一个渣滓；由于你们过分的智慧，你们用垃圾去交换金子，享有了合宜的运气；你们推选的这

个人是作为你们的同僚的。你们针对元老提名犯下了很多其他的罪恶,并且由于我没有同意你们的提名,我就被剥夺了所有我应享受的对我曾做过的善事的感谢,同时我由于在正义方面的神圣而遭受了你们的厌恶。

[c1 369c3]这都是些不重要的事情,也不会引起这个城市对我的敌意。我最大的过错,也就是引起你们对我最强烈的憎恨的是下面的事情。当我到达这里的时候,那些剧场的民众正在受着富人的压迫,首先大声地哭喊"一切都要丰富,一切都要亲切!",接下来的几天,我接见了你们那些最强有力的市民,并努力劝服他们:鄙视不义的利益,使市民和在你们城市中的陌生人受益,是一件更好的事情。他们承诺要负责这件事,但是接下来的几个月,我没有关注这件事,并等待这件事的实现,结果他们忽略了这件事,甚至没有谁想过这件事。当我看到民众、强烈抗议,并且市场上的价格不适合穷人,而是对富人们不知足的贪婪有益时,我就为一切物品指定了公平的价格,并让所有人都知道这一点。尽管市民们拥有很多酒、橄榄油和其他东西,但是他们缺乏谷物,因为早先的干旱使得这里极为缺乏谷物。我就决定派人到卡尔基斯和希拉波利斯以及其他周边的城市,从这些地方进口了四十万担谷物。当这些都被用完的时候,我首先购买了五千担,接着又购买了七千担,现在又买了一万蒲式耳——"modii",在我的民族里他们这样称呼——所有这些都是用我自己的财产购买的;而且我还把埃及敬献给帝国的谷物也给了这个城市;并且我把价格限定在一个银币可以买十五担,而不是十担,而之前一个银币只能买十担。如果在夏天,同样的钱也就只能买十担,你们能有什么好处呢?正如那位波俄提亚诗人说的:"让饥饿待在家中是一件残忍的事情。"难道你们不感激得到了那额外的五担吗?——尤其是当冬天如此严酷的时候。

[c4-370a6] 但你们的富人们如何做的呢？他们秘密地以很高的价格倒卖这些谷物,他们通过个人不得不付出的费用来压迫这个共同体。结果不仅是这个城市而且是整个国家都蜂拥着去购买面包,因为面包是唯一储量很多且很便宜的食物。事实上,那些记得十五担谷物一个银币的人,现在不得不花一个金币来购买,这种现象甚至这发生在这个城市处于繁荣的状况下。就是这个行为引起了你们的憎恨,因为我不允许人们用金币买你们的酒、蔬菜和水果,而谷物却被富人们藏在了他们的谷仓中,以便他们可以把用银币购买转换为用金币购买,以此从中获益。因为他们能够很好地在城外处理这事情,所以人们就得到了"饥饿折磨凡人",正如这位神谴责那些如此行事的人时说的。这个城市现在大量享有的仅仅是面包,除此之外什么也没有!

[b1-c6] 我知道,当我做这些事情的时候我不会让每一个人高兴,但是我却毫不在意这一点。因为我认为,帮助那些受到不公正对待的民众是我的责任,并且那些常来这个城市旅行的陌生人也是出于与我一起的高级官员的原因。但是我想,情况就是这样的:后者已经离开了,关于这个城市取得了一致同意——因为你们中的一些人恨我,另一些我喂养的人却不感激我——我将所有的事务都留给阿德拉斯特,我将会前往其他的民族和到另外一类市民那里去。我不会提醒你们,九年前断言你们的权利时,你们是如何对待另外一个总督的,民众是如何大喊着,放火烧毁了总督的房子和谋杀了他。他们不久就受到惩罚,因为尽管他们的怒气是正当的,但他们的所为却超出了限度。

[c7-371b3] 以高天的名义,我要重复问,为何我要受到这种忘恩负义的对待呢？是因为我用自己的财产喂养了你们——而这是之前从来没有在这个城市中发生过的,并且我喂养你们是如此的仁

慈宽厚？是因为我增加了元老登记的数目吗？还是因为我发现了你们偷窃的行为而没有起诉你们？如果你们愿意，就让我提醒你们一两个这样的例子吧，以便没人会认为我说的是托词或仅仅是一种修辞或错误的宣称。我想，你们说三千份土地是未被耕种的，但你们还是要求了它们，当你们得到这三千份土地之后，立马就在你们中间瓜分了，尽管你们根本不需要这些土地。这件事受到了调查，在受到怀疑之前就暴露在阳光之下。然后，我从那些不正义地获得土地的人们手里拿走了土地，也没有就这些他们之前获得的土地做任何询问，因为他们之前为这些土地交了税，当然他们应该交税，然后我指派这些人在城市中从事最花钱的公共服务。就是现在，那些每年为你们喂马的人依然持有近乎三千份不交税的土地。这是适合我的叔叔首先去审判和处理的事情，当然也适合我的仁慈去处理；因为这就是我惩罚小偷和流氓的方式，我自然而然地在你们眼里颠倒了整个世界。因为我清楚地知道，对这类人仁慈只会增加和培养人类中的邪恶。

[b4 – c3] 很好，我的讲辞到这里再次抵达了我希望抵达的地方。我的意思是要说，我自己会为所有那些你们对我所做的不义负责，因为是我改变了你们从高雅到低贱的方式。因此这是我自己的愚蠢导致的错误，而不是你们的放荡所导致的错误。因此，在未来处理与你们有关的事情的时候，我应该竭力更加明智些，但是对你们来说，为了回报你们针对我的善行和你们用公开方式给予我的荣誉，愿诸神及时补偿你们！

反加利利人

[39a1–b1]我认为,应向所有人表明,我确信那个伪造的加利利人是那些邪恶之人编造的一个谎言。[39b1–b4]尽管在其中毫无神圣可言,但通过利用那些喜欢神话和小孩子气的、愚蠢的人的灵魂,它已促使很多人相信这个荒谬的奇谈是真理。

[41e1–42a1]因为我意在处理他们所有首要的教义,正如他们称呼的那样,我希望首先说明:如果我的读者试图反驳我,他们必须像在法庭上那样行事,不要牵扯其他不相干的东西,或如俗话说的,要公平交易,直到他们已经辩护了他们的观点。[42a1–a5]因为这才是更好的和更清晰的,如果他们想要谴责我的任何看法,他们就得将其看作一个独立的任务,但是,如果他们通过反驳我的指责来为他们自己辩护,他们就没有进行公平交易。

[42e1–43a6]首先简短地回顾一下:我们是从何处以及如何获得关于神的概念的;接下来要对比希腊人和希伯来人关于神性的看法;最后要质询既非希腊人也非犹太人,而是属于加利利人教派的那些人,他们为何更喜欢犹太人的信仰而不是我们的;更进一步质询,他们为何没有依附于犹太人的信仰,反而拒绝了它们,并开辟了他们自己的道路。

[43a6–48b5]因为他们没有接受由摩西而出的希伯来人的宗教和我们希腊人宗教中令人尊敬的和重要的教义,而是从这两种宗教中吸取了被认为是罪的力量,他们从犹太的利未人那里吸

取了无神论,从我们的懒惰和庸俗中吸取了卑污不堪和轻浮的生活方式。

[52b1-b5]现在人类依据自然获得了关于神的知识,这种知识不是来自这样一种教诲:这种教诲依据的是对神圣的普遍渴望,他们说这种渴望存在于每一个人的心里,不管是个人还是国家,不管是个体还是种族。[52b5-b8]对我们这些人来说,无须教授,就已经获得了某类神圣的信仰,尽管对所有人来说,准确无误的真理是不容易知道的,那些知道真理的人向所有人讲明白也是不可能的……①[52b8-b9]当然,在这种对所有人都适用的概念之外,还有另一种神的概念。

[52c1-c7]我的意思是,我们所有人都在本性上非常紧密地依赖于天堂和那里可见的神,如果谁感知到了别的神,他就在任何条件下将神的居所设置在天堂中,因此他不会将自己与大地隔开,所以他就说他在天堂中建立了万有之主,就好像在最受尊敬的地方,并且感觉到自己囊括了这个世界的全部事务。

[69b1-b5]我有什么必要召集希腊人和希伯来人为这做见证呢?哪里不存在这样的人,当他祈祷时向天空伸出他的双手?如果他对神性有意识的话,不管他是凭一个神起誓还是凭几个,他都面向天空。人们能感受到这些是自然而然的。[b6-c9]因为他们观察到,天空中神圣的物体既不增加,也不缩减,更非多变不定,它们不受任何不规律的东西影响,它们的运动是和谐的,它们的运转秩序井然。月亮的圆缺是有规律的,太阳的升起和降落也是有规律的,并且规律地区分季节,人们自然而然就感受到天空是一位神,并

---

① 原文有缺漏。

且是一位神的宝座。①

[69c1-d6]因为这样一种存在,它不会有额外的增加,也不会减少,它超越于一切变化之上,没有变化和不稳定,也没有衰退和生成,它本性是不朽的和不会毁灭的,它没有任何污点,也最纯洁。正如我们看到的,它处于永恒的运动之中,围绕着伟大的创造者以圆周运动,不管它是被一个居住在那里的更高贵、更神圣的灵魂所推动(我的意思是,正如我们的身体被居于其中的灵魂推动),还是一直源源不断地从神那里接受能量,它都进行着永不停息的圆周运动。

[44a1-75b1]事实上,希腊人发明的关于诸神的神话都是不可信的和荒谬的。因为他们说克洛诺斯吞食了他的孩子,又把他们吐了出来。他们甚至讲了一些违背礼法的事情,例如宙斯与他的母亲交媾,并生了一个孩子,他又与他自己的女儿结婚,或者是没有娶她,而是仅仅与她交媾之后,然后将其送给了哈得斯。又比如这个传说,狄奥尼索斯被撕碎之后,又再次复原。这就是希腊人的神话里描述的事情。反过来对比一下犹太人的教义,他们说什么上帝照管伊甸园,亚当为他所造,接下来,又为亚当造一个女人。因为上帝说:"那人独居不好,我要为他创造一个配偶帮助他。"然而这个来帮助他的女人又欺骗了他,并成为他们被逐出伊甸园的部分原因。

[75b2-94a3]这整个地是一个神话传说。因为,说上帝不知道他用来帮助亚当的那个造物会给亚当带来不幸,这可能吗?另外,那条蛇与夏娃说话时用的是什么语言?难道不是人类的语言吗?这类传说与希腊人发明的神话有什么不同呢?而且,上帝禁止他的

---

① Cyril 讽刺尤利安混淆了神和神的宝座,但希腊语的连词 καὶ 可以理解为"或者"。

造物拥有判断善恶的能力,这岂不是令人太惊异了吗?还有什么比一个不能区分善恶的造物更愚蠢的呢?因为这是很明显的,我的意思是,他不会避免恶,也不能用善来压过恶。总之,上帝拒绝让人品尝智慧,而除了智慧,对人就没有什么更有价值的了。因为那种区分善和恶——这是智慧的本性——的能力甚至对一个更愚蠢的族类来说都是显而易见的,所以那条蛇给人类带来的是益处而非毁灭。再者,他们的上帝必须被称为是嫉妒的上帝。因为当上帝看到亚当分享了智慧时,上帝说他再也不能品尝生命之树,将他赶出了伊甸园,并说了这样一段话:"那人已经与我们相似,因为他知晓了善与恶,现在恐怕他伸手摘生命树的果子吃,就永远活着。"因此,正如我相信的,除非这些传说是一个神秘寓意解释的神话,否则它们充满了对上帝的亵渎。

[94a4 - a10]因为,首先,那个被创造出来作为伴侣的女人竟然是堕落的原因;其次是拒绝善恶的知识,这种知识给予人的思想一种连贯性;最后是上帝嫉妒人,而不让人品味生命之树,以便使人从有死变得不朽——这是怨恨和嫉妒。

[96c - 96e7]接下来考虑犹太人正确持有的那些看法,这也是我们的祖先从一开始就传给我们的。我们的说法存在于这个宇宙直接的创造者之中,正如下面所揭示的……①事实上,摩西没有谈到那些高于这个创造者的诸神,也没有冒险去谈论诸天使的本性。但他却经常用不同的方式宣称众天使侍奉上帝。她们是被生的还是不是被生的,她们是被某个神所生,并被派去侍奉别的神,还是以别的某种方式去侍奉神,他在任何地方都没有明确地说过。但他完满地描述了天空和大地以及在其中的一切是以何种方式被赋予秩

---

① 据 Asmus 说:异教的理论,还有部分犹太教的理论丢失了。

序的。他说,上帝命令它们如此,例如光和天空,过了一会儿又说,上帝创造了它们,例如天和地,太阳和月亮;上帝分离一切已经存在但在那时被隐藏起来的事物,例如水和陆地。除此之外,他没有冒险地就精灵的生成和被造说一个字,仅仅说"上帝的灵运行在水面之上"。但那个灵是未经生成的,还是一直都存在,他根本没有清楚地讲过。

[49a1 – 49c8]现在,如果你们愿意,让我们对比一下柏拉图的说法。思考一下他就创造者所说的话和他在说到宇宙诞生时的言辞,这样我们就可以比较柏拉图和摩西关于诞生的说法。以这种形式,就可以显示出,向理念表示敬仰的柏拉图和《圣经》中说上帝与他面对面说话的摩西,①谁是高贵者,以及在与神的交往方面,谁是更有价值的。"起初,神创造天地。地是空虚混沌,渊面黑暗;神的灵运行在水面上。神说:要有光,就有了光。神看光是好的,就把光暗分开了。神称光为昼,称暗为夜。有晚上,有早晨,这是第一日。神说:诸水之间要有空气,将水分为上下。神就造出空气,将空气以下的、空气以上的水分开了。事就这样成了。神称空气为天。有晚上,有早晨,这是第二日。神说:天下的水要聚集在一处,使旱地露出来。事就这样成了。神称旱地为地,称水的聚处为海。神看着是好的。神说:地要发生青草和结种子的蔬菜,并结果子的树木,各从其类,果子都包着核。事就这样成了。于是地发生了青草和结种子的蔬菜,各从其类;并结果子的树木,各从其类,果子都包着核。神看是好的。有晚上,有早晨,是第三日。神说:天上要有光体,可以分昼夜,做记号,定节令、日子、年岁,并要发生在天空,普照在地上。事就这样成了。于是神造了两个大光,大的管昼,小的管夜,又造众

---

① 《民数记》12.8。[译按]中译引文皆出自和合本《圣经》。

星,就把这些光摆列在天空,普照在地上,管理昼夜,分别明暗。"①

[49d1-49e7]现在,你们看到,摩西没有说那个深渊是上帝创造的,黑暗和水也不是上帝创造的。还有,上帝在说了要有光就有了光之后,他本应该会说到黑夜、深渊和水。但是他没有说一个字以暗示这些根本不是已经存在的,尽管他常常提到它们。另外,他没有提到天使们的诞生或被造,或是她们以何种方式被创生,而是仅仅处理了天空的和地上的事物。根据摩西的说法,这意味上帝不是无形体事物的创造者,而仅仅是已经存在之物的处置者。因为"地是不可见的且没有形式"仅仅意味着他考虑到原初事物湿和干的性质,因此他将上帝说成是一个赋予这些事物以形式的神圣者。

[57b1-57d1]反过来,我们听一下柏拉图关于宇宙的说法:"现在这整个高天或是宇宙——不管还有其他什么更好的名字可以被最大程度上地接受,就让我们这样称呼它——它是永恒存在的,没有开端,没有一个生成的开端,还是从起始逐渐生成的?它是逐渐生成的。因为它是可见的,并且是被管理的,同时还有一个身体。所有这些都是感觉的对象,并且这些感觉的对象可以通过感觉的帮助得到理解,而这些感觉是逐渐生成的,正如我们看到的,它们一直在生成……②因此,根据这种理性的知识,我们应该确信这个宇宙是作为一种有生命的创造物逐渐生成的,这个有生命的创造物拥有灵魂和真正的理智,这都是神的恩赐。"③

[57e1-e3]现在,让我们一点一点地比较它们:在摩西的叙述中上帝做了什么和上帝的言辞是什么类型?在柏拉图的叙述中,那

---

① 《创世记》1:1-17,[译注]原文有省略,这里全录。
② 《蒂迈欧》28b-c。
③ 《蒂迈欧》30b。比较尤利安《诸神之母颂》170d。

个神做了什么和其言辞是什么类型?

[58a1-58b3] "神说:我们要照着我们的形象,按着我们的样式造人,使他们管理海里的鱼、空中的鸟、地上的牲畜和全地,并地上所爬的一切昆虫。神就照着自己的形象造人,乃是照着他的形象造男造女。又对他们说:要生养众多,遍满地面,治理这地;也要管理海里的鱼、空中的鸟,和地上各样行动的活物以及全地。"①

[58b4-58d1] 现在,也听一听柏拉图放在万物之工匠口中的言辞。

"诸神中的众位神灵,我是这些作品的造物者和父亲,凭着我的意志,它们将永存不朽。所有这些固定不变的事物都可能会解体,但让如此和谐和运行协调的事物解体是一种罪恶的行为。因此,尽管你们是生成的,不是不朽的,也不是不可解体的,但你们绝不会被解体,或是品尝死亡的滋味,因为你们在我的意志中找到了一种更大的威力,这要比你们用以生成的纽带更加强有力。因此,你们听着我对你们说的话:还有三种有死的生物没有出生,没有它们,这个诞生的宇宙就还是未完成的。因为这个诞生的宇宙没有包含一切生物的种类。但是,如果这三种生物应该生成出来,并在我手中接受生命的一种形式,它们将变得与诸神平等。因此,为了这些有死的凡物,并让万物真正地是万物,依照你们的本性来发明这些有死之物,需要仿照我在造你们的时候显示的那种能力。你们知道,这些有死之物拥有与不朽者同样的名字,它们被称为神圣的,并有权力去统治所有愿意追随正义的存在和你们;关于这个部分,我将一直播撒种子,并交给你们。有死之物中的其余部分,你们试着把永生的和可朽的东西交织在一起来造生命物吧!造出来后,去抚养它

---

① 《创世记》1:26-28。

们,让其成长。当它们死的时候再把它们收回来。"①

[65a1 – 65c9] 但是,即使你们准备思考这些言辞究竟是不是一个梦,你们还是首先学习这样说的含义吧!柏拉图将诸神的名字给予那些可见的太阳和月亮,星体和天空,但这些星体仅仅相似于那些不可见的诸神。对我们的眼睛是可见的太阳,相似于我们理智的不可见的太阳,月亮也对我们的眼睛可见,星体则相似于理智。所以,柏拉图知道不可见的和理智的诸神,这些神是不朽的,并内在于创造者中,它们也从创造者中诞生出来。因此,自然而然地,创造者在柏拉图的说法中,当说到"θεοί[诸神]"时,他是在向不可见的存在说话,当他说"θεῶν[诸神的]"时,明显是向可见的诸神说话。这两种诸神的共同创造者正是那个赋予天空、大地、海洋、星体形式的神,他是创造了不可见世界中这些事物的原型的神。

[65c10 – 66a4] 那么也请思考一下接下来说的话吧!他说:"还有三种易朽之物",明显是指人类、动物和植物;他们每一种都被自己独特的定义限定了。他继续说:"现在,如果这三类事物也应该由我使他们进入存在的话,那么他们也必然要变得不朽了。"事实上,使得不可见的诸神和可见的宇宙永恒存在的原因,恰恰是创造者的劳作。因此,当他说"那些事物的不朽部分必定需要由创造者给予"时,意指的是理性的灵魂。他说:"至于其他部分,就让不朽与有朽混合起来吧!"因此,显而易见的是,被造的诸神从他们的父那里接受了创造的能力,使得地上的万物是易朽的。凭宙斯起誓,如果在天空、人类和万物之间毫无差异的话,并且与地上的爬行族类和大海中的小鱼竟然毫无差异,那么就是同一个创造者创造了它们。但是如果在有死的和不朽之间有差异的话,

---

① 《蒂迈欧》41a – c。

那么就不可能凭着增加或减少变得更伟大或更渺小,也不能混杂那些易朽之物,并受制于创造。因此这就表明诸神中的一部分是易朽之物的创造原因,另一部分是不朽之物的原因。

[66a5－99e2]由此看来,摩西没有就这个世界直接的创造者给出完整的说法。让我们继续就希伯来人和我们的祖先就这些民族的观点做一些比较。

[99e3－100b9]摩西说,这个宇宙的创造者挑选了希伯来民族,且只爱这个民族,上帝唯独对这个民族负责。但是他没有说其他民族是如何以及被哪类神统治——除非某人会说摩西将太阳和月亮分配给了其他民族。这一点究竟如何,我过会儿再讲。现在,我仅指出摩西自己和那些继他之后的先知们、拿撒勒的耶稣,当然还有保罗,这些人在一切方面超越于任何魔法师和江湖术士之上,宣称造物主仅仅是以色列和犹太的上帝,犹太人是上帝拣选的仆人。现在听听他们怎么说,首先是摩西的说法:"你要对法老说,'耶和华这样说:以色列是我的儿子,我的长子。我对你说过,让我的儿子去,好侍奉我,你还是不肯容他去'。"①接着:"他们说希伯来人的神遇见了我们,求你让我们往旷野去,走三天的路程,祭祀耶和华我们的神。"②不久,他又以同样的言辞说:"耶和华以色列的神这样说:'容我的百姓去,在旷野向我守节。'"③

[106a106e5]正是从开端,上帝就唯独关心犹太人,将他们拣选作为他的仆人,不仅摩西、耶稣,就是保罗也一直明确地宣称这一点,尽管这在保罗那里是非常奇怪的。因为根据情境的变化,他一

---

① 《出埃及记》4.22。
② 《出埃及记》4.23。
③ 《出埃及记》5.3。关于耶稣和其他先知的说法,尤利安说会引用,但是丢失了。

直在不断地改变对神的观点,正如水蛭改变它的颜色来适应石头,他开始坚持说,只有犹太人是上帝的仆人,但当他试图劝服希腊人接受他的观点时,他说:"不要认为神只是犹太人的神,也是外邦人的神。"因此,就可以公正地问保罗,如果上帝不仅是犹太人的神,也是其他外邦人的神,为什么上帝给予了犹太人大量的先知作为赐福的礼物,并赐给了他们摩西,受膏的油,先知和律法,以及他们神话中不可信的和怪诞的元素?因为你听到他们大声地哭喊:"人吃了天使的食物。"最后,上帝给他们派来了耶稣,但却没有给我们先知,受膏的油,教师,也没有向我们宣扬他对人的爱——不管这爱是什么时候才会降临到我们身上。他甚至没有关注过众生,——数千年来对偶像崇拜极度无知的人们,从太阳升起的地方到降落的地方,从北到南,仅仅拯救了那个渺小的二千年前就居住在巴勒斯坦的部族。如果他是所有人的上帝,是万有的创造者,为何他忽略我们?无论何时这都是自然的:希伯来人的上帝不是整个宇宙的父,也不统治万有,相反,如我先前说过的,他是有局限的,因此,正因为他的帝国是有限的,我们必须只将他看作无数众神中的一员。难道仅仅因为你们伪造了这个宇宙的上帝,我们就该对你们投以更多的关注吗?——无论如何,你们只能获得一个空泛的神的概念。这难道不是太偏心了吗?你们说,他也是一个嫉妒的上帝。但为什么他如此的嫉妒,要报复祖先们加在后代身上的罪恶?

[115d – 116a5] 现在,考虑一下与你们的相对的我们的教诲。我们的作家说,创造者是共同的父,是万有的王,但是其他的功能被分配给了民族神和保护城市的神,这些神依据自己的本性统治属于他的那部分。因为在万有之父那里一切都是完善的,一切是一。然而,在分离的神中却只有一种品质,因此,阿瑞斯统管好战的民族,雅典娜统管像好战一般热爱智慧的民族,赫尔墨斯统治那些狡猾之

徒,总之,各民族的品性与管理他们的神的品性相匹配。如果这些经验不能证明我们的教诲的真实,那么我们就会承认:我们的传统是虚构的,我们相信它们就是错误的。然后我们应该相信你们所信的教义。然而,如果从远古的经验证明了我们的说法是真实的,并且无论如何不能与你们的教诲和谐一致,为什么你们还要坚持如此巨大的自负呢?

[116a6-131d4]来,告诉我,为何凯尔特人和日耳曼人是粗暴的,① 但希腊人和罗马人一般来说倾向于政治生活和仁慈(φιλανϑρώπους),尽管这两个民族也不会轻易屈服、也好战?为什么埃及人更智慧,更擅长技艺,而叙利亚人不好战,女人气,同时却智慧、急性子、虚荣,并学习东西很快?如果不能领悟这些民族之间差异的原因,就宣称所有这些都是自然而然地发生的,那么我就会问,他如何能相信宇宙是被一种天意所统治的呢?如果有谁认为这些差异之间是有原因的,那让他告诉我,以造物主的名义教导我!对人的律法来说,显而易见的是:人们建立它们以与他们的自然性情相匹配,也就是说,政制的和习俗的律法是建立在已经培育好的性情上的,野蛮的和不合人性的律法是被那些潜藏的和与生俱来的相反的性情制定的。因为立法者们凭借他们的学说和原则,成功地增加了为数不多的影响到人们自然的品性和天赋上去。因此,当阿纳卡西斯('Ανάχαρσιν)为一种宗教性的疯狂所激励,② 斯基泰人绝不会

---

① 尤利安在《憎恶胡子的人》359b处谈到,与罗马人比起来,凯尔特人是粗暴的。

② 阿纳卡西斯是斯基泰人的一位君王,他四处旅行,寻求知识,被视作七贤之一。据说,在返回色雷斯的路上,在庆祝库伯勒的秘仪时被杀,这一秘仪对斯基泰人来说是很新颖的。希罗德多在《原史》卷四七十六节讲述这个传说,为的是说明斯基泰人对外邦人的憎恶,尤其是憎恶希腊人的习俗。

接受他在他们中间居住；并且毫无例外，你们不会发现任何西部民族对哲学、几何、研究自然拥有极大的热情，①罗马帝国现在却拥有这些最重要的东西，那些不经常训练辩论和修辞技艺能力的人们，也不能进行任何别的研究——这是一种强大的自然力量。那么，这些不同民族中间的品性和律法是从哪里产生的呢？

[134d1-135d3]摩西语言的含混性已经给出了一个极其难以置信的解释。因为他说，人类的后代聚在一起企图建一座城，城中要建立一座巨大的塔，但是那个上帝说他必须毁坏这塔，并打乱他们的语言。没有人会认为我在胡编乱造以污蔑这事吧？我从摩西的书里为你们读一读下面这段话："他们说：'来吧，我们要建造一座城和一座塔，塔顶通天，为要传扬我们的名，免得我们分散在全地上。'耶和华降临，要看看诗人所建造的城和塔。耶和华说：'看哪，他们成为一样的人民，都是一样的语言，如今既做起这事来，以后他们要做的事就没有不成的了。我们下去，在那里变乱他们的口音，使他们的言语彼此不通。'于是，耶和华使他们从那里分散在全地上，他们就停工不建造那城了。"②然后，你们就要求我们相信这个说法，然而你们却不相信荷马关于阿劳奥达的叙述，即他们打算建立三座山，将其叠加起来，"这样就可以测量天空"。③ 至少对我来说，这个故事和你们那个简直一样难以置信。但是，如果你们接受前者，为何就不能相信荷马的寓言呢？我认为，对于像你们这样无知的人们，这件事的真实性简直无需辩驳，因为居住在这个世界上的人们即使曾经使用同一种语言，他们也不可能建造一座直抵天空

---

① 尤利安指的是高卢人和伊伯利亚人（Iberians）。
② 《创世记》11.4-8。
③ 《奥德赛》11.316。

的塔。即便他们将整个大地变成砖块也不可能做到。因为,如果他们想要成功触摸月亮的轨道的话,这样一座塔将需要数不清的、每一块都像整个大地那样大的砖。那让我们假设:所有人类聚在一起,使用同一种语言,他们将整个大地变成了砖块,并运来了石头,他们何时才能达到像天空那样的高度呢?——尽管他们可以将塔做成螺旋状。那么,你们这些相信这个明显虚假的寓言是真实的人,相信上帝之所以那样做,是害怕人类残酷的暴力,并出于这个原因才来到地上打乱了他们的语言——我说,你们仍然要冒险自夸你们关于神的知识吗?

[137e – 138d4] 但我将再次回到上帝如何打乱了他们的语言的问题上。上帝这样做的原因,摩西已经说过了:很明显,上帝担心如果他们使用同一种语言,拥有同一种思想,他们就会首先为他们自身建立一条通往天空的道路,然后做些捣蛋的事情。但是摩西根本没有说上帝如何知道这些,而是仅仅说,他直接从天上来到地上——因为他不能从高空做件事,不得不来到地上。上帝如何看待在品性和习俗方面存在的差异,摩西没有告诉我们,也没有人曾启发过我们。还有,不同民族之间的习俗和政治制度的差异远大过他们在语言上的差异。例如,希腊人什么时候告诉过我们一个男人应该娶他的妹妹、儿女或他的母亲呢?然而这种事情在波斯却是符合美德的。我为何还有必要描述他们的各种品性,诸如日耳曼人热爱自由却缺乏纪律,叙利亚人温顺,波斯人、帕提亚人和所有东方、南方的野蛮人所拥有的这类品性并满足于某个专制政府的统治呢?如果这些更加巨大和重要的差异的背后,并没有一个更伟大更神圣的天意存在,为什么我们要徒劳地白找麻烦地去崇拜一个并不关心我们的神呢?这个神根本不关心我们的生活,我们的品性,我们的生活方式,好的政府,好的政制,我们还应该宣称要用我们的双手接

受他的恩典吗？当然不！现在你们看到了你们的教义是多么荒谬了吧！因为我们的祈祷，首先是与灵魂有关的，其次则是与身体有关的。因此，如果他没有留意我们灵魂的祈祷，也没有关注我们身体的状况，更没有为我们派来教师或立法者——就像他为希伯来民族做的那样，派来摩西和那些先知们，我们为什么应该对他表示感激呢？

[141c1–141d8]但请你们考虑一下，上帝难道真的没有给我们派来众神和你们从未听说过的仁慈立法者吗？这些诸神绝不比从一开始就在犹太的希伯来人那里受到的崇拜差，他为你们选的那片唯一的土地，正如摩西和他之后的先知们宣布的，一直延续到我们的时代。但即使在希伯来人中受到崇拜的上帝，真的是宇宙的直接创造者，我们关于他的信念也要比希伯来人更高，并且通过敬重灵魂和永恒之物，他赐予我们的恩惠远大于给予他们的。然而，关于这一点，我一会儿再说。另外，他送给我们的立法者绝不比摩西差，如果事实上这些立法者中的大部分不是远远超过摩西的话。

[143a1–143e4]因此，正如我说过的，除非每个民族是由各自的民族神（和他之下的天使、精灵、英雄，精灵特定的秩序服从于更高的权力）创立了他们的律法和品性的差异，否则，你们必须向我证明，这些差异是如何凭着某个其他的神产生的。而且，说"上帝命令如此"是不足以证明的。因为这些被造之物的本性应该与神的命令和谐一致。我要把我的意思说得更清楚一些。上帝命令火应该偶然地向上喷发，大地沉落吗？为了上帝的命令被满足，有必要使得前者变轻而使后者沉重不堪吗？在其他事物的情形中这也同等真实……①类似于敬重神圣的事物。但，原因是人这个族类注定是有

---

① 有缺失。

死的和易朽的。因此,人的劳作也自然而然地是易朽的和多变的,它屈服于各种各样的变化。但即使上帝是永恒的,他的命令也应该顺从这种本性。因为它们要么是事物的本性,要么是与事物的本性相一致。那么,上帝的命令如何能改变自然呢?他如何能使彼此之间和谐一致呢?因此,如果他命令打乱我们的语言,使彼此之间不一致,那么在各民族的政制方面应当如此,这就不是凭着一个独特、孤立的命令——他赋予不同政制本质的特点或是他命令我们习惯于缺乏一致的状况。① 因为不同的本性必须首先已经存在于所有那些事物中,这些事物在各个民族之间注定是彼此相异的。无论如何,这是明显的:如果谁观察一下日耳曼人和斯基泰人、利比亚人和俄提俄皮亚人在身体上是多么的不同,就明白了。难道这也适应于一个直接的命令,而不管气候或是这些国家在诸神共同的影响下决定了他们有什么样的肤色吗?

[146a1 – 146b12]更甚,摩西也有意地在这类询问上遮了一层面纱,他没有将语言混乱的责任全推给上帝。因为他说上帝不是独自降临,而是有不止一个与他一同下降,但他没有说他们是谁。但显而易见的是,他预设了,那些与上帝一同下降的存在者类似于上帝。因此,如果不只有上帝,而且还有其他联系密切的存在者一起降临,来达到打乱语言的目的,显而易见,正是因为人类的品性混杂,从而不只有上帝而且还有那些与他一起下降的存在者来打乱人类的语言,可以合理地被看成是对语言的分离负有责任。

[148b1 – 148c8]我为何如此长时间地讨论这件事,尽管我的意图是说得简洁明了?其原因是:如果宇宙的直接创造者就是摩西宣

---

① [译注]如果不同政制之间的确有差异,那么这些差异必定是为了适应人类本性之间的差异。

告的那个上帝,那么我们却持有关于他更高贵的信念,就如我们认为他整体上掌控万事万物,但是也有那些从属于他的各民族神灵,他们类似于一个国王的总督,分别统治各自的省份,而且我们不会使那些从属于他的众神与他彼此倾轧。但如果摩西首先对一个复合的神表示崇敬,然后使得这整个宇宙的统治与他的权力相对抗,那么相信我们所相信的才是更好的,并承认万有的上帝,尽管依然需要理解摩西的上帝;我说,比起尊敬一个仅仅统治一个小部落的上帝同时却不尊敬万有的创造者来,我们的那种信念是更好的。

[152b1 – 152d2] 这就是摩西令人惊异的律法,我指的是他著名的十诫。"不能偷盗"、"不能杀生"、"不能做假见证",但请让我一字一句地解释这些他说是上帝亲自写下来的诫命。

"我是耶和华你的神,曾将你从埃及地为奴之家领出来。"接下来是:"除了我以外,你不可有别的神。""不可为自己雕刻偶像。"然后还说明了原因:"因为我耶和华你的神,是嫉妒的神。我必追讨他的罪,自父及子,直到三四代。""不可妄称耶和华你的神的名。""当记得安息日。""当孝敬父母。""不可奸淫。""不可杀人。""不能偷盗。""不能做假见证。""不可贪恋你的邻居所拥有的一切。"

[152d3 – d11] 除了"你们不能崇奉别的神"和"当纪念安息日",我以诸神的名义,请问,哪个民族不认为其他诫命是应该持守的?这样严重的惩罚去惩罚那些违反它们的人,有时会更严厉,有时类似于摩西指定的那些法令,尽管它们有的更符合人性。

[155c1 – 159e5] 但这条戒律:"你们不能信别的神。"无疑是摩西添加给上帝的一条严厉的标签。"因为我是一个嫉妒的上帝。"他说。在另外一处又说:"我们的上帝是一个烈火。"如果一个男人是嫉妒的,你们认为他该受责备,为何一位神是嫉妒的,你们却认为这是神的品质呢?还有,在一件如此显然的事情上编造神的谎话,

这合理吗？因为如果他真的是嫉妒的，那么反对他意志的，就是所有其他被崇拜的神灵，就是其他民族崇拜的诸神。那么为何他自己不去限制他们，如果他是如此嫉妒以至于不希望除了他之外其他的神也受到崇拜？是他根本无力去这样做，还是他不希望从开端就阻止其他神灵也受到崇拜？然而，这前一种解释是不虔敬的——我是指他无能为力。那么第二种解释就与我们自己做的相一致了。把这些胡说放在一边吧！不要为你们自己招来如此严重的亵渎！因为如果上帝的意志是除他之外谁都不得受到崇拜，为什么你们崇拜他的独生子？——况且上帝从未承认有一个儿子，或将那个加利利人视作自己的儿子。我能轻易地证明这一点。然而，我不知道你们为何要强迫上帝接受一个他不想要的假冒的儿子……①

[160d－161a9] 在我们的传统中没有哪个神显得是愤怒的，或是憎恨的，或是狂暴的，或要求发誓，或是一会儿倒向这边，突然又倒向那边，或是从他的目标上移开，正如摩西告诉我们发生在非尼哈中的情形。如果你们中有谁读过《民数记》，就会知道我的意思是什么。例如，当非尼哈从会众中站起来杀死那个将自己献给巴力比耳的男子，以及那个和他一起劝服他的女子，他将他们从腹部刺死。如摩西告诉我们的，然后上帝说："祭司亚伦的孙子，以利亚撒的儿子非尼哈，使我向以色列人所发的怒消了，因他在他们中间，以我的忌邪为心，使我不在忌邪中把他们除灭。"②比起上帝被错误地当成愤怒的代表，还有什么更加琐碎的原因呢？还有什么比这更不合理的呢？即使十个或十五个人，或让我们假设一下，一百个人，因

---

① 依据 Cyril 的概述，尤利安接下来指责了基督教抛弃了希腊人关于神的教义。
② 《民数记》25.11。

为他们肯定不会说有一千人——然而就让我们假设就算有尽可能多的人冒险违反了上帝所制定的众多律法中的某一条,难道由于这一千人就全部毁灭其他六千人,这是正义的吗?至少在我看来,毁灭那一个坏蛋而保存其他的好人要好过将那一千好人全部毁灭……①

[161a10-172a3]如果一个英雄或是某个不重要的精灵的愤怒对任何国家和城市都是难以忍受的,谁又能忍受一个如此强有力的上帝的怒火呢?他是否径直就反对精灵、天使和人类呢?将上帝的行为与吕库戈斯的温和、梭伦的克制和罗马人对待违法上的仁慈对比一下是值得的。但同时也观察一下我们的教诲比他们的优越不知多少倍。哲人们命令我们尽可能模仿诸神,他们还教育我们,这种模仿包含在对现实的沉思中。这种沉思是远离激情的,事实上,它基于从激情中解脱出来的自由。相应地,我们这种对现实的沉思,从激情那里获得自由,这样我们就变得像神。但如此对上帝的模仿在希伯来人中是受到赞扬的吗?这样做的结果必将是愤怒、怒火和严厉的嫉妒。因为上帝说:"非尼哈使我向以色列人所发的怒消了,因他在你们中间,以我的忌邪为心。"上帝总是找到某个分享他的憎恨和他的悲痛的人,以便排除他的憎恨。摩西在圣书中经常讲类似的话。

[176a1-176c3]深入观察就会发现,上帝不仅仅关心希伯来人,而且关心所有的民族,他没有赐予希伯来人什么值得认真对待的更大的恩惠,然而他却赐予我们远远超过给他们的更好的礼物。例如,埃及人依赖的不仅仅是几个智慧之人的名字,他们能夸口说他们拥有赫尔墨斯的众多继任者,我指的是那个以他第三种形象访

---

① 根据 Cyril,尤利安接下来要讨论造物主不应该给予如此多的惩罚,甚至希望毁灭整个犹太民族。

问埃及的赫尔墨斯;①迦勒底人和亚述人可以夸口说是奥纳斯('Οάννου)和伯勒(Βήλου)的继承者,②希腊人可以夸口是克戎数不清的继承者。③ 所有希腊人生来就有一种神话和神学的才能,以这种方式,你们观察一下,希伯来人能有什么独特之物可夸的呢？……④

[178a1 - 178b15]上帝许诺你们发现任何科学研究或哲学研究了吗？如果有,请告诉我,是什么？因为天体的理论在希腊人那里得到完善,首先是产生于巴比伦的野蛮人那儿。几何学产生于埃及测量土地的方法,因此发展到它现在所具有的重要地位。算术发源于腓尼基商人,希腊人使其成为一门规律的科学。希腊人将这三种学科与音乐整合为一门科学,因为他们将天文学和几何学、算术联系起来,并认识它们之间的一致性。希腊人将这些规则用于音乐中,结果他们发现了音程的和谐。

[184b1 - 190c11]我还有必要一个一个地说出他们的名字或他们所从事的事业吗？我指的是,要么是那些个人,例如柏拉图、苏格拉底、亚里士多德、克蒙、泰勒斯、吕库戈斯、阿基西劳斯、阿基达莫

---

① 指赫尔墨斯—特里美基斯图斯(Hermes Trismegistus)——"三倍最伟大的赫尔墨斯",希腊人将其与埃及神透特(Touth)看作同一个神。新柏拉图主义者将某些特殊的神话作品归于这位传说中的神,并将其看作一个贤人。

② 一位巴比伦人的鱼神,波尔修斯(Berosus)在《巴比伦史》(History of Babylonia)中描述了这位神。一般认为,这位神教给了迦勒底人文明的种种技艺,与《创世记》中的蛇有些类似。伯勒是亚述人的神的希腊写法,即《圣经》中的巴力神。

③ 克戎是教育阿基琉斯的半人半马的神。

④ 根据 Cyril 的概述,接下来,尤利安要讽刺大卫和撒母撒(Samson),并说他们根本不是真正勇敢的战士,要远远弱于希腊人和埃及人的战士,并且这二人的统治非常有限。

斯——要么我应说到哲学家、将军、艺术家、立法者？因为这将让你们发现，就算最坏最残忍的将军们对待敌人的行为，也要比摩西对待那些没有做错事的人的行为更为温和。我该向你们说到君主制吗？伯尔修斯、埃库斯、克里特的米诺斯——他清除了海盗，统治了不仅有海岛，还有包括海岸在内的居民。然而分给他的兄弟拉达曼托斯统治，这样做事实上不是关心大地，而是关心人类，他立下了从宙斯那里接受来的律法，然后让拉达曼托斯负责审判……①

[193c1 – 194c9] 罗马建立之后就有很多战争包围着她，她全部战胜了它们，由于大量的危险持续增加且需要更强大的保护，宙斯就将他最伟大的哲人努马送来。这个居住在荒芜的果园和曾用他内心纯洁的思想与诸神亲密交谈的人是卓越的和正直的……② 正是他建立了敬拜神庙的大多数律法。直到现在，这些崇拜都来源于一种神圣的着迷和灵感，它们都是来自于西比尔，同时用他们自己的语言发出神谕，被宙斯赐予这个城市。那从云层降下来的盾牌和在山上显现的头，我认为是在宙斯的宝座那里接受了她的名字，我们该将这些看作是最好的礼物还是次好的礼物呢？误入迷途的人们，在我们中间已有从天降下的武器来保护我们，强大的宙斯或父亲阿瑞斯给了我们正当理由，不是用言辞而是用行动，他将永远保护我们，你们已经不再崇拜他了，你们崇拜的是十字架，画在你们的前额上，又刻在你们的门槛上。

[194d1 – 198d2] 在你们中间，难道不是那些憎恨更有理智的人，怜悯更加愚蠢的人的人才是正义者吗？——那些跟从你们的人

---

① 根据 Cyril，尤利安接下来联系米诺斯，达达努斯，和埃涅阿斯到意大利建立罗马的故事。

② 有缺漏。

陷入这样的毁灭中,以至于他们遗弃那活生生的神灵,转而跟从犹太人的那具尸体……①关于诸神之母的奥秘我们没有说过任何东西,我也尊敬马里乌斯。② 从诸神降到人身上的精灵是存在的,尽管少得可怜,并且每个人难以共同分享那些精灵。因此,先知性的精灵不再降到希伯来人中间,在埃及人那里也不再有了。现在,我们看到希腊本地的神谕也沉默不语了,屈服于时间的流逝。我们荣耀的父和主宙斯关心这个,我们无须全部与诸神交流,就许诺我们神圣的技艺,通过这种探询的方法,可以获得我们所需要的帮助。

[200a1－200b9]我几乎忘记了赫利俄斯和宙斯最伟大的礼物了。但我自然要保留它到最后来说。事实上,他不是单单属于我们罗马人的,我们与希腊人一起分享他。我的意思是,宙斯使阿斯科勒皮奥斯从智慧的诸神中间诞生,又通过赫利俄斯将他送到尘世。阿斯科勒皮奥斯造访了天和地,以人形出现在厄皮达鲁斯。不久之后,他自我培育,通过他对整个尘世的访问治病救人。他去过帕加马,伊奥尼亚,塔伦托,最后来到罗马。他旅行到科斯和埃迦伊。然后他变得无处不在,即在海上和陆上。他不是单独地造访我们,他还救治那些有罪的灵魂和有病的身体。

[201e－206b4]但是希腊人夸耀过上帝赐予了他们什么样的伟大礼物吗?如果你们曾关注过他们的教诲,你们就不会害怕疾病,就算比从前更大的疾病也无须害怕,只要你与我们在一起,你们的状况就会是可以忍受的。你们不再崇拜众神而是崇拜一个,不再敬重一个人,而是敬重一大群受苦的人。③你们又服从严厉、残酷的,

---

① 指耶稣。
② [译注]比较《诸神之母颂》。
③ 指殉道者。

带着野蛮味道的律法,以代替我们温和仁慈的律法。你们在其他方面比我们更差劲,却在崇拜形式上变得更圣洁和纯粹。但是现在,你们就像水蛭一样,你们从那种源泉中吮吸了最坏的血,留下纯洁。耶稣赢得你们,他的名字远扬也不过三百年的时间,在他的一生中没有办成过什么有意义的事情,除非有人认为治好瘫子和盲人、在伯赛大和伯特尼的乡村里驱鬼,可以被看作是有能力的成就。正如你们不知道,这种纯洁的生活是否为他所提到过,但你们模仿了犹太人的狂暴和严厉,颠覆了神庙和圣坛,同时你们不仅杀害了那些我们中间依然认为他们的父辈教诲是真实的人,同时也杀死了你们中异教徒的迷途者,① 因为他们不按照你们的方式向那具尸体哀号。但这些是你们做的,耶稣和保罗都未曾谈到过这样的命令。其原因是他们从未希望,你们有一天获得你们现在拥有的权力。他们满足于迷惑仆人、奴隶、妇人以及哥尼流和西流基那样的男人。② 但如果你们能向我表明,这些人是那个时代著名作家所提到过的人,你们就可以认为,我说的全是假话。

[209d1 – 213a6] 我不知道我从何处得到灵感说出这些话来。然而,回到我偏离了的那点上去吧。当时我问:"你们为何不感激我们的神而离弃他们呢?"难道是因为这些神保护罗马统治的权力,仅允许犹太人短暂的自由,然后就永远被奴役和疏离? 看看亚伯拉罕,难道他不是陌生之地的一个外邦人吗? 看看雅各,他不是一个奴隶吗? ——首先是在叙利亚,然后又在巴勒斯坦,老的时候在埃及。摩西不是说,上帝会伸出臂膀让你们脱离埃及的重担吗?③ 在

---

① 关于基督徒杀害异教徒,比较尤利安的书信,*To the Citizens of Bostra*。
② 《使徒行传》10,哥尼流是一个百夫长。《使徒行传》13.6 – 12,西流基是一个总督。
③ 《出埃及记》6.6。

他们到达巴勒斯坦后,上帝不是常常改变他们的命运——要比变色龙改变其颜色还要频繁——臣服于士师,①受外族人的奴役吗?当他们开始受国王统治时,——但让我稍微推迟一下再问他们如何受统治:因为《圣经》告诉我们,②上帝不愿意他们有国王,但当由国王统治时,上帝预先断言他们可能会受恶的统治——他们只是在巴勒斯坦地区居住近三百年。然后,他们首先受到亚述人的奴役,其次是米底亚,随后是波斯人,现在受我们的奴役。即使那个你们中广泛流传的耶稣,也是凯撒的臣民。如果你们不相信我,我一会儿就为你们证明。然而,你们也承认,他与他的父母一起在居里纽统治时期登记了他的名字。③

但是当他成人之后,他给他的同胞们带来什么样的益处呢?没有,这些加利利人回答说。他们拒绝聆听耶稣的教诲。什么?这些心肠冷酷、头脑顽固的人是如何聆听摩西的教诲的;但是耶稣,这个控制精灵的人、④在海上行走的人、驱鬼的人,以及像你们断言的创造天地的人——因为他的门徒中除过约翰,没有谁敢这样说他,尽管约翰没有清楚地这样说,无论如何让我们接受他关于这一点所说的⑤——这个耶稣能够改变他的朋友和同胞的性情吗?

然而,过会儿检验福音书中的奇迹和神话的时候,我还会再次考察这个问题。但是现在请回答我下面这个问题。是在整整两千年内持续自由地统治大地和海洋的绝大部分更好,还是受奴役并顺从其他人的意志更好?没有人会如此缺乏尊严而选择后者。另外,

---

① 《士师记》2.16。
② 《撒母耳记上》8。
③ 《路加福音》2.2。
④ 《马可福音》1.27。
⑤ 意指耶稣创造世界。

谁会认为在战争中获得胜利要比失败更不值得争取？谁会这么愚蠢？但如果我说的是真理，那么请向我指出希伯来人中一个像亚历山大和凯撒那样的将军。你们根本没有这样的人！凭众神起誓，事实上，我清楚地意识到，我正在通过这些问题侮辱这些英雄，但我提到他们仅仅是因为他们是最闻名遐迩的人。至于那些稍微次于这两人的将军们，对大众来说不是非常著名的，但他们中的任何一个人获得的荣誉都要比犹太人中所有的将军加在一起的荣誉多得多。

[221e1 – 224e9] 另外，至于说到政府的宪法、法庭的样式、城市的管理、律法的卓越、在自由技艺的学习和培养上所取得的成就，所有这些，在希伯来人中难道不是处于一种悲惨的和野蛮的状况吗？然而，卑鄙的欧西比乌斯在希伯来人那里发现了六音步诗体，并说逻辑研究也存在于希伯来人中间，仅仅因为他听说他们使用了在希腊人那里指逻辑的词语。在希伯来人中间是否出现过什么治病的技艺，就像希腊人的希波克拉底，并在其之后，产生了很多其他的学派？他们最智慧的所罗门是否能与希腊的斐库里德斯、忒奥格尼斯、伊索克拉底相比呢？当然不能！如果谁要比较伊索克拉底的演讲辞和所罗门的箴言——我非常确信地说——你们将会发现忒奥多罗斯之子（译按，指伊索克拉底）要远远超过犹太人"最智慧"的王。他们会说："但是，所罗门非常精通上帝的秘仪。"那又如何？难道这个如他们所说、受了他妻子迷惑的所罗门也侍奉我们的诸神？① 多么伟大的美德！这就是智慧的财富！他甚至不能超越快乐，一个女人的论辩就将他引上了迷途！那么，如果他受了一个女人的迷惑，那就不要称这个男人智慧！但是，如果你们确信他是智

---

① 《列王纪上》11.4：His wives turned away his heart after other gods。尤利安影射 Pharaoh 的女儿，参《列王纪上》3.1。

慧的，那就不要相信他受了一个女人的迷惑，但是，要相信他自己的判断和理智以及他从一直启示他的上帝那里接受的教诲，同时他也侍奉其他的诸神。因为嫉妒和猜忌不可能伴随最有美德的人，嫉妒和猜忌远离天使和诸神。但是，你们提及你们自己不完全的和有限的权能，①如果任何人称这为邪恶的，他就没有犯错！因为在他们那里到处都是骄傲和虚荣，然而在诸神那里没有此类的［邪恶］！

［229c1－229e7］如果你们读你们的圣书已经足够了，为什么还要偷偷地学习希腊人呢？并且，让人们远离这种学习要比让人们远离吃献祭偶像的食物要好得多。因为，甚至保罗也说，②那吃献祭偶像的食物的人不会受到伤害，但是那看见他行为的兄弟的良心，可能因此而受到冒犯，啊，最智慧和最自大的人们啊！但是我们才有的这种学问，已经使得自然产生的任何一种高贵之物拒绝了你们中间的不虔敬。相应地，每一个拥有任何一小部分天生美德的人都已经拒绝了你们的不虔敬。因此，对你们来说，禁止你们学习要比禁止你们吃祭拜偶像的食物要更好一些。但你们自己知道：你们的书籍所产生的理智的效果与我们的书籍相比，是极其不同的；研读你们的书，没有谁可以变得卓越或获得普遍的善，然而，研读我们的书籍的人却可以变得比之前更好，即便他整个地缺乏天性上的优点。当一个人天性喜欢努力上进，并且接受了我们的文明教育，他实际上就变成诸神给予人类的一个礼物，要么是凭着燃起知识之光，要么是靠着建立某种政制的宪法，或者是通过击溃他的祖国的敌人，或者是通过在世界各处漫游，从而证明自己是在英雄的模子

---

① 尤利安似乎指的是基督教的那些圣徒。
② 《哥林多前书》8.7－13。

里长成的男子汉……①

[229e8-230a9] 这里有一个清晰的证据:从你们中间选择一些孩童,用你们的书籍训练和教育他们,如果当他们成人时,他们证明比奴隶拥有更高贵的品质,那么你们就可以相信,我是在胡说八道并且是因为怒气的缘故才这样说。你们是如此的愚蠢且误入歧途,以至于你们将你们的历史书看作是神圣的启示,尽管凭着这启示没有任何人变得比之前更智慧、更勇敢、更高贵;然而,通过我们的书籍,人们却可以获得勇气、智慧和正义,然而你们却将这些归于撒旦和那些服务于撒旦的人们。

[235b1-235d5] 阿斯科勒皮奥斯治愈我们的身体,缪斯在阿斯科勒皮奥斯、阿波罗和雄辩之神赫尔墨斯的帮助下训练我们的灵魂;阿瑞斯和伊诺为我们在战争中战斗;赫斐斯托斯分配和管理技艺,雅典娜在宙斯的帮助下统管这些神。因此,考虑一下,我们是不是在一切方面都要比你们优秀,我指的是在技艺、智慧和理智方面;这是真的,不管你们考虑实用技艺还是考虑那旨在实现美的形象技艺,例如雕塑的艺术、绘画、家政管理和从阿斯科勒皮奥斯——他的箴言到处都可以找到——那里得到治病的技艺,诸神允诺我们永远分享这些技艺;宙斯为此作证!因此,如果我们这些没有将自己交付给背叛诸神的人,在身体、灵魂和外部事务上要远比你们优秀,你们为何要背弃我们的这些教诲而学习其他人的教诲呢?

[238a1-238e4] 你们为什么既不遵守希伯来人的传统,也不接受上帝赐予他们的律法?甚至,你们遗弃了他们的教诲,放弃了你们祖先的宗教和先知们给你们的预言?因为任何想要检验你们的

---

① 有缺漏。Cyril 的概要显示,尤利安接下来要攻击《旧约》,讽刺它是用希伯来语写的。

说法是否真实的人,都会发现你们的不虔敬混合了犹太人的轻率和异教徒的冷漠与粗俗(比较本文43b)。从这两方面来看,你们吸取的绝不是最好的,仅仅是劣等的教诲,由此形成了你们自己的邪恶。因为希伯来人拥有精确的宗教崇拜的律法、数不清的神圣的事物和规定祭司生活和职业的规矩。但是他们的立法者禁止他们崇拜其他神,而是要求他们仅仅崇拜一位神,这位神的"份是雅各,以色列是他的份(allotment),是他的产业"。① 但据我看来,也可以增加"你们不应该辱骂众神"。② 然而,那些厚颜无耻想要将敬畏从大众那里连根拔起的后代们,认为亵渎与对崇拜的忽视相伴随。事实上,这是你们从这个源泉中吸取的唯一事情;因为在其他所有方面你们和犹太人没有丝毫的共同之处。甚至,这是来自于希伯来人中新流行的教诲,你们利用了那对我们的神的亵渎;但是我们将对每一种更高自然的敬畏,我们宗教崇拜的特质,与对我们祖先的传统的爱结合起来;你们却放弃了这些,并仅仅获得了吃一切东西的习惯,"甚至是绿色的草"也吃。③ 但是,说真的,你们的粗俗胜过了我们,你们应该为这一点感到骄傲(我相信,这是一件发生在所有民族中间的很自然的事),你们认为,你们必须让你们的生活方式适应那些卑贱的生命,诸如店主、收税员、④舞者和放荡的货色。

[245a1 – 245d7]不仅我们时代的加利利人,而且是那些最早的时候的加利利人,即那些首先接受了保罗的教诲的人们,就是这样

---

① 比较《申命记》32.9。
② 《出埃及记》22.28。
③ 比较314c和《致没教养的狗》192d,在那里尤利安引用了一个讽刺,来自《创世记》9.3。
④ 尤利安指责基督教的修辞家们的行为就像叫卖的小商贩。比较书信36。

的一类人,保罗在信中对他们说的话明显证明了这一点。除非保罗真的知道他们做了所有这些卑劣的行为,我认为,他不会如此无耻地就他们的行为给他们写信,甚至他在同一封信里给予了他们过多的赞美。即便这些赞美是应受的,保罗也应该感到羞愧,但当他们是虚假的和编造的时,他应该钻到地下,以逃避这种荒唐的谄媚和奴性的奉承。但接下来的这些话,是保罗写给那些聆听他的教诲的人的,并向他们公开宣读过:"不要自欺,无论是淫乱的、拜偶像的、奸淫的、做娈童的、亲男色的、偷窃的、贪婪的、醉酒的、辱骂的、勒索的,都不能承受神的国。你们中间也有人从前是这样,但如今你们奉主耶稣基督的名,并借着我们神的灵,已经洗净、成圣、称义了。"你们看到,他说的这样一类人,竟然"被洗净了"和"成圣了",当水流过的时候,它有能力洗净和净化灵魂吗?洗礼不能清除麻风病、疥癣、丘疹、疣、痛风、痢疾、水肿和化脓。事实上,有序的身体,无论大还是小,难道可能会有一个通奸、偷盗——总而言之是犯罪——的灵魂吗?

[253a1-261e10]尽管加利利人不同于犹太人,但他们依然说,以色列与他们的先知是一致的,他们同时遵从摩西和那些继摩西而来的众先知;让我们看看,他们在什么方面赞同那些先知们。让我们先从摩西的教诲开始,如加利利人说所的,摩西预告了耶稣的注定的降生。然而,摩西不止一次地说过,人们应该敬奉一个神,事实上他称这个神为最高者;但是摩西从未说他们应该尊奉任何其他的神。他说到了天使、主人和少数的几个神,但他从这些中间选出了一个第一位的神,没有假设任何第二位的神存在——或者像上帝,或者不像上帝,正如你们发明的神一样。如果你们碰巧拥有摩西涉及这方面的某个单一的说法,你们就去编造。例如摩西说"主神要从你们的弟兄中间给你们兴起一位先知像我,凡他向你们说的,你

们都要听从",①这当然说的不是玛利亚的儿子。即便为了取悦你们,一个人应该让步,这话说的就是耶稣,但摩西说,先知像他,而不是像上帝,一个先知像他自己,并是从人而出,不是上帝所生。再如"圭必不离犹大,杖必不离他两脚之间,直等细罗(赐平安者)来到,万民都归顺",②这当然也不是指玛利亚的儿子,而是大卫的王室——你们知道,大卫来自西底家。当然,《圣经》可以用两种方式解释,until there comes what is reserved for him;但你们却错误地将其解释为 until he comes for whom it is reserved。但这很清楚说的不是耶稣,因为他不是来自犹大。当你们说他不是约瑟夫所生,而是从圣灵而出,这如何可能呢? 因为,尽管在耶稣家谱中,你们将约瑟夫追溯到犹大,但你们不能创造这种貌似可信的事实。马太和路加受到反驳,③是因为人们不赞同关于耶稣家谱的叙述。然而,我意图在此书的第二卷中细致检验这个事情的说法,④我把这个问题留到那时候再说。就算耶稣真的是"从犹大而出的王",但他不是"上帝所生的神"——你们习惯于这样说——并且这也不是真的:"万物都是借着他造的,凡被造的没有一样不是借着他造的。"⑤但你们说,我们在《民数记》中也被告知:"有星要出于雅各,有人要兴于以色列。"⑥这无疑指的是大卫和他的后代,因为大卫是杰西的儿子。

[261e11 – 262c9]因此,如果你们试图证明从这些作品中而来

---

① 《使徒行传》3.22;《申命记》18.18。
② 《出埃及记》49.10。
③ 比较《马太福音》1.1–17 和《路加福音》3.23–38。
④ Cyril 对尤利安第二卷书的回应佚失了,所以尤利安更详细的讨论无法得到重建。
⑤ 《约翰福音》1.3
⑥ 《民数记》24.17。

的任何事情,请给出证明。摩西相信一个神,以色列的神,他在《申命记》中说:"这是显给你看,要使你知道,唯有耶和华是神,除他之外,再无别神。"①并且,他又说:"所以今日你要知道,也要记在心上,天上地下唯有耶和华是神,除他之外,再无别神。"②又说:"以色列啊,你要听! 耶和华我们神是独一的主。"③又说:"你们要知道:我,唯有我是神,在我以外并无别神。"这些就是摩西一再坚持说的,仅有一位神。但加利利人可能会回应:"但我们没有宣称有两个神或是三个神。"但我将表明,他们这样宣称了,并且我呼召约翰做证,他说:"太初有道,道与上帝同在,道就是上帝。"④你们看到,这个道被说成是与上帝同在。那么,道是不是玛利亚所生的那个人或是别的某个人——同时,我可以回答佛提努斯⑤——这没有任何差别;事实上,我给你们留下了争论;但足够提出证据表明,他说的是"和上帝同在"和"在太初"。这如何能够与摩西的教诲和谐一致呢?

[262c10 - 277a2] 加利利人说:"但是,这与以赛亚的教诲一致。因为以赛亚说,'必有童贞女怀孕生子'。"⑥就算这说的真实,它也绝不可能指一个神;因为,一个已婚的妇女在未怀孕之前,已经不是一个童贞女了——让我们承认以赛亚的话指的就是她——以赛亚在什么地方说过,一个神将从童贞女那里诞生呢? 如果以赛亚没有在任何地方说过,他所谓的童贞女所生之子就是"上帝的独生子"

---

① 《申命记》4.35。
② 《申命记》6.4。
③ 《申命记》32.39。
④ 《约翰福音》1.1。
⑤ 异端教派西门派的 Photinus 主教直到 351 年米兰主教会议上否定耶稣的神性之前,他都在孔斯坦提乌斯手下效力。参尤利安写给他的信。
⑥ 《以赛亚书》7.14。

和"所有造物的头生子",为什么你们不停止称玛利亚为圣母呢?但正如约翰所说,"万物都是借着他造的,凡被造的没有一样不是借着他造的",①这些说法中有哪一点存在于先知的说法中?现在听听这些,我从那些前仆后继的先知们那里指给你们看。"哦,我们的主,我们的神,你创造了我们,除你之外我们不知道任何别的神。"②希西加王一直以来这样祈祷:"坐在二基路伯上万军之耶和华以色列的神啊,你,唯有你,是天下万国的神。"③以赛亚有为第二神留下任何位置吗?但,正如你们相信的,如果道就是上帝所生的神,并且继承了父亲的本质,你们为何说童贞女是圣母呢?既然依据你们的说法,她是一个凡人,她如何能忍受一个神呢?另外,当神明白地宣布说"我是神,无人可以从我手中救人"④时,你们怎么胆敢称他的儿子为救主呢?

[290b1-291a10]但摩西称天使们为诸神,你们可以从他自己的话中听到:"神的儿子们看见人的女子美貌,就随意挑选,娶来为妻。"⑤接着又说:"那时候有伟人在地上。后来,神的儿子们和人的女子们交合生子,那就是上古英武有名的人。"⑥摩西意指天使是显而易见的。从他的说法中,显而易见的是:不是普通的人而是伟人们来自于天使。因为明显的是,如果他认为人类和那些不是更高和更有权能的族类是他们的父亲,那么他不会说巨人们是他们的后代。这在我看来,他宣称了巨人的族类是有朽和不朽的混合物。另

---

① 《约翰福音》1.3。
② 这是对《以赛亚书》26.13的意译。
③ 《以赛亚书》37.16。
④ 这是对《申命记》32.39的意译。
⑤ 《创世记》6.2。
⑥ 《创世记》6.4。

外,当摩西说到神的很多儿子,称他们为天使而不是人,如果摩西已经知晓了上帝的"独生子"或神的一个儿子,总之不管如何称呼他,难道他不会将其显露给人类吗?但这是不是因为他认为——当他说到以色列时,"以色列是我的头生子"①——神的独生子这类的事情根本就不重要?为何摩西没有说到耶稣呢?摩西教导说,仅有一个上帝,但上帝有很多儿子,这些儿子被分配到各民族之间。摩西既不知道也没有公开地教导过:道作为神的头生子或是作为一个神,或是任何你们所发明的虚构。你们现在已经听到了摩西自己和其他众先知的说法。因此,摩西在很多地方说了很多话以达到下面的效果:"你要敬畏耶和华你的神,侍奉他。"②当这传递到福音书中时,又如何呢?——耶稣是如此命令的:"所以,你们要去使万民做我的门徒,奉父、子、圣灵的名给他们施洗。"③你们的信念与这些命令和谐一致,当与父一起时,你们却将神圣的荣耀归给了子……④

[291a11-305b10]现在,请观察一下,摩西如何说防止恶的诸神:"要从以色列会众取两只公山羊为赎罪祭,一只公绵羊为燔祭。亚伦要把赎罪祭的公牛奉上,为自己和本家赎罪。也要把两只公山羊安置在会幕门口、耶和华面前。为那两只羊拈阄,一阄归于耶和华,一阄归于阿撒泻勒。"⑤如摩西说的,作为一个替罪羊,让它朝向荒野。因此被送去的山羊是作为替罪羊送去的。关于第二只山羊,摩西说:"随

---

① 《出埃及记》4.22。
② 《申命记》6.13。
③ 《马太福音》28.19。
④ 根据Cyril的概要,尤利安说,希腊人不像基督徒,他们遵从着与犹太人一样的律法和习俗,唯一不同的是他们崇拜多神,犹太人崇奉一神,并实践神谕。埃及的祭司、迦勒底人和Saracens人也批准割礼。所有其他,如为献祭提供各种各样的牺牲,包括赎罪和净化,都彼此类似。
⑤ 《利未记》16.5-8。

后他要宰那位百姓做赎罪祭的公山羊,把羊的血带入幔子内,弹在施恩座的上面和前面,好像弹公牛的血一样。他因以色列人诸般的污秽、过犯,就是他们一切的罪恶,当这样在圣所行赎罪之礼。"① 根据刚才说的,这是明显的,摩西知晓各种各样的献祭方法。为了表明他不认为他们不洁净,请再一次听听他自己的说法。"只是献与耶和华平安祭的肉,人若不洁净而吃了,这人必从民中剪除。"② 所以,摩西自己在涉及吃献祭的肉时是很谨慎的。

[305d1-306b8]我已经提醒了你们我早先说过的(比较43a),即便我已经说过这些话,我要再重复一次。在拒绝我们的律法之后,你们为何不接受犹太人的律法,不遵循摩西的教诲?这是为什么?无疑,一些精明的人会回答说:"犹太人不献祭。"这人是极其愚蠢的,首先,我会回应说,你们没有遵守犹太人所遵守的任何一条习俗;其次,犹太人在他们自己的屋子内献祭,甚至他们每天吃的食物都是被用来献祭的;他们在献祭之前要祈祷,并将右肩作为初熟的果子给予祭司;但是因为他们丧失了他们的庙宇,或如他们习惯上称呼的——圣殿,他们被禁止向上帝提供首次收获的果实作为牺牲。③ 但为什么你们不献祭,因为你们已经发明了新型的献祭,根本无须耶路撒冷?问你们这个问题完全是不必要的,因为我在开头说过同样的事情,当时我试图表明犹太人赞同异教徒,除过他们相信一个神之外。事实上,这对他们来说是独特的,对我们则是奇怪的;因为在所有其他方面,我们都有一种共同的生活方式——庙宇、

---

① 《利未记》16.15。
② 《利未记》7.20。
③ Sozomen 5.22,Socrates 3.20 和 Theodoret 3.15 提到,尤利安召集犹太人的领袖,劝诫他们恢复他们的献祭。他们的答复是,他们只能在圣殿中合法地献祭,这促使尤利安计划重建圣殿。

圣殿、祭坛、洁净和某些戒律。因此,我们之间的不同,要么是根本没有,要么是在一些根本不重要的事情上……①

[314c1-314e7]为什么你们的神不像犹太人的那样纯洁,你们为什么说我们应该吃任何东西,"甚至是植物",(比较238d)你们应该遵守彼得的禁令,因为正如加利利人说,彼得宣称:"神所洁净的,你不可当作食物。"②对此,有什么证据表明神之前将某些食物看作是令人憎恶的,现在已经洁净它们? 当摩西设置关于四角动物的律法时,说不管是蹄子分开还是闭合的以及反刍的动物都是洁净的,③但是不属于此类的动物却是不洁净的。如果,在彼得的见证之后,猪现在变成反刍的动物,那么让我们遵循彼得;因为那恰恰是一个奇迹——如果在彼得的见证之后,猪采用了这种习惯。但是,如果当他说在制革工人的房间内(这是你们自己的话)看到了这个启示时,他犯了错,为什么我们在这样的一件事上,要相信他呢? 如果摩西命令你们除了猪肉之外,禁止吃会飞的和在海里的动物,并对你们宣布,除了猪之外,这些动物已经被上帝排除,并表明了它们的不洁,这难道不是一件非常艰难的事情吗?

[319d1-320c2]当我们可以轻易地看到它们是否有力量的时候,为什么我花费如此长的篇幅讨论他们(指加利利人)的教诲? 因为他们断言,神在给予了早先的律法之后,指派了第二律法。因为他们说,前者产生于一个特定环境,并且受到时代环境的限制。这后来的律法被启示出来,是因为摩西的律法受时间和地点的制约。通过援引摩西的书——不是十个段落,而是一万个段落——作

---

① 根据Cyril,尤利安说,基督徒既不崇拜一个神,也不崇拜多个神,而是三个神,完全偏离了犹太人和希腊人的教诲。
② 《使徒行传》10.15。
③ 《利未记》11.3。

为证据,我将清楚地表明,加利利人的说法是错误的,因为摩西在那些地方说他的律法是为一切时代树立的。现在听听《出埃及记》的一个段落:"你们要纪念这日,守卫耶和华的节,作为你们世世代代永远的定例。你们要吃无酵饼七日。头一日要把酵从你们各家中除去。"……①很多这类段落还没有引证,但由于它们数目的缘故,我仅仅引证它们来证明,摩西的律法是持续到一切时代的。你们能向我指出摩西的任何陈述是像保罗所宣称的那样,即"基督是律法的终结"吗?除了那已经被建立起来的律法,上帝在何处向希伯来人宣告了第二律法?在任何地方都没有,甚至没有对已建立律法的修正!请再听听摩西的话:"所吩咐你们的话,你们不可加添,也不可删减,好叫你们遵守我吩咐的,就是耶和华你们的神的命令。"②"不坚守遵行这律法言语的,必受诅咒。"③但是,你们却认为删减和增补被写在律法中的事物是一件轻松的事情,并且彻底违反了律法,你们认为这是一种更人性的和更精灵化的方式,因为你们不是为了寻求真理,而是为了劝服所有的人们……④

[327a1 – 333d11]但你们是如此误入歧途,你们甚至没有保留使徒传给你们的信仰。连这一点现在也被改变了,由于那些继他们而来的人们,你们变得更坏和更不虔敬了。无论如何,保罗没有,马

---

① 《出埃及记》12.14 – 15。尤利安继续引证了几个相似的段落,但这些都遗失了。

② 《申命记》4.2。

③ 《申命记》27.26。比较《加拉太书》3.10。

④ 根据Cyril,尤利安接下来要讨论使徒写给基督徒为了劝他们改换信仰的信,并引证《使徒行传》15.28 – 29,在那里禁止吃祭奠偶像的食物,和陌生的食物,尤利安据此说,这不意味着上帝希望摩西的律法被漠视。他嘲讽了彼得,并称他为伪君子,依据希腊人的生活方式和当时希伯来人的习俗,他判保罗的生活方式是有罪。

太、路加和马可也没有冒险称耶稣是神。但杰出的约翰,因为他感觉到,在希腊和意大利人量的城镇中,大量群众已经受到这种疾病的感染;①同时,我认为,他听说,甚至彼得和保罗的坟墓受到秘密的崇拜——这是真的,他也听说了这一点。我说,他是第一个冒险称耶稣是神的人。在他简短地说到施洗约翰后,他再次提到了他之前宣扬过的道,并说:"道成了肉身,住在我们中间。"②但是,道如何变成肉身,约翰没有说,因为他感到难为情。然而,在将耶稣称为神和道的地方,他都没有将道称为耶稣或基督,如此,他悄然地和秘密地偷走了我们的耳朵,并说施洗约翰做了这个见证以代表耶稣基督,我们必须相信他是神、是道。但约翰说的关于耶稣基督的部分,我不会否认。依然有某种不虔敬认为耶稣基督明显区别于约翰所宣扬的道。然而,这不是关键。因为约翰自己称神是道,他说,这就是施洗约翰关于耶稣基督所承认的。因此请观察,约翰是多么谨慎,多么悄无声息和不知不觉地用戏剧引进了他不虔敬的最无比的言辞;他是如此卑鄙和虚伪,他缩回了他的头再一次补充说:"从来没有人看见神,只有在父怀里的独生子将他表明出来。"③这就是在父怀里的独生子,谁是道和如何变成肉身的? 正如我认为的,如果他事实上如此,你们也已经确定地注视到了上帝。因为"他居住在你们中间,你们注视过他的荣耀"。④ 为什么他又增加了"从来没有人看见神"? 因为你们事实上看到的,如果不是父神,那么依然是那

---

① 关于基督徒的一种疾病,比较《尤利安皇帝驳斥犬儒赫拉克勒奥斯》229d,和书信 58《致利巴尼乌斯》401c。
② 《约翰福音》1.14。
③ 《约翰福音》1.18。
④ 这一句不知道是《约翰福音》原文哪一句。

个是道的神。① 如果独生子是人,神是那个道,正如我已经从你们的某些教派中听说的,这显明了甚至不仅是约翰编造了这个轻率的谎言。②

[335b1-335d3]然而,这个罪恶的教义肇始于约翰;但是,当你们持续增加很多新的尸体到那些很久以前的尸体上时,谁能憎恨你们发明的所有教条呢?③ 你们已经用坟墓将整个世界都填满了,但是在你们的圣书中,没有哪个地方说到,你们必须趴到墓穴中去荣耀他们。④ 但是,在这件事上,你们在邪恶的道路上走得如此之远,以至于你们认为无须再听拿撒勒的耶稣的教导了。听听他关于坟墓说的话:"你们这假冒为善的文士和法利赛人有祸了!因为你们好像粉饰的坟墓,外面好看,里面却装满了死人的骨头和一切的污秽。"⑤如果耶稣说,坟墓是完全不洁的,你们如何可能在坟头向神祈求呢?……⑥

[339e1-340a10]因此,既然如此,你们为何要匍匐在坟墓前呢?你们想听理由吗?这不是我要告诉你们的,而是先知以赛亚说

---

① If not God the Father, still God who is the Word. 还见于 *Letter* 47,434c。尤利安谴责了亚历山大派将上帝当作道的崇拜,one whom neither you nor your fathers have ever seen, even Jusus.

② 指耶稣是神。

③ 关于对"罪犯的骨头和头盖骨"的搜集,和殉道使徒,大大打击了同时代的异教徒,参 Eunapius,《智者和哲人生平》(*Lives*),页 424(勒布版)。尤利安在 Letter 22. 429d 谴责了基督徒对坟墓的关心;此处他嘲讽对殉道者遗物的崇拜,这是基督教特有的,也让异教徒特别反感。

④ 这个词来自柏拉图,《斐多》81d,比较《憎恶胡子的人》344a, Eunapius,《智者和哲人生平》,页 424,指基督教对殉道者坟墓的崇拜。

⑤ 《马太福音》23.27。

⑥ 根据 Cyril,尤利安引了《马太福音》8.21,22:"任凭死人埋葬他们的死人",来证明基督毫无看重坟墓。

的:"他们在坟墓间坐着,在隐秘处做梦。"①你们看到,在犹太人中间,巫术是多么古老,即为了做梦的缘故,在坟墓间睡觉。事实上,这像你们的使徒,在他们的教师死后,实践了这一点,从一开始就将其传递给你们,我的意思是那些首先修正你们信念的人们,他们自己表演的迷惑力要比你们的更有技巧性,他们公开地向那些跟随他们的人表演这种巫术和令人厌恶的事物。

[343c1 - 343d6]但是,你们做了上帝一开始就憎恶的事情,正如他通过摩西和众先知显示的,你们已经拒绝在祭坛上提供牺牲。加利利人说:"是的,因为火不会降下来去烧耗祭品,正如摩西的事例一样。"我回答,这仅有一次发生在摩西的事例中;②很多年后再次发生在帖西伯的埃利亚身上。③ 我将用很少的话证明,摩西自己认为,为了献祭从外面取火是必要的,甚至在他之前,族长亚伯拉罕也是如此……④

[346e1 - 347c11]不只有这一个例子。亚当的儿子在为上帝提供果实时,《圣经》说:"亚伯也将他羊群中头生的和羊的脂油献上。耶和华看中了亚伯和他的贡物,只是看不中该隐和他的贡物。该隐就大大地发怒,变了脸色。耶和华对该隐说:'你为什么发怒呢?你为什么变了脸色呢?你若行得好,岂不蒙悦纳?你若行得不好,罪就伏在门前。它必恋慕你,你却要制伏它。'"⑤你们还想听听他们

---

① 英译 they lodge among tombs and in caves for the sake of dream visions 部分来自《以赛亚书》65.4。准确的原意是 that sit in graves and pass the night in secret places,涉及梦中得到的神谕,这是一种希腊式的习俗。尤利安自称相信这个行为,这是以赛亚所憎恶的,却为基督徒所继承。
② 《利未记》9.24。
③ 《列王纪上》18.38。
④ Cyril 说尤利安讲了亚伯拉罕献祭以撒受阻的故事,《创世记》22。
⑤ 《创世记》4.4 - 7。

的后代怎么说吗？"有一日，该隐拿地里的出产为供物献给耶和华；亚伯也将他的羊群中头生的和羊的脂油献上。"① 加利利人会说，你们看，这不是献祭，而是由于上帝的不同意产生的分裂，当他对该隐说："你若行得好，不犯罪，怎么会伏在罪前呢？"这是你们中最博学的主教告诉我的。② 但是，首先他欺骗了他自己，然后也欺骗了其他人。当我问他，这种分裂在何种意义上是应受谴责的时候，他不知道如何避免它，甚至不知道如何给我一个合理的解释。当我看到他极度困窘的时候，我说："上帝不赞同你谈论的事情。因为这兄弟俩的热诚是平等的，即他们都认为他们应该为上帝提供礼物和祭品。但是，在他们的分裂事情里，其中一个偶然碰上了标记，另外一个缺乏它。这是为什么？因为地上的事物有些是有生命的，有些是无生命的，那些有生命的比那些无生命的对上帝——他也是这些生命的原因——来说更珍贵，因此那些有生命的动物也分享着一种生命，并且拥有一个与上帝更贴近的灵魂。因为这个原因，上帝就更亲切地倾向于那个提供了一份完美的祭品的人。"

[351a1–356e7] 现在，我必须考虑另外一点，并问他们（译按，指加利利人）为何不遵守割礼？他们回答说："保罗说，心的割礼而不是肉身的割礼才是亚伯拉罕允许的，因为他相信。③ 这不是他说的肉身，我们应该相信他和彼得宣扬的不虔敬的言辞。"反过来再听听：据说上帝给予亚伯拉罕的肉身施了割礼，以作为契约和标志："这就是我与你，与你的后裔所立的约，是你们所当遵守的。你们都

---

① 《创世记》4.3–4。
② 这个主教很可能是 Aetius。
③ 对《罗马书》4.11–12 和 2.29 的影射。

要受割礼,这是我与你们立约的证据。"……①因此,耶稣无疑教导说,遵守律法和用惩罚威吓那些违反某项诫令的人是恰当的,你们要发明什么方式来为你们已经毫无例外地违反了一切诫令的行为辩护呢?因为耶稣也将被发现说的是虚假的,或者你们将会被发现在所有方面和一切方式上都没有保留摩西的律法,"你们都必须受割礼"。② 但是加利利人不会重视这一点,他们说,"我们的心施了割礼",用一切办法。因为在你们中间没有为恶者,没有罪人;你们的人都对你们的心施了割礼。③ 他们说:"我们不能遵守未发酵的面包的诫令或是过逾越节;因为基督一劳永逸地为我们做了献祭。"很好! 摩西禁止你们吃未发酵的面包了吗? 还有,我以诸神起誓,我就是那避免遵守犹太人的节日的其中一个人;但虽然如此,我却一直都敬畏亚伯拉罕、以撒和雅各的神;④迦勒底人——一个神圣的民族,在法术方面非常娴熟,当他们作为外邦人暂居在埃及的时候,已经学到了割礼。他们也敬畏一个曾对我很亲切的那些如亚伯拉罕那样敬拜的神,因为他是非常伟大和充满了力量的神,但他却与你们毫无关系。因为你们并不通过为亚伯拉罕建立祭坛模仿他,或是建立作为进贡贡品的圣坛,以便像亚伯拉罕那样用神圣的谷物敬拜这个神。因为亚伯拉罕使用的祭品,甚至我们希腊人也经常且现在一直在使用。他使用过对星星射击来预测的办法。很可能,这也是一个希腊人的习俗。但是对那些更高的事物,他通过飞鸟来预

---

① 对《创世记》17.10－11 的意译。根据 Cyril,尤利安引证《马太福音》5.17,19 证明基督不能毁了律法。
② 比较《创世记》17.13。
③ 这是一个嘲讽,而非一段讨论。
④ 比较书信 20,*To Theodorus*,454a,在那里,尤利安说,犹太人的神"在我们中间以其他的名字受到崇拜"。

测,并且他也拥有一个管家。① 如果你们中有谁对此感到怀疑,下面这些摩西说的关于它的话将清楚地显示:"这事以后,耶和华在异象中有话对亚伯拉罕说:'亚伯拉罕,你不要惧怕! 我是你的盾牌,必大大地赏赐你。'亚伯拉罕说:'主耶和华啊,我既无子,你还赐我什么呢? 并且要承受我家业的是大马士革人以利以谢。'亚伯拉罕又说:'你没有给我儿子,那生在我家中的人就是我的后嗣。'耶和华又有话对他说:'这人必不成为你的后嗣,你本身所生的才成为你的后嗣。'于是领他走到外边,说:'你向天观看,数算众星,能数得过来吗?'又对他说:'你的后裔将要如此。'亚伯拉罕信耶和华,耶和华就以此为他的义。"②

[356e8 - 358d8]现在请告诉我,为何那个与亚伯拉罕交谈的存在——不管是天使或是上帝——要将他带到跟前,把星星指给他看? 因为在房子里时他不知道星星有那么多,而这些星星在夜晚是可见的和闪烁不停的。我认为,这是因为他想指示给亚伯拉罕观察星星,为的是他的言辞作为一种可见的誓言,他可以给予亚伯拉罕天意的决定,这决定实现和批准一切事情。至少任何人应该认为,这样的一个解释是有力的,我将通过增加与刚刚讲的紧接的段落来使他确信这一点。是这样写的:"耶和华又对他说:'我是耶和华,曾领你出了迦勒底的吾珥,为要将这地赐你为业。'亚伯拉罕说:'主耶和华啊,我怎能知道必得这地为业呢?'他说:'你为我取一只三年的母牛,一只三年的母羊,一只三年的公绵羊,一只斑鸠,一只雏鸽。'亚伯拉罕就取了这些来,每样劈开分成两半,一半对着一半

---

① 《创世记》24.2,10,43。这是 Elaezar。迈蒙尼德在十二世纪说:one who set signs for himself……like Eleazar the servant of Abraham,用来指《创世记》24.14。

② 这是对《创世记》15.1 - 6 的意译。

地摆列,没有鸟没有劈开。有鸷鸟下来落在那死畜的肉上,亚伯拉罕就把它吓飞了。"①

[358d9-358e9]你们看到了,显现的神或天使的宣告是如何通过卜鸟术来加强的,以及预言是多么完整,不是偶然地碰巧发生在你们中间,而是有祭品作为伴随物? 而且,他说,通过聚集成群的鸟,他显示了他的信息是真实的。亚伯拉罕接受了誓言,而且宣告说,一种缺乏真实性的誓言是愚蠢的。但是,仅仅从言辞中获得真理是不可能的,但是一些清晰的标志必定伴随已经宣告的东西,一种明显的标志可以保证这个预言是实实在在与未来有关的……②

[351d1-d4]然而,因为你们在这件事情上的懒惰,你们有一个借口,即,如果你们不能在耶路撒冷城中献祭,你们就不献祭,尽管伊利亚是在迦密山上献祭,而不是在圣城中献祭。③

残 段

一

这样的事情常常发生,并且依然会发生,那么这些事情为何能够作为世界末日的征兆呢?

二

在持续了四十天之后,摩西才接受了律法,以利亚也是在持续

---

① 《创世记》15.7-11。
② Cyril 说尤利安曾经断言,他自己受到鸟的预兆的启发,他将登上王座。
③ 《列王纪上》18.19。

了同样的时间之后，才准许面对面地看到上帝。但是，耶稣在经历同样长的时间之后，他接受了什么呢？

三

当耶稣在旷野的时候，他如何能够引导耶稣到达圣殿的塔尖？

四

更进一步说，耶稣用这样一种作为那些不能平静地忍受不幸的人的令人同情的苦难的语言来祈祷，尽管通过一位天使不断地确认他是一位神。路加，谁告诉你，天使的故事，如果这曾经真的发生过的话？因为当耶稣祈祷时，那些在那里的人们不能看到天使；因为他们睡着了。因此，当耶稣祈祷完回来之后，他发现他们睡着了，他说："你们为什么要睡着？快起来，祈祷"，以及诸如此类的。随后，"但他说话的时候，来了很多人，为首的是犹大"。这就是为何约翰没有写关于天使的事情，因为他根本没有见过天使。

五

请听很像一个好政治家的人的建议："你们要变卖你们的所有去周济人，为自己预备永不朽坏的钱囊。"谁能够引证比这更像政治家的建议的法令？谁能够赞美这条教诲，如果这条法令被施行，就没有城市，没有民族和没有单一的家庭会团结在一起？因为，如果一切都被卖掉了，那么房子和家庭如何会有价值呢？而且，如果在城市中一切东西立即被全部卖掉——无须任何提醒——那么明显的是没有谁去进行买卖。

六

当上帝的道引起了如此多的罪恶,包括杀他们的父亲和他们的孩子的时候,这道如何能洁净罪呢?人类要么被迫赞成他们的祖先的习俗,并延续他们世世代代继承的虔敬的传统,要么接受创新。这对摩西来说是否也是真的?——他洁净了罪恶,同时也发现罪恶的数量在持续不断地增加。

七

那用来描述以色列的语句,福音传播者马太将其转化过来描述基督,他会嘲笑那些轻易相信的异教徒们头脑简单。

慰 藉①

尤利安凯撒由于最高贵的撒鲁斯特的离开而给自己的慰藉

[240a1-5] 哦,亲爱的伙伴,当我听说你被迫离开我们的[友谊]时,如果我不向你倾诉我与自己的交谈,就像我们以前有过的那样,我必将拥有微薄的慰藉;更甚,如果没有首先与你一起分享我的痛苦,我的痛苦就无法缓和。[b1-5] 因为我们双方曾分担了很多彼此的悲痛,也分享了很多美妙的事情和言辞,不管是在私人和公共事务上,还是在家中和营帐里;由于我们当前所处的这种境况,我们必须一起发明某种治疗方法(παιώνιον ἄκος)。

[b6-8] 然而,谁来为我们仿制俄耳甫斯的七弦琴,谁来为我们和鸣塞壬的歌声,为我们发明忘忧的药丸呢?② [b9-c6] 这些言辞要么充满了埃及人的叙述,要么就是诗人自己的创造,③他在这些被创造的故事中编织特洛伊人的痛苦,这故事是希腊人从埃及人那里学到的,而不是希腊人和特洛亚人彼此给对方带来痛苦,但是

---

① [译注]这篇讲辞写作于359年。撒鲁斯特本来是孔斯坦提乌斯派来监视尤利安的,但前者变成了尤利安最好的朋友。359年,孔斯坦提乌斯命令撒鲁斯特回到孔斯坦丁堡。尤利安面对撒鲁斯特的离去,而写下了这篇讲辞。

② 参《奥德赛》4.227;一种智术师的老生常谈;比较412d,尤利安的意思是,这种忘忧的药物不是真正的药物,而是希腊人所讲的一个故事。

③ 指那些故事都是荷马自己的创造。

这些定然是从某处产生的言辞,能够减轻灵魂的悲痛,且有能力恢复灵魂的欢乐和平静。[c7-241a1]因为在我看来,无论如何,快乐和痛苦在极点上是相互联结的,①且相互交替。[241a2-a7]智慧者们认为,一旦遭遇极度的不幸,比起暴躁不满来,能够忍耐这不幸将会获得幸福,正如他们说,蜜蜂从极度苦涩的药草中提炼甜蜜,这些药草生长在赫墨图斯山。②[a8-b7]甚至那些健康和强健的身体也是凭着偶然获得什么食物长成的,那些对其他人来说很讨厌的[食物]不仅是无害的,而且是产生出强有力的[身体]的原因。对那些总是需要护理的生命来说,他们辛劳地拥有的健康,或是依据自然,或是凭着食物的滋养,或是依据苦心的习惯养成的,对此处讲的人来说,他们则习惯于将最沉重的痛苦归于最轻的无害。[b8-c4]因此注意这种思想:不是卑劣地拥有健康,而是要适度地健康,如果不能模仿安提斯泰涅和苏格拉底的强有力,也不能依循卡利斯泰尼的勇敢,③还不能效仿托勒密的沉着,④但是在这样的情境下,我们能够采取中庸之道,即便偶然地处于更折磨人的情境下,我们也能保持高兴。

[c5-c8]所以,我回想起自己的经历,你即将的离去就如同我

---

① 参柏拉图《斐多》60b,[译注]苏格拉底说:"我的朋友啊,我们所谓愉快,真是件怪东西! 愉快总莫名其妙地和痛苦联系在一起。看上去,快乐和痛苦好像是一对冤家,谁也不会同时和这两个一起相逢的。可是谁要是追求这一个而追到了,就势必碰到那一个。快乐和痛苦好像是同一个脑袋下面连生的两个身体。"(引自杨绛的译本)
② 比较金嘴狄翁《讲辞》2.101a。
③ 亚里士多德的侄子和学生,成为亚历山大大帝的朋友,后成为马其顿的历史学家。
④ 托勒密,著名的柏拉图学园的哲学家,是色诺克拉底的学生,柏拉图学园的第三位领导者。

第一次在家离开我的老师时一样,①我现在和以后都将感到巨大的痛苦。[c9－d6]突然间所有[鲜活的]记忆涌入我的脑海:一起劳作时相互帮助、真诚纯粹的交谈、纯正且正义的交往;[我们]在一切美好方面结交;我们有不相上下的辛苦、从不懊悔的热情和[强烈的]热望,我们拥有同样的性情,总是站在对方身边,②我们是多么志同道合,我们的友谊是多么令人渴念啊![d7－242a6]此刻这样的话进入我的脑海:"奥德修斯孤身一人被留下。"③现在我与他是多么相似,因为你就像神在几箭之外带走的赫克托耳,④那些诽谤者总是用暗箭攻击你,甚至他们想要通过伤害你来伤害我。因为他们认为只要夺走我一个忠诚的朋友和战友,以及切断和一个面对艰险毫不迟疑的伙伴的交往,就可以轻易地征服我。[a7－b3]在我看来,现在我的悲痛真的不比你的少,因为你无法体会眼下的痛苦和危险,但是你却为我和那些可能降临到我头上的伤害感受到更深的忧虑。⑤但是你从未将你自己的悲痛置于我的悲痛之上,且像体察自己的不幸一样,体察我们的不幸。因此我自然地感到极度伤心,因为这些,其他人就能够说:"我不留意任何人,因为我自己的事务是美好的,仅因为痛苦与焦虑我才是孤独的。"⑥

[c2－c4]然而,看起来似乎是我们一起分担了这悲痛,但一方

---

① 尤利安的老师是 Mardonius。

② 参《伊利亚特》17.720:我们俩不仅同名,还具有同样的勇气,以前便经常肩并肩地对抗阿瑞斯的狂癫。(罗念生译本)

③ 参《伊利亚特》11.401:名枪手奥德修斯仍独自站在阵前,身边没有一个同伴。

④ 参《伊利亚特》11.163:宙斯把赫克托耳引开,使他远离密集的矢石、烟尘、杀戮、流血和战斗的嚣声。

⑤ 参《伊利亚特》17.242:我实在担心你我的脑袋有可能遭不幸。

⑥ 参 Nauck, *Adespota fragments* 430。

面你仅是因为我的缘故才痛苦,另一方面,我将永远思念与你的交谈,且常常想起我们基于美德的友谊。[c5 – d7][我们的友谊]首先是基于美德,其次是基于我们之间的义务,我们总是赋予彼此义务,以致我们彼此融合得亲密无间;我们之间的忠信既非像忒修斯和佩里托奥斯基于[神前的]誓言,①也非基于某种必然的强迫,而是因为我们总是有同样的思虑和打算;我们克制不去谈论某些东西,从而不对城邦民们造成伤害,所以在我们之间并不讨论这些事。但是在我们之间共同做的和讨论的事是否是有益的,留在以后让其他人去谈论吧!

[d8 – 243a6]现在,我为眼下发生的事感到痛苦,你不仅是我的朋友,而且是我忠诚的伙伴,此外,命运也是令人困惑的,我几乎被遗弃了,依据我们所认识到的,就是苏格拉底——这位伟大的美德预告者和教师也会同意这一点,至少依据柏拉图的话,我可以断定这一点。[a7 – a10]无论如何,他说:"对我来说,治理城邦显得确实是更加困难的,因为既不能获得友好的男子汉,也不能获得忠诚的伙伴,就连很和气的人们也是难以获得的。"②[b1 – b4]而且,如果柏拉图认为这比挖穿亚托斯山("Αϑω)更难,③我们又应该期望什

---

① 参《奥德赛》11.631:有忒修斯和佩里托奥斯,神明们的光辉儿子。
② 参柏拉图《书信七》,325c。
③ [译注]亚陀斯半岛的面积约三百九十平方公里。从地图上看来,就像是 Chialkidiki 半岛最东方,朝爱琴海伸出约六十公里的一个腿型陆地,宽度大约是七到十二公里,地形相当陡峭,树林密布,山径的倾斜度都很高。亚陀斯山的海拔约两千零三十三米。前483年,波斯帝国的国王泽克西斯一世曾开凿通道以便让他的入侵舰队能通过这个地峡。在希腊神话中,Athos 是在巨人与天神的战争中巨人族的一员。Athos 将一块巨大的石头丢向海神波塞顿,使他跌入爱琴海,变成了 Athonite 半岛。根据另一个版本,波塞顿用此山埋葬战败的巨人。

么呢？尤其是我们的理解和见识远不如他智慧。[b5 - c2]对我来说，不仅因为这是必要的：在政治统治中，为了完成我们的事业，我们互相帮助是必要的，这会帮助我们更容易地忍受命运或敌人给我们带来的苦难；而且我仅有的安慰和喜悦也是常常缺乏的，我命中注定不能长久地拥有它们，我自然地就感到心痛，并且早已在期待我自己内心的精神($καρδίαν$)。① [c3 - c4]以后，我该尊重什么样的朋友，并且期待他像你那样善良呢？[c4 - c5]我该靠谁的真诚和纯洁的直言无隐从[悲痛中]恢复过来呢？[c5 - d3]现在，谁来给我审慎的建议，出于好意告诫我，用没有自以为是和没有谎言的美好行为来鼓舞我，使我具有勇气和力量呢？谁能直言无隐用言辞来减轻我内心的苦涩，就像那些能用药物祛除极坏的东西，同时又留下真正有用的东西的人呢？② [d3 - d4]这就是我从你的友谊中收获的果实！[d5 - 244a1]现在，所有这些都一同被剥夺了，我该为自己提供什么样的言辞，以便我处于险境中要放弃灵魂时，能够怀念你和你的建议以及你的温情呢？③ ——它们说服我保持安静，高贵地忍耐神给予的无论什么不幸。④ [a2]因为按照神的意志看来，强大的皇帝（译按，指孔斯坦提乌斯）已经计划好这以及其他的一切。[a6 - a9]我们该模仿查莫莱克西多斯（$Ζαμόλξιδος$）的言辞

---

① [译注]$καρδίαν$的意思是内心、精神。这里的意思是尤利安在朋友被迫离去之后期待自己的精神强大起来，来弥补痛苦。比较阿里斯托芬《阿卡奈人》，行1：当今多少事伤了我的心。比较此文248d。
② 参柏拉图《法义》659e；尤利安《诸凯撒》314c；Dio Chrysostom 33.10；Themistius 63b, 302b；Maximus of Tyre 10.6。
③ 参《奥德赛》11.202："光辉的奥德修斯啊，是因为思念你和渴望，你的智慧和爱抚夺走了甜蜜的生命。"这是奥德修斯入冥府问询归程时，母亲对他说的话。
④ 参德摩斯忒尼《论王冠》；比较尤利安《书信53》439d。

吗?① ——我的意思是来自色雷斯的咒语——苏格拉底将其带到雅典,认为在治愈高贵的卡尔米德的头痛之前,应该先对他念咒语。②[a10-b6]或者这对于我们来说太大了,不适合于我们的遭遇,就如同一个巨大的机械置于一个小剧场里;从以前的功绩中,我们听说了他们的名声;正如诗人们说的,③采集各种颜色的花草和各种各样的鲜花,用这样的故事叙述来引诱我们美好的灵魂,而不管哲学的教诲?[b7-c2]我认为,这就像极香甜的药物被注入身体中,并没有减轻令人厌恶的东西,如同对某些哲学教诲来说,似乎是古老历史的喧闹被引进来,而卓越的哲学清谈被夺去,这完全没有必要。

[c3]"首先我该述说什么?其次我该述说什么?最后我该述说什么?"④

[c4-c8]就像关于著名的斯基皮奥的传说,⑤他深爱莱利乌斯,且为莱利乌斯所爱,他们相互给予对方对等的友谊,快乐地待在一起,不去操心什么,如果更早的时候没有莱利乌斯,斯基皮奥就会被腐蚀掉,且不能完成他所成就的事。[c9-d3]在我看来,这些言

---

① 色雷斯的一位神。参柏拉图《卡尔米德》156d;尤利安《诸凯撒》309c。
② 参柏拉图《卡尔米德》156d。[译注]这部对话中,苏格拉底自己叙述昨天他从波俄提亚战场回到雅典后就直奔体育场,与卡尔米德和克里提亚的对话。在其中他说,他在军中服役的时候,从色雷斯的Zamolxis神的一个祭司那里学会了一种可使人不朽的咒语。在对话开始的时候,他要向卡尔米德念咒语。
③ 参《伊利亚特》9.524:我们曾听说从前的战士的名声,他们发出强烈的怒气,可以用礼物使他们平息愤怒,用言语打动他们。
④ 参《奥德赛》9.14:真不知我该先讲什么,后讲什么,只因乌拉诺斯众神裔赐我苦难无数。
⑤ 参忒奥克利托斯12.15。

辞是产生于嫉妒,并因此而诽谤斯基皮奥,这些嫉妒的言辞说,莱利乌斯是所有功绩的完成者,而斯基皮奥仅仅是一个演员。[d4 - d5]关于我们也会有同样的谣传产生出来,我不仅不会对此感到愤怒,反而会为此感到十分高兴。[d6 - 245a5]因为,比起那些仅出于自身的需要而去认识的习惯,芝诺将真正地被另外一个人的智慧所劝服看作一种更加高贵、更有美德的标志;他改进了赫西俄德的说法,芝诺用"这样的人才是最高贵最勇敢的人——他被美好且高贵的言辞所劝服"代替了"自己决定所有的意见"。①[a6]在我看来,这样的改进并不令人欢喜。[a7 - b5]因为,我确信赫西俄德说的更真实,但毕达哥拉斯比前面这两人说的还更好些,他提供了一句古老的箴言,说"在整个生命中朋友共享一切";②不仅是财富的共享,而且还有理智和智慧的共享;所以,你给我的建议正属于我采纳的,关于斯基皮奥是演员的说法,自然我们是对等分担的。[b6 - b8]事实上,这种[信任]对我们中间的任何一个来说都是极明显的,并且属于我们中的任何一个,而那些诽谤者从中不能得到任何东西。[b9]现在让我们回到阿弗利卡努斯与莱利乌斯身上吧![b10 - c3]当迦太基被毁灭,③整个利比亚也成为罗马的属地时,阿弗利卡努斯送莱利乌斯起航回家,并让他给祖国带去这个好消息。[c4 - c5]斯基皮奥尽管为他朋友的离开感到难过,但他并不认为这痛苦是难以安慰的。[c6 - c7]当莱利乌斯一个人起航的时候,他很可能感到难以忍受,但他并不认为这种痛苦是难以抵抗的。[c8 - d1]卡图惯于将他的密友留在家中,毕达哥拉斯和柏拉图以及德谟克利特

---

① 参赫西俄德《工作与时日》,行293,295。《名哲言行录》7.25。
② 参《名哲言行录》8.10;毕达哥拉斯劝说他的学生们共有他们的财产。
③ 参李维《罗马建城以来史》27.7。

在出行时从不带他们的伙伴。[d2-d6]伯利克勒斯在攻击萨摩斯时也没有带着阿那克萨戈拉,听从了阿那克萨戈拉的建议而去援助欧乌波亚,因为阿那克萨戈拉对他的教育已经完成,哲人不能跟在[行军队伍]的后头,尽管他在战争中是必要的。[d7-d8]而且我们从这个传闻中知道,雅典人阻挠了他和他的老师的交往。[d9-d10]然而,这个智慧的男人有节制地,甚至是心平气和地忍耐了他的邦民的愚蠢。[246a1-a5]他认为,对他的祖国来说,这似乎是必然的;正如一个母亲会对这友谊感到愤怒,尽管这不正义;因此他可能会有如下的思虑。你应当把我接下来说的,就当作是伯利克勒斯自己的话。①

[a5-b1]"整个宇宙都是我的城邦和祖国,我的朋友们是诸神和各位精灵,并且所有的人都是卓绝之士。[b2-b5]然而,必须尊重生养自己的祖国,因为那是神圣的礼法,并且要遵守它,绝不用暴力去反对它,正如一条谚语所说,踢刺棍等于反抗。[b6]正如俗语所说的,冷酷无情是必要的重轭。[b7-b8]我们既不要为这粗暴的命令痛哭,也不要哀悼,而是要认真思考这事情。[c1-c5]现在我们的祖国命令阿那克萨戈拉离开,我再也见不到我最优异的朋友了;因此我恨黑夜,因为它不允许我见到我的朋友,却对白昼和太阳充满了感激,因为它使我能见到最爱的他。②[c6-c8]伯利克勒斯哦,如果自然仅赐予了你双眼,正如她也赐给野兽,你将会感受到更

---

① 尤利安可能在模仿柏拉图的《默涅克赛努斯》246c7-c8。
② 这是在色诺芬的《会饮》中克力同布鲁斯关于他对克莱尼亚的话。参《会饮》4.12:无论是夜晚还是睡着的时候,我都会为看不到他(克莱尼亚)感到异常沮丧。对白昼和阳光,我更需要深怀亘古不变的感激之情,因为是它们令他回到我这里,使他成为我心中的愉悦。[译注](中译,沈默译,华夏版)这里克力同布鲁斯和克莱尼亚是一种男同性恋的关系。用在这里似乎不恰当。

大的痛苦吧！[d1-247a2]如果祖国将气息吹入你的灵魂,将理智植入你的灵魂,即通过记忆中很多过去发生的事情——尽管它们不再可能被看见;又通过你的推理发现很多将来的事,好像它们能为你心智的眼睛所看到,并且就你的想象力范围来说,不仅是你眼前发生的事情允许你去评判和观察,而且向你更清晰地揭示远距离之外和数千个体育场之外的事物①,那么为何要对其感到痛苦并可憎地去忍受呢？[a3-a10]因为我所说的是真实的,正如那个西西里人讲的'心智当看且当听',②心智是如此的敏锐,且以惊人的速度行进,如荷马每当想证明某位神灵以难以置信的速度前行时,就说'有如男人的心智在疾驰'。③[b1-b3]如果你运用你的心智,你将轻易地在雅典就看到在伊奥尼亚的人;在凯尔特人的城邦看到在伊利里亚和色雷斯的人,以及从这两个地方看到在凯尔特城邦中的人。[b4-b9]然而,一旦将植物从熟悉的土地上移植到季节与气候相反的地方,植物就不能存活;人却不像植物,人要是从某地迁移到另一地去,依然能适应,且不必完全败坏和改变生活方式,也不用转换他们之前遵循的正确原则。[c1-c3]因此,我们的友爱不可能变得迟钝,除非爱得和喜欢得太过分;因为如此就会行事肆意和傲慢,又会使得爱欲变得缺乏。④[c4-c7]因此,在这个方面,我们应变得更好:如果我们的友爱之情变得更加强烈,那么我们应在'另一个自己'上保持思想的稳定,就如同神圣的雕像一般。[c8]此刻我能看到阿那克萨戈拉,下一刻他将看到我。[d1-d4]没有什么能阻止我们同时看到彼此,这不是说在身体方面,如血肉、筋腱、身体

---

① 阿提卡的体育场,长六百零七英尺,周围有台阶式看台。
② 参 Epicharmus,《残篇》13。
③ 参《伊利亚特》15.80:有如一个人的思想捷驰,此人游历过许多地方。
④ 参忒奥格尼斯,153。

的外形和胸膛方面极为相似①——没有什么能阻止我们在思想方面彼此可见;[d5-248a3]而是说我们的美德、行为、言辞,我们的交往和在彼此之间无数次进行的讨论,我们优雅地吟唱对教养、正义和治理有死之物和人类的思想的赞歌,我们也赞美政治、礼法、不同的美德和有益的生活方式——这些在某个时机中来到我们记忆中的事情。[a4-a8]如果我们反思这些,并使这些想象繁盛,我们也许无须依据身体的感觉,留意'夜里梦境的虚空幻象',②也无须将无意义的幻象带入心灵中。[a9-b3]因此,我们不该容许感觉对我们有益和帮助我们,而是要使我们的理智逃离感觉,在我提到的主题方面进行锻炼,并唤醒理智去理解和综合不可感觉的事物。[b4-b9]因为,我们与至高的理智在一起,逃离了感觉,并在空间上也彼此远离了;我们甚至无须空间,就能自然而然地认识和把握那些事物,就如同那些欢乐度日的神灵,我们反思这些,并使我们的友谊长存下去。"

[b10-d4]啊!但是伯利克勒斯,由于他是一个有着伟大灵魂(μεγαλόφρων)的男子,在一个自由的城邦中被教养成一个自由的人,所以他能够用那些高贵的言辞来劝慰自己,而我却出生在一个现在的有死的凡人的共同体中,③我只能使用更人性的言辞来迷惑和欺骗我自己,如此,我才能减轻我巨大悲痛的苦涩。那常常打击我的每一事件如同难以忍受的和荒谬的幻影,我寻找某种安慰以便穿越这些痛苦,就如同寻找一种咒语来迷惑这些在我内心深处啃噬我心灵和理智的野兽(比较243c)。[d5]这是我最难以忍受和极其

---

① 参欧里庇得斯《腓尼基妇女》,行165。
② 参 Nauck, *Adespota trag. frag.* 108。
③ 参《伊利亚特》5.304:像我们现在的人有两个也举不起来。

明显的痛苦。[d6 - d8]现在,我唯独失去了坦率的交往和自由的交谈,迄今还没有谁,我能够与他以同样的信心交谈任何事情。[d9]难道我与自己不是能容易地交谈吗?[d10 - d11]谁能够偷走我的思想,并强迫我思考和惊羡我所不愿的事呢?[d10 - d14]或者这听起来像奇谈怪论,就如同在水面写字、煮熟石头,或是追踪鸟儿飞翔时翅膀的踪迹?[d15 - 249a2]因此,既然没人能偷走我们的思想,那么我们就能以某种方式与自己进行交谈,同时,那精灵也会指示某种有益的方式。①[a3 - b2]这对一个男子汉来说是可能的:他将自己完全交托给神而忽视全部的孤独。但是这个在他之上的神会伸开双手,②给予他信心,为他注入勇气和力量,教给他关于应当做的事情的思想,并阻止他去做不该做的事。[b3 - c1]我们知道苏格拉底有一个神圣的精灵阻止他去做那些不应该做的事情,也如荷马说阿基琉斯的话"她将思想注入他的理智"③——暗示这就是那个唤醒我们理智的神,每当理智转向内心,就首先与自己交谈,然后与这个神单独交谈,没有什么外在的东西能阻止我这样做。[c2 - d2]因为这理智不需要耳朵去听要学的东西,这个神也无须声音教会我们必要的事情,远离所有的感觉,与这个神交往——这是神给予理智的恩惠;但我现在没有闲暇以某种方式去实现这个,因为所发生的事是显而易见的,且见证者也是确实的——在麦加拉人中,④没有人去做卑鄙的事,也没有人去做合宜的事,但是获得了关于最重要之事的智慧。[d3 - d5]因此,由于我们期盼神与我们在

---

① [译注]指理智,如苏格拉底的精灵,下文将提及。
② 参《伊利亚特》9.420。
③ 参《伊利亚特》1.55:白臂女神赫拉让他萌生念头,她关心他们,看见达那奥斯人死亡。
④ 比较忒奥克利图斯14.47。德尔菲神庙在麦加拉。

一起,并且在所有我们自身的事情上与我们交往,那极大的难以忍受的痛苦将会减轻许多。[d6-250a1]事实上,奥德修斯的情形也是如此,①当孤独的他被囚禁于那个岛上有七年之久时,②他常常痛哭,我赞美他在其他事情上的刚毅,但我不赞同这种悲叹。[a2]面对鱼鳞闪烁的大海,流下滴滴泪珠③,有什么益处呢?[a3-a5]不放弃希望,也绝不因为命运的缘故而停止去做,而是要在最大的痛苦和危险中成为英雄,就人的事情来说,这是对我显明的更伟大的事。[a6-b2]赞美这样的人和去模仿这样的行为,是不正义的;也不要认为这个神会热心地帮助我们,他将忽略我们现在的人,如果看到他只为那些努力获得美德的人们而感到高兴的话。[b3-b7]他不为身体的美而感到喜悦,因为要是如此的话,尼柔斯将得到更多的喜爱;④他也不因力量而感到喜悦,因为莱斯特律戈涅斯和库克洛佩斯要比奥德修斯有力量得多;⑤他更不会喜悦财富,因为若是这样的话,特洛伊就永远不会受到劫掠。[b8-c1]但是,当荷马说,奥德修斯为诸神所喜爱时,我该为这事寻找什么原因呢?我们听到他说:[c2]"他为人审慎、机敏而又富有心计。"⑥[c3-c7]因此,显而易见的是,如果我们拥有这些美德,神就不会遗弃我们,但是曾给予拉克戴蒙人的一则古老的神谕说:"不管被召唤还是不被召唤,这个神都将站在我们这边。"⑦[d1-d3]我已经用这样的言辞

---

① 比较金嘴狄翁,*Arnim.* 13.4。
② 被囚于卡吕普索的洞穴,此海岛的名字在《奥德赛》中未告知。
③ 参《奥德赛》5.84:他眼望苍茫喧嚣的大海,泪流不止。
④ 参《伊利亚特》2.673:尼柔斯在所有的达那奥斯人当中,达到伊利昂的最俊俏的人,仅次于佩琉斯的儿子。
⑤ 参《奥德赛》10.119:强壮的莱斯特律戈涅斯人听见后迅速奔来。
⑥ 参《奥德赛》13.332:他为人审慎、机敏而又富有心计。
⑦ 比较尤利安的《致没教养的狗》201c;修昔底德《战争志》1.118。

来劝慰我自己,现在我将退回到那一部分言辞上,①尽管看起来少有真实,但它不是低劣的意见。[d4 - d6]我们知道,甚至亚历山大也需要荷马,多半不是作为同伴,而是作为他的颂扬官,好像他本人就像阿基琉斯、帕特克罗斯、两个埃阿斯和安提洛克斯一样。[d7 - d9]但是亚历山大总是藐视已经拥有的东西,渴求他还没有的东西,他既不喜欢他的同代人,也不满足于那些已经给予他的东西;[251a1 - a13]尽管他已经获得了荷马,但他还想吟诵阿波罗在佩琉斯的婚宴上奏的婚歌,②他不认为这些是荷马的智慧创造的一个泥塑,而是认为这些是作为真实的事情被编织进史诗中去的;在我看来,像这些诗句"黎明女神拖着紫红色的长袍传布整个大地"、③"赫利俄斯神渐渐升起"、④"有一块国土名为克里特"⑤一类的说法都是诗人们的创造,部分是直到我们这时代都一直在发生的事,部分是过去发生的事,这是非常明显的。

[b1 - c2]但是在亚历山大的情形中,也许是伟大的美德再加上他一点儿也不更少的智慧,使得他将自己灵魂的渴求提升到这样的高度:他旨在渴求比任何人所渴求过的更加伟大的荣耀;或者是某

---

① 指不同于此前尤利安用来劝慰自己的哲学言辞,是指荷马式的故事。
② 佩琉斯是阿基琉斯的父亲,赫拉将其母嫁给佩琉斯。参《伊利亚特》24.55 - 63.:白臂女神赫拉在气愤中对他这样说:银弓之神,要是众神对阿基琉斯和赫克托耳同样重视,你倒还可以说,可赫克托耳是凡人,吃妇人的奶长大,阿基琉斯却是女神的孩子,他母亲是我养大的,我把她嫁给一个凡人,就是佩琉斯,他为永生的神所爱,天神们,你们都参加过婚礼,你也曾在当中吃酒弹琴,你却和坏人为友不忠诚。
③ 参《伊利亚特》8.1。
④ 参《奥德赛》3.1。赫利俄斯神是太阳神。关于他对赫利俄斯神的看法,参作者献给撒鲁斯特另一篇讲辞《赫利俄斯王颂》。
⑤ 参《奥德赛》19.172:有一处国土克里特,在酒色的大海中央。

种过度的勇敢和信心使得他陷入炫耀和固执的自以为是中,这促使我们探询那些想要颂扬他或是指责他的人的共同特点,如果有人认为这样的命运适合亚历山大的话。[c3 - c9]由于我们自称不缺少什么,所以我们总是满足于热爱我们拥有的东西。无论什么时候,要是一个传令官赞美我,他必须是我做的所有事情的亲历见证者和志同道合的伙伴,只有这样,我才会满足于他的赞美,并且绝不接受出于谄媚和怨恨而编造的颂扬。仅仅热爱步调一致的朋友对我来说就够了,另外就是处于更加平静的状态中,且要比毕达哥拉斯曾达到的还要平静。①

[d1 - d5]这时,那些大家都传的话进入我的脑海:你不仅要去伊利里亚,而且要到色雷斯和居住在那个靠大海的希腊人的城市里②——我在那里出生,并在那里长大,我深深地爱着那里的人们,那里的城市和乡野。[d6 - 252a2]同样地,我也知道:我们的爱还没有能深深地留在他们的灵魂中,愿你到那里去会受欢迎,这也是一个正义的交换,至少对我们来说,也是一个报偿。[a3 - a4]我这样说并不是我本身希望你去,而是因为立即送你离开,对我们来说是更好的。[a5 - a7]尽管你被送走后,没有谁能够来安慰和慰藉我的灵魂,但我为你从我们这里到那里感到高兴。[a8 - b6]因为,从此以后你就告别凯尔特人,③成为希腊人中首要的男子汉——希腊人

---

① [译注]借评价亚历山大,作为皇帝的尤利安表明了自己的身份,"我愿做一个哲人,过一种闲暇的生活"。比较《尤利安皇帝致哲人忒米斯提乌斯》253b5。

② 此处的海是单数,此处的海指博斯普鲁斯海峡处的马尔马拉海,此处指的是孔斯坦丁堡,尤利安在这里出生和度过童年。此处尤利安的表达看起来实在烦琐。不过,也暗示出他对希腊文化的迷醉。

③ 撒鲁斯特是高卢本地人。

因为拥有好的秩序、种种美德以及高超的修辞术和哲学，是成熟的人。希腊人仅仅探询最卓越的事物，只言说真理，他们像是自然而然地去探求，没有不可信的故事，也无须致力于离奇的欺骗——如同大多数野蛮人那样。①

［b7 - b8］然而，不管怎么样，我在这里，而你要被送走了；在这个时候，我做一些祈祷是合适的：［b9 - c2］愿仁慈的神引导你的旅行，愿异乡人之神接待你，愿友谊神和蔼地对待你，②引导你平安地穿越大地！［c3 - c4］假如你经过大海，愿神为你抚平海浪！③愿你碰见的所有人都爱你，尊敬你！为你的到来而高兴，若你离开他们，则感到悲痛！［c5 - c6］尽管你的友爱在我这里，但是愿你永不缺少亲密的伙伴和忠诚的友谊！［c7 - d3］愿神使皇帝友好地对待你，依照你的心思给予你其他的一切，并且为你准备一个快速且安全的回家之旅！

［d4 - d7］这些祈祷是依照美好且高贵的人们做的，让我再为你加上：

"愿健康和巨大的快乐伴随着你，愿神赐福给你，愿你安然无恙地回到亲爱的祖国的家来！"④

---

① ［译注］这是一段对希腊的赞美，赞美了希腊的政制、美德、修辞和哲学，没有提到神话史诗。尤利安指出了希腊人之所以为希腊人的本质。也暗示了对他的时代和帝国的看法：充满了不可信的故事和离奇的欺骗，这使得罗马变得野蛮。他将希腊人和野蛮人鲜明地对置，野蛮人是幼稚的种族，希腊人才是成熟的种族。这倒让我们想起埃及人对梭伦说的话，"你们希腊人永远都是长不大的孩子"。究竟孰为成熟，孰为幼稚？
② 此处的异乡人之神和友谊之神都是指宙斯。
③ 参忒奥克力图斯 7.57。
④ 参《奥德赛》24.402 和 10.562。

诸神之母颂①

英译本导言

诸神之母是指弗里吉亚的库伯勒(Cybele),这种秘仪崇拜在拉丁世界的名称是 Magna Mater[伟大的母亲]。这是罗马人接受的第一个来自东方的宗教。在这篇讲辞中,尤利安描绘了这位女神在公元前三世纪进入意大利的过程。希腊很早之前就接受了这种秘仪,但希腊人与罗马人一样,不欢迎拥有仪式野蛮、祭司众多的阿提斯崇拜(the worship of Attis)。② 他们更喜欢平和的叙利亚的阿多尼斯秘仪(the Syrian Adonis)。在雅典,诸神之母最早与大地之母盖亚被认为是同一的,这两位神不可避免地变得彼此混淆。③ 但是,尤利安没有回避作为阿提斯爱人的库伯勒崇拜。但是,尤利安首先是一个新柏拉图主义者,这篇颂词和第四篇一样,旨在将其哲学改编成一种受欢迎的秘仪,且对这种秘仪的奥秘进行一种哲学化的解释。

---

① 这是尤利安皇帝的第五篇讲辞。
② 关于阿提斯秘仪,参 Frazer, *Attis, Adonis and Osiris*;关于库伯勒崇拜进入罗马的介绍,参 Cumont, *Les religions orientales dans le paganisme romain*。
③ 参 Harrison,《古代雅典的神话和纪念碑》(*Mythology and Monuments of Ancient Athens*)。

密特拉宗教，为了寻求与帝国内部的其他秘仪调和，已经与伟大母亲崇拜的太阳神联系起来，阿提斯被归为是密特拉的属性。不过，尽管尤利安的这篇颂词是为了赞颂库伯勒，他更多地关注阿提斯。最初，库伯勒神话象征季节的更替；太阳神阿提斯的消失象征冬天的到来；当太阳降落后，他的残缺象征自然的贫瘠；他使库伯勒复活，象征春天的来临。在希腊人中，他是泊尔塞弗涅的搭档，在叙利亚他是阿多尼斯的搭档。尤利安联系他在第四篇讲辞中描绘的三个世界阐释这个神话。库伯勒是理智世界最高的原则，是理智诸神的源泉。阿提斯不仅是一个太阳神；他是理智世界第二位的原则，他生出了可见的世界，赋予其秩序和并使其丰产。尤利安表达了新柏拉图主义式的恐惧，事物的不相似性，可变性，复杂性和无限性。库伯勒作为理智的原则，不得不约束阿提斯这个理智的化身。他的回忆和损毁象征整体战胜杂多，思想战胜物质。他使库伯勒复活象征，我们的灵魂从生成的世界内部解脱出来。

尤利安跟从普罗提诺，[1]将神话看作需要哲学家和神学家阐述的寓言。它们充满荒诞、矛盾的因素是为了将我们的思想扭向隐藏的真理。对普通人而言，神话就足够了。像所有的新柏拉图主义者，他有时也使用那些暗示人类的软弱性的词组，然后再收回这些词组，以此来解释这些词组必须按照另外一种意思来理解。他对神话的态度在第六篇[2]和第七篇讲辞中得到了详尽的阐述。这篇讲辞需要结合第四篇讲辞来理解。这两篇讲辞对一个不熟悉普罗提

---

[1] 5.1.7；3.6.19；1.6.8；比较《泰阿泰德》152c；普鲁塔克，《论伊西斯和奥西瑞斯》(*On Isis and Osiris*)。

[2] 比较《尤利安皇帝驳斥犬儒赫拉克勒奥斯》206d，尤利安说，神话就像小孩子的玩具，是为了帮助那些处于正在长乳牙时期的小孩子而编造的。

诺、波菲力以及论文《论奥秘》(*On the Mysteries*)——最先认为作者是杨布里科，实际上是撒鲁斯特的《论诸神和这个世界》(*On the Gods and the World*)的另外一个名称——以及其他的论文和杨布里科的残篇的读者来说，困难重重。这篇讲辞是尤利安在362年去波斯的途中于弗里吉亚的潘西努斯(Pessinus)写下的。

[158c5－161a10]难道我也应该对这个主题说些什么吗？难道我可以写下不能被透露的事情，泄露那不应该被泄露的？难道我可以说不能被言说的吗？谁是阿提斯("Αττις)，①谁是伽卢斯(Γάλλος)，②谁是诸神之母(Θεῶν Μήτηρ)③，她们的洁净仪式是什么？更进一步说，为什么这种仪式要被引进到我们罗马人中间来？弗里吉亚人在古代的每个时期都持守着这个仪式，并首先被希腊人接受，但不是普通的希腊人，而是被雅典人接受的，他们从经验中已经学会了它，即他们错误地嘲笑过一个正在庆祝诸神之母的秘仪。因为据说，他们放肆地侮辱了伽卢斯，并驱赶了他，当时，他正在介绍一个新的秘仪，因为他们无法不理解他们必须去敬拜的任何女神，而这个女神恰是他们所崇拜的神，即瑞娅和德墨忒尔。然后，他们顺从了这位女神的愤怒和试图消解女神的愤怒。因为皮提亚的神——他教会了希腊人所有高贵的行为——的祭司命令他们消解诸神之母的愤怒。据说，由此μητρῷον被建立起来，④雅典人在这里

---

① 弗里吉亚的植物神，对应于叙利亚的阿多尼斯。他的名字的意思是"父亲"，他是诸神之母的儿子和情人。他死后又复活，对其的庆祝发生在春季。
② 对阿提斯的阉人祭司的一般称呼。
③ 弗里吉亚的库伯勒(Cybele)，Asiatic 的丰产女神，对她的主要崇拜是在弗里吉亚的潘西努斯(Pessinus)。
④ [译注]诸神之母的神庙的名字。

保存了他们城邦所有的记录。① 在希腊人之后，罗马人接受了这种秘仪，当时皮提亚的神建议他们从弗里吉亚迎接回这位女神作为一位盟友，以便打败迦太基人。② 也许我应该在这里嵌入一段关于所发生的事情的一个简洁说明。当时他们获得了这个神谕的回复，罗马——我们这个为众神所喜爱的城市——的居民，派遣了一个使节去询问统治着弗里吉亚的帕加马的国王，③并要求从弗里吉亚人那里带回这位女神最神圣的雕像。他们接受了这个雕像，就将这雕像放置在宽阔的海船上，缓慢地驶过那些宽广的海洋，用最神圣的船只将它带了回来。她穿过了爱琴海和伊奥尼亚海，围绕着西西里航行，越过亚德里亚海，最后进入了台伯河的河口。罗马的民众和元老们万人空巷，跑到船的面前，觐见女神所有的祭司，依照他们古老的习俗，穿着适宜的服装。他们对这种大场面激动不已，凝视着装载女神雕像的船只，好似女神会像微风跑掉一样，他们将船的龙骨看成是波浪的泡沫，好似女神自己劈开这些波浪一样。他们准备着向走出来的女神致敬，远远地崇拜她，每个在那里的人都似乎凝固在那里一般。但是，这位女神，好像是为了向罗马人民显示，他们从弗里吉亚带来的不是一个无生命的形象，而是他们从弗里吉亚接受的女神正在为罗马带来更伟大的和更神圣的力量，直到她碰触到台伯河都一直待在船里，但是，突然她好像固定在河流中间一动不动了。人们努力拖拽，但她并不顺从。然后，人们心想船搁在了浅滩，就努力向后推船，尽了所有的努力，她依旧岿然不动。接下来，每一种可能的措施都运用了，她依然待在那里一动不动。随即，一种严

---

① 指公元前五世纪中叶之后的记录；之前的记录都保留在 Acropolis。

② 在前 204 年。比较李维《罗马建城以来史》29.10 以下；Silius Italicus 17.1 foll；Ovid, *Fasti* 4.255foll。讲述了这个传说，描述了这个秘仪的仪式。

③ The Attalids。

重的和不公正的怀疑开始针对已经奉献给祭司最神圣使命的少女,他们开始控诉克劳迪娅①——这是那个高贵少女的名字②——没有保持她自身的洁净和纯洁;因此,他们说这位女神正在生气,并明白显示了她的愤怒。至这个时候为止,这件事情看起来都是超自然的。克劳迪娅对人们怀疑她和这件事充满了无限的羞愧,但是她根本没有做过羞耻的和违法的事情。但当她看到谴责针对她的时候,她获得了力量,解下束身的腰带,将它系在船首,就像一个为神灵所激发的人一样,命令所有人站在两旁:然后她祈求这位女神,不要让她因牵连进不正义的诽谤而遭受不幸。接下来,正如这个故事讲的,她大声地哭诉着,就像船员的一些命令:"哦,诸神之母啊,如果我是纯洁的,那么请顺从我!"结果,她不仅了移动了船只,甚至将它在水流上拖动了一段距离。我认为,这位女神向罗马人显示了两件事情:首先是,他们从弗里吉亚带回来的这雕像不是微不足道的,而是无价的,这不是人类双手的作品,而是真正神圣的,不是无生命的,不是用黏土雕成的塑像,而是一个拥有生命和神圣力量的雕塑。我认为,这就是女神向我们显示的第一件事。另外一件是,没有哪个市民的善恶是她所不知道的。而且,罗马人对迦太基的战争立即就发生了一个顺利的转变,以至于第三次布匿战争仅仅发生在迦太基城墙上。③

[161b1 - b10]至于这个故事,尽管有些人认为它是不可信的,对某个哲学家或神学家来说也是完全毫无价值的,然而就让它流传

---

① Claudia, turritae rara ministra deae. "Claudia thou peerless priestess of the goddess with the embattled crown."—Propertius 4. 11. 52。
② 在其他版本里是一位主妇。
③ 第三次布匿战争发生于前149年,迦太基城为西皮奥率领的罗马军队洗劫。

下去吧。因为大多数历史作家都记录过它,它也被以青铜雕像的形式保存在伟大的罗马,这个为众神所爱的城市中。① 并且我意识到,某些过于智慧的人会称这个故事是一个属于老女人们的神话,是不可信的。但是在我看来,我宁愿相信城市的传统甚过那些过于聪明的人们,他们弱小的灵魂是足够敏锐的,但是从来没有做过任何美好的事情。②

[c1 – 162d2]我知道,关于这个题目——现在我讲述的这些在重大节日上的神圣的礼仪——波菲力也写过一篇哲学性的论文。但是因为我没有见过这篇论文,我不知道是否在某些观点上会碰巧与我的文章符合。但是,对于我称之为伽卢斯或是阿提斯的他,我自己的知识将其理解为生成性的本质和创造性的理性——它使万物下降到物质最低的水平,③并在其自身之内包含了所有的概念和体现于万物中的理式的原因。说真的,万物的理式不存在于万物中,在最高和最先的原因中我们找不到最低和最后的理式,没有什么可以救护这种匮乏状态。④ 存在众多实体和创造性的诸神,但是第三创造者的本性,⑤在其自身之中包含了体现于物质中的理式的分离概念,也与因果链紧密关联,我指的是,在秩序上属于最后的本性,通过它生成性力量的丰盈从星体较高的区域降临到我们大地之上——这就是我们要寻找的那个他,就是阿提斯。但是,或许我应

---

① 在 Capitoline Museum 的一幅浮雕显示了克劳迪娅(Claudia)拉船的行为。
② 参柏拉图《理想国》519a。
③ 即感觉世界(the world of sense‐perception)。
④ Plotinus 1.8.4 称物质为"善的匮乏"($\sigma\tau\acute{\epsilon}\rho\eta\sigma\iota\varsigma\ \acute{\alpha}\gamma\alpha\vartheta o\tilde{v}$)。
⑤ 赫利俄斯;比较《赫利俄斯王颂》140a,阿提斯在此处与太阳的光辉被认为是同一的。

该把我的意思说得更清晰一些。我们断言,物质存在,理式体现于物质之中。但是,如果没有另外的原因优先于这两个原因,我们不知不觉地就引进伊壁鸠鲁的教义。因为如果没有什么比这两种原则更高,那么就是一个暂时的运动和偶然将物质和理式结合到了一起。逍遥学派的某些敏锐之人,比如克塞那库斯(Ξέναρχος)会说:"我们知道,这些事物的原因就是第五实体或是循环实体。亚里士多德在探究和讨论这些物质的时候,是荒谬的,忒奥弗拉斯图斯(Θεόφραστος)也一样荒谬。无论如何,亚里士多德忽视了他一个著名说法的潜在的含义。因为当他面对无形体的和理智的实体时,他就停步不前,也没有去探询其原因,仅仅断言,这就是凭本性所是的那个东西;当然,他也应该假设第五实体的本性也如此;他本不应该去探究这类原因,而是应该停在这些事物之上,不要后退到理智那里,即那些不能独立存在的事物那里,无论如何这代表的是一个赤裸裸的假设。"正如我曾经听到这话一样,这是克塞那库斯说过的事情。他所说的是否正确,让我们留给极端的逍遥派们去谈论吧!但,我认为,他的观点与我的不一致,这一点对任何人来说都是清楚的。因为我认为,亚里士多德自身的理论是不完整的,除非它们可以变得与柏拉图的和谐一致;①更精确地说,我们必须使得这些观点与诸神赐给我们的神谕保持一致。

[d3 - 163 - 164a5]但是这可能值得去探询,循环实体(即第五实体)究竟如何能包含体现于物质中的理式的非物质的原因。因为

---

① 尤利安在此处总结了他的时代哲学家们的倾向。逍遥学派已经被柏拉图主义和新柏拉图主义吸收了,亚里士多德哲学的注疏者忒米斯提乌斯在同时代的哲学家中间常常谈到柏拉图和亚里士多德的调和;比较,235c,236,366c。尤利安,跟从杨布里科的榜样,强迫使二者彼此一致;但是最终的吸引力是启示的宗教。

我认为,除过这些原因,生成就不可能发生,这一点是再清楚不过的。因为,为什么会有如此之多的被生成之物的种类呢?男人和女人是从何处起源的呢?如果没有先在的和预先就成立的概念,以及预先就存在的作为一个模式的原因,①如何根据事物的种类来区分其特征呢?如果我们识别了这些原因,但是却非常模糊,那就让我们更加洁净我们灵魂的眼睛吧!洁净的正确方式是,将我们的注视转向内部,观察灵魂和具体呈现的理性如何变成模式的一个种类和具体体现于物质中的理式。② 在有形体之物的情形中,或是那些尽管无形体之物进入存在,却是与有形体之物联系在一起被研究的事物,没有任何东西,其理性的形式能独立地掌握有形体之物。但是,如果它不拥有一些自然而然与无形体的理式类似之物,这件事就不可能完成。事实上,正是由于这个原因,亚里士多德自己称灵魂为"理式的所在",③他只是说,理式不是现实就存在的,仅仅是潜在的。这类事物的灵魂,与这种事物有关系,必定需要拥有这些潜在的理式,但是一个灵魂应该是独立存在的和非混杂的,我们必须相信,这种方式包含所有的概念,不是潜在的而是实在的。让我们通过举例的方法,来使得这一点更加清晰,即柏拉图自己在《智术师》中运用的例子,在这里柏拉图考虑的是另外一个理论,但是他依然运用了这例子。我提出这个例子不是要证明我自己的论辩;因为一个人必须不要试图通过证明来掌握它,而是仅仅通过理解。因为这

---

① 具体体现于物质中的理式的原因,如同理念那样,有一个优先的存在。

② 对柏拉图的一个模仿,《泰阿泰德》191c、196a;《蒂迈欧》50c。

③ 比较《论灵魂》3.4.429a;亚里士多德引用这个词语,明显归因于柏拉图;但是在柏拉图那里找不到对这个词语的准确表达,尽管在《帕默尼德》132b,他说理念"在我们的灵魂中(in our souls)"。

处理的是第一因，至少是那些属于第一因范畴内的事物，果真如此的话，正如其被正确相信的那样，我们必须将阿提斯也看作一个神。那么，这个举例属于什么类型，它又是什么样的呢？柏拉图说，如果那些其职业是模仿的人，渴望以这样的一种方式去模仿那些起源是再生的事物，那么这种模仿的方式就是麻烦的和困难的，凭宙斯起誓，近似于不可能；但是愉快和容易，极可能看起来似乎是模仿真实之物的唯一方法。例如，当我们照镜子，并将其翻转过来时，我们能轻易地得到所有物体的一个形象，也显示了每一个物体一般的轮廓。让我们从这个例子中返回到我说过的类比中来，并让镜子代表亚里士多德称呼"理式的所在"时潜在地意指的那个事物。

[164a6 – 165 – 166a2] 诸理式在它们潜在地存在之前就已经事实上存在了。因此，如果我们之内的灵魂——正如亚里士多德相信的那样——潜在地包含事物的理式，那么我们应该将现实状态之前的诸理式放置于何处呢？它应该在物质中吗？不是，因为在物质中的理式明显是最后的和最低的。因此只能继续寻求非物质性的存在于现实中的原因，这种原因要比具体体现于物质中的原因更优先，处于更高的秩序之中。我们的灵魂必定靠着这些原因而存在，并与它们一起而诞生，所以从它们那里接受诸理式的概念，就如同镜子显示着事物的影子；在自然的帮助下，将它们赐予物质和我们这个物质性的世界。我们知道自然是身体的创造者，普遍的自然是整全的一个种类；然而每个个体的自然都是创造者独有的，这是非常明显的。但是存在于我们之中的自然，实际上没有一个精神性的形象，然而优于自然的灵魂本身拥有一个精神性的形象。因此，如果我们承认自然之中包含着那些没有精神形象之物的原因，——以神的名义，为何我们没有被分配给这些同样是理式的灵魂，而是仅仅在一个更高的程度上优先于自然，同时在灵魂中我们才通过精神

形象的方法认出了诸理式,并通过概念的方法理解了它们?那么是谁如此好争论,一方面承认概念体现于自然中的物质里——尽管不是现实的而是潜在的——另一方面他又拒绝承认灵魂的真理?因此,如果潜在地存在于自然中的诸理式,不是现实的,而是潜在地存在于灵魂中,① 一种更加纯洁的感觉和更加彻底的分离,以至于它们可以被理解和承认;但依然不会现实地存在于任何地方。我要问,我们应该坚持永恒生成之链的什么呢?我们又该基于什么样的宇宙永恒的理论呢?因为循环实体是由物质和理式组成的。因此,必定服从这一点,尽管在现实上这二者——物质和理式——从未彼此分离过,然而我们理智的理式必定是优先存在的,并被看作是一个更高的秩序。从而,具体体现于物质中的完全非物质性的理式已经被分配,这使得这些理式处于第三创造者的控制之下②——对我们来说,他就是主人和父亲,不仅是这些理式的而且也是可见的第五实体的主人和父亲——从这个创造者那里,我们认识了阿提斯,这个下降到物质之中的原因,我们也相信阿提斯或伽卢斯是一个具有生成性权力的神。关于他,这个神话讲述到,他在靠近伽卢斯河漩涡处出生之后,他像一朵花一样成长,当他长得既白皙又高大的时候,诸神之母就爱上了他。诸神之母将万物都委托给他,甚至给他的头上戴了一顶闪闪发光的王冠。③ 如果我们可见的天空涵盖

---

① 关于灵魂对自然的优越性,比较 *De Mysteriis* 8.7.270;关于灵魂给予物质形式的理论,参 Plotinus 4.3.20。

② 赫利俄斯,比较 161d,这整个段落暗示了阿提斯和自然的同一,和世界—灵魂与赫利俄斯的同一,比较,162a,在那里阿提斯被称为"自然($φυσίς$)"。

③ 比较 170d,168c;撒鲁斯特,《论诸神和世界》4.16.1。

了阿提斯的王冠,那么难道不是必定可以将伽卢斯河解释成银河?① 因此,据说,正是在银河那里,屈从于变化的实体与第五实体的冷静旋转区域混合在一起。仅仅由于这一点,诸神之母才允许这个公正的理智之神阿提斯——他类似于太阳的光线——跳跃和舞蹈。但是当他跨越这个界限并来到最低区域的时候,神话说,他降临到洞穴里面,与仙女结了婚。这个仙女被解释为是物质的潮气;这个神话在此处不是意指物质本身,相反,指的是优于物质的最低的非物质的原因。事实上,赫拉克利特也说:"对灵魂来说,变湿就是死亡。"因此我们所指的这个伽卢斯,这个理智之神,在体现于物质——月亮区域之下的——中的理式之间有紧密的联系,与置于物质之上的原因联结起来,但不是这种意义上的联结,即男人与女人的结合,而是像一个被聚集起来的元素之于自身那样。

[166a3 - 167 - 168c3]那么诸神之母是谁? 她是理智的和创造性诸神的源泉(比较170d、179d),这些创造性的诸神轮流引导着可见的诸神:她既是母亲也是伟大的宙斯的妻子;她紧随着这个伟大的创造者而来,并与他同在;她掌控着每一种生活方式,和所有生成的原因;她轻而易举地就使得所有被造的事物变得完美;她的诞生没有任何疼痛,在父亲(译按,指宙斯)的帮助之下创造了万物;她是纯洁的少女,②在宙斯的身边拥有最高的地位,实际上,她就是诸神之母。因此已经在她自身之内接纳了所有诸神的原因,既有理智的也有超越于宇宙的,她变成了理智诸神的源泉。这个女神,她也是深谋远虑的,被一种对阿提斯的冷静的爱所激发。因为不仅体现于物质中的理式,而且是那些理式的更高程度上的原因,都自愿地

---

① 比较171a,撒鲁斯特也将伽卢斯和银河看作是同一的。
② 因此她是雅典娜的搭档,比较179a、180a。

服侍她,并遵循她的意志。相应地,神话接下来讲到:她是天意($προμήδειαν$),①保护着所有注定生成和毁灭的事物,喜爱他们创造性的和生成性的原因,命令那种原因在理智的区域中生成后代;她要求这应该朝自己运转并与她居住在一起,但是谴责它与其他事物居住在一起。因为只有这样,创造性的原因才会奋力朝向保护着它的统一体,同时也将避免堕落到物质之中。她命令那些原因朝向她,即这个创造性诸神的源泉,不被拖下到或是诱惑进生成中去。以这种方式,强大的阿提斯命定是一个更加强大的创造,他懂得了,在万物中对那些更高的存在的转换针对目的生成了更多的力量。第五实体本身比我们大地上的元素更具有创造性和更神圣,由于这个原因,它与诸神更加紧密地联系在一起。当然,不是任何人都会冒险断言,任何实体,即便是由最纯粹的物质组成,会优于纯洁的灵魂,以赫拉克勒斯为例,创造者将他派到大地上来,是因为他的灵魂看起来是比他的身体更加有力量的。甚至赫拉克勒斯由于已经不可分割地回到了他那同样不可分割的父亲那里,比起他穿着兽服在人类中间游荡的时候,能更加容易地控制他自己的区域。当这个神话说诸神之母劝诫阿提斯不要离开她或爱上别人时,其寓意是倾向于更高者比倾向于较低者的力量更强大。但是,阿提斯走得过远,以至于降临到物质的最低范围之内。然而,这是必然的:他无限的路程应该停下来,强大的科律忒班斯的赫利俄斯②——他分享了诸神之母的王权并同她一起创造了万物,和她一起赐予了万物恩惠,

---

① [译注]这个词具有,预思、先虑、先见的意思。著名的普罗米修斯神的名字就是这个词,其英文翻译为 providence。

② Corybantes 是库伯勒弗里吉亚的祭司,在罗马被称为是 Galli。

离开她就会一事无成——劝说狮神去揭露物质。① 那么谁是狮神？据说，他披着褐色狮皮。② 因此，他就是先十热和炽热存在的原因，并且他的任务是反对水林仙女和嫉妒水林仙女与阿提斯的结合。至于谁是水林仙女，我已经说过了。这个神话说，狮神服务于这个世界创造性的天意，而天意明显意指的是诸神之母。神话接着说，通过揭露真实，他使得这个年轻人自宫了。这"自宫"所蕴含的意义是什么呢？这是对无限的反省。因为生成被创造性的天意限制在有限的理式中，而且，如果没有所谓的阿提斯的疯狂，这就不会发生，阿提斯的这种疯狂超出了合适的限度，从而使得他变得非常虚弱，以至于他不能自己控制自己。当我们不得不与属于最低级的诸神关联时，无须惊奇的是，这应该会发生。考虑到第五实体，它注定在属于月光的区域中不会有任何改变。我的意思是，我们世界不断地生成和衰落，相近于第五实体。我们感觉到，在她光的区域之内，似乎经历了特定的改变，受到了外部影响的感染。因此，如此假设是不矛盾的：我们的阿提斯也是半神的一种——这是那个神话的真实含义——毋宁说，他是宇宙的一个完全的神，因为他从第三创造者那里而来，在他自宫之后又再次被提升到诸神之母那里去。尽管他看起来倾向于物质，但谁也不能错误地认为：尽管他位于诸神最低的序列中，但他依然是所有神圣存在的领袖。这个神话称他为一个半身和不断改变的神。他受科律式班斯——被诸神之母派到他身边来——的照顾；他们是仅次于诸神的更高族类的三种主要的品

---

① 亚洲的神，尤其是库伯勒常常以狮子作为其象征。比较 Catullus 63.76, juncta juga resolvens Cybele leonibus；她派遣了一头狮子去追捕阿提斯，比较 168b；波菲力, *On the Cave of the Nymph*, 3.2.287 称狮子的象征是"赫利俄斯的居所"。

② 《伊利亚特》10.23, λέοντος αἴθωνος。

性。当然,阿提斯也统治狮神,他与狮神一起为他们自身选择了炎热的本性,从而最先的就是火的原因。通过从火那里得到的热量,它们是运动力量和所有存在的事物保存下来的原因,并且阿提斯像一个国王那样环绕着诸天,从那里出发降临到大地上。

[168c4－169c1]这就是我们强大的阿提斯神。这解释了他曾经令人悲痛的飞翔、隐藏和消失以及下降到洞穴。① 在这些证据之外,让我们再举这件事发生的时间为证。我们知道,当太阳抵达赤道那天,那棵神圣的树倒下了。② 于是,听到了那喇叭声。③ 在第三天,神圣的和不可言说的神伽卢斯受到了敬奉。④ 他们说,接下来就是希莱丽娅节庆。⑤ 至于被群众广泛议论的自宫,是他无限路程的真正的停止,明显地来自于直接发生的赫利俄斯碰触到赤道圈的那天,在那里最为清楚地确定了界限(因为,平常的是划定了界限,但是不平常的是没有界限,没有任何道路可以穿过它或是越过它)。精确地说,在那时根据我们已有的叙述,那棵神圣的树倒下了。因此,所有其他的仪式都以它们恰当的秩序举行。其中的一些在这个秘仪的仪式中受到了庆祝,但是其他的一些却是以可以公开进行的仪式受到庆祝的。例如,砍倒这棵树属于伽卢斯的故事,根本不是秘仪,但是它被他们采用了,我认为,是由于诸神希望以象征性的形式教

---

① [译注]我们可以思考,这个阿提斯究竟是什么样的形象呢? 难道不是哲人的形象? 为诸神之母所爱,亦即为智慧所爱,他的下降难道不是哲人的行动?
② 对阿提斯的献祭性的哀悼在3月22日举行,比较 Frazer, *Attis, Adonis and Osiris*, p,222。
③ 3月23日。
④ 3月24日是阿提斯的祭司,伽卢斯自宫的日期。
⑤ 在3月25日,阿提斯复活,并将我们的灵魂从生成中解放出来,在 Hilaria 节上被庆祝。

会我们：我们必须摘取大地上最好的果实，亦即，美德和虔敬，并将美德和虔敬敬献给这位女神，以作为我们大地上良好秩序的表征。因为这棵树是从土壤里长出来的，但它努力向上似乎想碰触到高天，就可以将其很公正地认为，是要给予我们在炎热下的阴凉，将我们头顶上的光线挡开，将其当作一种恩惠赐予我们；这就是它生成性的生命无限的丰盈。于是，那种仪式允许我们加入，在本性上属于诸天的但是降落到大地上的人们，收获了我们大地之上秩序的果实，这果实就是美德和虔敬，以及努力敬奉我们祖先的这位女神，她是所有生命的原则。

[c2 – d9]因此，在那次自宫之后，喇叭声听起来是似乎是对阿提斯的纪念，敬重这个为了我们全体而从天上飞下来到地上的神。在这个事件之后，阿提斯王凭着他的自宫，保持着他无限的路程，这位神命令我们也要在我们自身中植根无限和模仿诸神，返回到整全中，如果这是可能的，要回到整一那里去。在这之后，希莱丽娅必定尽一切办法跟从。至于什么是更有福的，比起一个灵魂从无限、生成和内在的风暴那里逃离出来，并转向诸神，还有什么是更快乐的？阿提斯自身就是这样一个神，并且诸神之母绝不允许他关注那些无须关爱之物：不仅如此，她使得他转向了她自身，并命令他为他自己那无限制的路程设置一个限度。①

[d10 – 170d12]但是请不要让任何人以为我的意思是：曾经发生的这件事，某种程度上暗示了诸神对他们所意愿的事情是盲目的，或他们不得不改正他们的错误。但是我们的祖先在一切情形下

---

① [译注]智慧之神要求他不要将自己的精力浪费到无意义的事物上，而是要求他集中于智慧，从天空来到大地，然再凭着智慧回到天上。哲人的所作所为，美德和虔敬。

尽力追溯这些事物的原初意义:这些诸神的教导是否是独立的——尽管这样说可能会更好一些,即他们在诸神的引领下探询这种教导——当他们发现那些意义的时候,他们就用彼此矛盾的神话覆盖在这些意义上面。这样做的目的是,通过彼此矛盾和不一致的方法,这种虚构可以被发觉,我们能够因此而追寻到真理。我认为普通人从这个荒谬的神话中获得了足够的益处,这个神话仅仅通过象征的方法来教导他们。但是那些努力追求智慧的人们将会发现关于诸神有益的真理;尽管这一发现是在这种条件下进行的,即这样的一个人是在诸神的引导之下检省、发现和理解它,如果通过这些如此荒谬的神话,他被提醒必须探询神话的真实含义,并通过他自己的探求,获得了目标和他探寻的顶点;①他不会相信其他人的意见,而是用他自己灵魂的力量来进行探询。

通过这种概述的方式,我要说明什么呢?因为人们观察到,就第五实体而言,不仅是这个理智的世界,还有我们这个可见的物质世界必须归于不受外部事物和神圣事物影响的类别。他们相信,诸神就如同第五实体一样,是非混杂的。当凭借生成性的实体的方法,可见的诸神从永恒进入存在的时候,物质与那些诸神一道被创造出来——来自他们和将他们作为中介,凭着在他们的生成和创造性原则之中极丰盈的理性;这个世界的天意,诸神之母从永恒那里来,与诸神具有同样的本性,她与宙斯王同享王权,她是理智诸神的源泉,并为那些看起来无生命的、空洞的事物设置了秩序、纠正了它们的错误,以使它们变得更好——即让那些垃圾、渣滓和沉淀物变

---

① 169d–170c 是一个关于神话价值的离题话,即智慧之人不接受一种没有寓意解释的神话;比较《尤利安皇帝驳斥犬儒赫拉克勒奥斯》216c。

得更好。她通过从诸神那里得来的终极原因,①在其中实现了神的全部本性。

[171a1 - d7]显而易见的是,我谈论的阿提斯,他穿着镶嵌着星体的整个天幕,认为他自己的王国的基础是每一个神的功能,正如我们看到他们适应于可见的世界。在他的情形中,一切都如银河那般纯洁无瑕。但,正是在这一点上,受激情烦扰的事物开始与无激情之物混合,正是从这种结合中,物质开始存在。所以阿提斯和物质的联合就是下降到洞穴,这样并不是反对诸神和诸神之母的意志,尽管这个神话说,这违反了他们的意志。因为诸神凭着他们的本性居住在一个更高的世界中,并且更高的力量不渴望将他们拉到我们的世界里来;毋宁说,更高之物的屈尊下降是渴望引导我们大地之上的事物到达一个更高的、更受诸神支持的水平上。事实上,这个神话没有说,诸神之母在阿提斯的自宫之后与他敌对,但讲了,尽管诸神之母不再愤怒,然而她对阿提斯那时的屈尊下降感到愤怒,因为他是一个更高的存在,是一个神,却将自己赐予了比他低劣的事物。但是,当他停下了无限的旅程,他就由于怜悯环绕着春分和秋分点——强大的赫利俄斯凭着他最完美的运动控制在合适的限度内——为我们世界的混沌设置了秩序,然后这位女神就愉快地引导他到了她身边,或者说是将他安置在了自己身边。按照现在的方式,这永远不会发生;但阿提斯永远都是诸神之母的仆人和御者;他热情地渴望生成;他通过被确定下来的界限,切断了他无限的旅程,即诸理式的原因。以相似的方式,这个神话说,阿提斯被从我们

---

① 在167d处,阿提斯被认为是与月光同一的,比较《赫利俄斯王颂》150a。在那里月亮被称为最低级的区域,月亮女神给予那些位于她之下的物质世界形式,比较撒鲁斯特,《论诸神和世界》4.14.23,在那里阿提斯被称为是世界的创造者。

的大地上引向天上,重新掌握他古老的王权和统治:他既没有丧失王权,也没有放松它,这个神话告诉我们,他之所以丧失掉王权,是因为他与属于激情和变化的事物混合在一起的缘故。

[d8 - 172 - 173a3]但是也许提出下面的问题是有价值的。有两个昼夜平分点,但是人们给予了摩羯座比巨蟹座更多的荣耀。① 无疑,如此做的原因是显而易见的。因为太阳在春分过后——我无须说,从那一天开始白天变长了——立即开始靠近我们,这似乎是更加合适的原因。除了这个解释之外——它说阳光陪伴着诸神,我们必须相信,太阳令人振奋的光束更加类似于那些渴望从生成中解脱出来的事物。② 请仔细地思考如下的话:太阳凭借他生机勃勃和不可思议的热量,使万物从大地里面长出来,使它们进入存在,并使它们成长;我认为,他分离了一切有形的事物,使它们达到最细微的程度,让事物有一种自然而然地接受阳光的本性。我们应该让他不可见的力量的证据变得可见。因为如果在有形的事物中,他能够通过物质性的热量使万物生长,他不也应该通过不可见的中介——完全非物质的,蕴含在他神圣的和纯洁的光线中的本性——提升和领导灵魂吗?我们已经知道,这光几乎相似于这个神,相似于那些渴望向上爬升的神,另外,这光在我们的世界中持续不断地增加,为的是从赫利俄斯开始进入摩羯座的那天开始,白天要变得比夜晚越来越长。这也已经被证明了,即这位神的光线本性上就是令人振奋的;这与他的权能是相符合的,既包括可见的也包括不可见的,凭着众多的灵魂已经被提升到远离感觉领域的地方,因为它们受最明亮

---

① 波菲力,*On the Cave of the Nymph* 22,说,Cancer 和 Capricorn 是太阳的两个门,灵魂从 Cancer 处降落,然后从 Capricorn 那里升起。

② 这似乎将阿提斯和太阳的光线认为是同一的。

的和最像太阳的感觉引导。当我们的眼睛感受到太阳光的时候,它不仅对我们的生命是令人愉悦的和有益的,而且正如神圣的柏拉图说的,当他歌唱对他的赞美时,那是我们走向智慧的向导。如果我也应该接触一下这个秘仪隐秘的教诲——在其中,迦勒底人,①这些神圣的朋友,庆祝七束光之神——这位神提升了人的灵魂,我应该说,这是多么难以了解啊! 是的,对于那些头脑普通却熟悉幸福的法术的蠢人来说,②这是完全不可了解的。然而,对于那个题目,现在我要保持沉默。

[a4-d6]我的意思是说,我们不应该认为古人不合理地指定了这些仪式的理由,而是应该尽可能地探询这些理由貌似合理的和真正的背景。一个事实证据是,这位女神自身选择她的领域作为昼夜平分点的轨道。因为最神圣和神秘的厄琉西斯秘仪受到庆祝是在太阳处于天秤座位置的时候,③这是非常合理的。因为当诸神隐去,我们必须一再地将自己奉献给神,只有如此,我们才可能不遭受黑暗——现在,它开始占上风了——那不虔敬的力量带来的灾祸。无论如何,雅典人一年两次庆祝厄琉西斯秘仪,较小的秘仪在太阳处于摩羯座的时候,较大的秘仪就在太阳位于巨蟹座的时候,这样做的原因我刚刚提到过了。我认为,秘仪被称为较大的和较小的有好几个原因,但尤其重要的原因是,较大的秘仪之所以被称为较大

---

① 迦勒底人的占星术和神谕常常受到新柏拉图主义带着敬畏的引证;关于他们对七束光的密特拉(密特拉即赫利俄斯)的崇拜的提及,比较 Damascius 294 和普洛克洛斯《论柏拉图的〈蒂迈欧〉》1.11。

② 杨布里科,尤其是以弗所的马克西姆斯是四世纪一个典型的法术师,并制造过奇迹。

③ 指德墨忒尔和伯尔塞福涅的厄琉西斯秘仪,小的节庆在二月庆祝,较大的节日在九月庆祝。

的,是因为这位神正在远离我们而不是接近我们的时候,所以那较小的秘仪只是通过提醒的方式受到庆祝。① 我的意思是说,当拯救的和令人振奋的神逐渐靠近我们的时候,秘仪预备性的仪式就开始进行了。然后过一段时间之后,洁净的仪式、祭司们的献祭也一个接着一个开始进行了。当这位神动身前往南北两极时,②为了我们得到保护和救赎,最重要的仪式也开始进行了。同时,请观察如下的仪式:正如在诸神之母的节日中一样,生育是被禁止的,所以如同雅典人一样,那些参加秘仪的人们完全是贞洁的,他们的导师也发誓要禁绝生育;因为他决不能做任何与无限有关的活动,只能做那些其界限已经被固定事情,所以它包容着同时内含于纯洁的和毫无瑕疵的整一。关于这个题目我已经说得够多的了。

[d7 - 174d11]现在还需要讲的是——只要适宜——关于神圣的仪式本身和洁净,所以从这些事情中,我也可能借来无论什么有益于我的辩论的东西。例如,每个人都认为下面的说法是荒谬的。神圣的律法允许人们吃肉,但却禁止人们吃谷物和水果。他们说什么,后者是没有生命的东西,然而难道前者不也仅仅是暂时拥有生命吗?难道水果是不纯洁的?——然而肉充满了血,并且引起眼睛和耳朵的不愉快。难道最重要的不是这种情况,即:一个人吃水果没有什么害处,而吃肉涉及对动物的献祭和屠杀,那些动物自然也遭受痛苦和折磨?甚至那些最智慧的人也这么说。但是接下来的律法在最虔敬的人来看也是荒谬不堪的。他们观察到,向上生长的蔬菜可以吃,但是根却被禁止吃,例如萝卜是不允许吃的;他们指

---

① 柏拉图,《高尔吉亚》497c;普鲁塔克《希腊罗马对比名人传》关于德米特里乌斯的传记,900b。
② 指赤道的南北两端的极点。

出，无花果是允许吃的，但是石榴和苹果却不能吃。我常常听到很多人窃窃私语地谈论这些事情，不久之前我也谈论过同样的事情，但是现在似乎全人类中只有我被深深地束缚在对诸神的统治的感激中，无疑，最重要的是对诸神之母的感激。在一切事情上我都感激她和其余诸神，当我可以说是在黑暗中迷失的时候，①她并没有置我不顾。首先，她命令我不要切割我的身体的任何部分，而是求助那深藏于我们的灵魂中的理智的原因（译按，指阿提斯），原先在我的灵魂中，全是不必要的和空虚的冲动与倾向。那个原因给予了我帮助，某些信念可能与诸神的真实的和神圣的知识是完全和谐一致的。似乎我不知道接下来该说什么，就在原地打转。然而，关于为何我们被禁止吃那些为神律禁止的事物，我给出了在每一种情形下清晰且明白的理由，现在我还将这样做。现在提出某些特定的形式是更好的，也就是说，我们必须遵循规则，为的是能够对这些事物做出决定，尽管可能，由于我自己的轻率，我的论辩也许会略过某些证据。

[175a1 – b8] 首先，在我说到阿提斯的时候，我已经用简单的话提醒过你们：他的自宫意味什么，在自宫和希莱丽娅之间产生的仪式象征什么；洁净仪式的含义是什么。阿提斯被宣告为起源的原因和一个神，是我们这个有形世界直接的创造者，他下降到最低的限度内，受到太阳能动性的运动的检省——只要那位神准确地碰触到宇宙的有限的轨道，那被称为是昼夜平分点，原因是它均分了白天和黑夜。② 我说过，自宫意味着无限的检省，这只能通过阿提斯的召唤和复活到更加庄严和高贵的目标才能发生。我也说过，洁净仪

---

① 比较《赫利俄斯王颂》131a。
② 比较 168d – 169a；171c。

式的终点和目的是我们灵魂的上升。

[b9－176－177d2]由于这些原因,这些神律禁止我们首先吃那些向田地内部生长的水果,因为土地是最低级的事物。柏拉图也说过,①远离诸神的罪恶现在降到大地上来了;在神谕中,诸神常常称土地为垃圾,并劝服我们从这里逃出去。所以,首先孕育生命的神——他是我们的天意,不允许我们用那些生长在田地下面的水果养育我们的身体;为的是让我们把双眼转向天空,或是天空之上的地方。② 然而,某些人也吃大地上水果中的一种,我指的是豆类,因为他们将豆类看作是蔬菜,而不是水果,因为它的生长有一种向上的倾向,并且是笔直的,不是深深地把根埋在田地下面;我的意思是,豆类像常春藤的果实那样悬挂在树上,或是像葡萄一样悬挂在茎上。由于这个原因,我们被禁止吃种子和某些特定的植物,但是我们却可以吃水果和蔬菜,仅仅不可以吃那些其根茎蔓延在地表的,那些笔直地向上生长的和果实高高地悬挂在高空中的可以吃。无疑是由于这个原因,神律要求我们不要吃萝卜倾向地下的那部分,因为这种水果属于地下的世界,但是我们可以吃萝卜向上长并获得了一定高度的部分,因为正是凭着这一事实,这部分才是洁净的。事实上,神律允许我们吃任何向上生长的蔬菜,但禁止我们吃根,尤其是那些在地下发育生长起来的并受土地影响的根。另外,在树木中,神律也不允许我们毁灭和消耗苹果,因为这些是神圣的、是金子,是秘密和神秘奖励的象征。毋宁说,由于它们样式的缘故,它们值得受到敬重和崇拜。石榴受到禁止是因为它们属于冥界;某

---

① 《泰阿泰德》,176a,比较尤利安《孔斯坦提乌斯皇帝的英雄事迹或论王权》90a。

② 亦即理智的世界和整一;比较169c。

人可能会说,椰枣树的果实被禁止吃是由于椰枣树不是生长在弗里吉亚——这条神律是首先被建立起来的。但是在我看来,是由于这种树对太阳来说是神圣的,也是四季常青的,所以我们被禁止在神圣的仪式期间食用这种果实。除此之外,所有的鱼类也是被禁止食用的。这个问题对于埃及人来说,就如同对我们来说一样新鲜有趣。我的看法是,有两个原因让我们应该禁绝鱼类,如果可能的话要永远禁止,但首要的是在神圣的仪式期间。一个原因是,对我们来说,食用我们并不用来献祭给诸神的食物是不合适的。可能,我不需要害怕,某些贪婪的人,他们都是他们的胃的奴隶,会袭击我,我记得,这样的事情曾经发生过一次;并且我听到某些人反驳说:"你这是什么意思?难道我们不经常把鱼献祭给诸神吗?"但是对这个问题,我也有一个准备好了的答案。"我的好先生,"我会说,"在某些神秘的献祭上,我们把鱼类作为祭品,这是真实的,正如罗马人把马和很多其他的动物当作祭品,既有野生的也有圈养的,就如同希腊人和罗马人将狗献给赫卡忒一样。在其他的民族中也有很多其他的动物在神秘的祭仪中被当作祭品,在他们的城市中一年只有一次或两次公共的献祭。但这不是我们在最高程度上尊敬的献祭习俗,在其中诸神仅仅屈尊加入我们,并分享我们的食物。在那些最受尊敬的献祭中,我们并不提供鱼,原因是我们不倾向于鱼,不关心它们的繁殖,我们并不像饲养羊群和牛群那样饲养鱼群。因为我们饲养这些动物,它们从而是成群的,唯独正确的是,它们应该服务于我们的使用,首先是为我们最崇敬的献祭服务。"这是为什么我认为我们不应该在举行洁净仪式时,把鱼当作我们的食物的一个原因。第二个原因是,我认为,甚至与我刚刚讲过的更加一致,在某种意义上说,鱼下潜到最深的地方,要比种子还更属于地下的世界。但是那些渴望向上飞升和爬升到我们这个世界之上的人,将十分愿意禁绝这类食物。他会追求和遵从那些向天空生长并尽力生长到最高高度的事物,如果我可以使用一个诗人的词语,就是朝着天空凝望。例如,我们可以吃鸟类——除了那些极少数常被用来献祭的鸟,① 四只脚的动物中,除了猪都是可以吃的。猪这种动物在神圣的仪式上禁止当作食物,是因为它的体形和生活方式,以及它的自然本性——它的肉是不洁净和粗俗的——它完全属于大地。因此,人类开始相信,这是一个对那些地下的神来说被接受的祭品。因为猪这种动物并不朝天看,不仅因为它没有这种渴望,而且还因为猪根本没有能力朝上看。这就是我们应该宣布放弃,已经建立的神律也禁止我们吃的食物的原因。所以,我们这些理解这些原因的人与那些知道诸神的本性的人共享我们的知识。

[d3 - 178d7] 关于什么食物是允许吃的问题我就只说这些。神圣的律法不允许人类吃所有种类的食物,但是重视对人的本性来说是可能的食物,并允许我们吃绝大多数动物,正如我刚才说的一样。这不是说我们有必要吃所有食物——很可能那样不是十分方便——而是说,我们可以说我们能够首先运用身体的力量获得的食物;其次是那些我们很容易得到的食物;第三,我们应该锻炼我们自己的意志。但是在神圣的仪式上,我们应该将那些意志发挥到最大程度,从而使得我们可以获得超越我们一般的身体力量的东西,因此变得渴望和意愿遵守神圣的律法。这对灵魂本身的救赎来说一定更有效果,一个人应该祈祷更多地关心灵魂的安全,而不是身体的安全。此外,身体也因此似乎不知不觉地分享了那巨大的不可思议的益处。因为,当把灵魂完全交给诸神,将自己完全委托给更高

---

① 波菲力,《论禁欲》(*On Abstinence*) 3.5,给出了这些神圣的鸟类的一个列表,例如猫头鹰献祭给雅典娜,鹰献祭给宙斯,鹤献祭给德墨忒尔。

的力量,并遵循那些神圣的仪式的时候——这些是为神圣的律法所加的前言,这是没有什么东西能够打扰和阻碍的,因为为万物所立的神律是存在于诸神那里的,万物与他们都紧密相连,万物都为诸神所填满——神圣的光就直接照亮了我们的灵魂。因为他们天赋的神性,他们给予那些本性上不可移植的气息①一种特定的荣耀和能量;所以这种气息似乎是被灵魂变得坚强和有力量,从而为整个身体带来了健康。我认为,阿斯克勒皮奥斯的后代们没有谁会否认:所有的疾病,或至少很多的以及那些严重的疾病,是由于气息的紊乱和没有规律导致的。一些医生断言,所有的疾病都是如此导致的,其他的一些医生说,大多数疾病和那些最严重的,以及几乎不可医治的疾病与这个原因相符合。此外,诸神的神谕也见证了这些事情,我指的是,举行洁净的仪式,不单单是灵魂,而且身体也一样会受到巨大的益处和保护。事实上,当诸神劝告那些圣洁的法术师的时候,诸神对他们宣告说,他们"终有一死的外壳"②应该被保护,而免于毁灭。

[d8 – 179d4] 现在,还有什么遗留的事情需要我说呢?尤其是因为这篇颂词需要我一气呵成,只有一个夜晚的时间,之前没有阅读过任何关于这个主题的书,也没有深思熟虑过这个主题。甚至,直到我拿来这些小写字板之前,我也没有计划这样说。愿女神见证我言辞的真实!然而,正如我之前说的,对我来说,难道不是依然需要庆祝女神与雅典娜和狄奥尼索斯的统一体?因为神圣的律法在女神的神圣仪式期间建立了他们的节日。并且,我认识到雅典娜和

---

① 比较亚里士多德,《论动物的生殖》(On the Generation of Animals) 736b. 37,关于气息,πνεῦμα,指脱离肉体的灵魂和与此相类似的以太。廊下派有时将灵魂定义为ἔνϑερμον πνεῦμα[温暖的气息]。

② 这个词组可能是从一首神谕诗得来的。

诸神之母由于她们预先思虑的能力——这是这两位女神固有的本性——的相似性而具有亲缘性。我也分辨了狄奥尼索斯神圣的创造性的功能,这是强大的狄奥尼索斯从生活的单一和忍耐原则——这寓于强大的宙斯之中——那里接受的。正是从宙斯那里的接受,狄奥尼索斯才继续存在,并赐予所有可见之物以生命,控制和统治整个可见世界的创造。我们应该与诸神一起庆祝为阿弗洛狄忒所喜爱的赫尔墨斯。① 因为这位神是创立这个秘仪的人——他说,赫尔墨斯为智慧的阿提斯点燃了火把——命名的。谁会有一个愚钝的灵魂,竟然不能理解赫尔墨斯和阿芙洛狄忒引导生成,他们走过每一个地方都有一个独特的适合于理性的目的呢?但,这不就是阿提斯的理性吗?——他不久之前丧失了他的感觉,现在由于他的自宫被称为智慧者了。是的,他曾丧失过他的感觉,因为他更喜欢物质和掌管生成,但他之所以是智慧的,是因为他将我们大地装饰和转变得如此美丽,以至于没有人的技艺可以模仿。但是我该如何为我的文章下结论呢?——毫无疑义的是带着对诸神之母的颂扬!

[d5 - 180c4]哦,诸神和人类的母亲啊!宙斯权力的顾问和他的王权的分享者啊!哦,理智诸神的源泉啊!最纯洁的你与纯洁的智慧诸神一起飞驰;你从他们那里接受了事物的一般原因,又赐予了理智诸神;哦,赐予生命的女神,我们的灵魂的创造者,给我们带来忠告和恩赐;哦,你最爱伟大的狄奥尼索斯,也曾拯救了阿提斯,当他被赤裸裸地生下来的时候,当他降临到仙女的洞穴的时候,你又引导他返回;哦,你赐予了理智诸神一切善的东西,并用这些善的东西填满了这个可感觉的世界,也赐予了我们所有美好的事物!愿你赐予所有人幸福,给予诸神最高的幸福和最高的知识;愿你使罗

---

① 这个称号的意思是"为阿芙洛狄忒所喜爱的"。

马人民能净化他们那不虔敬的污点；赐予他们大量的福佑，帮助他们引导帝国直到数千年！至于我自己，作为我对你的敬拜的礼物，请准许我拥有关于诸神的教义的真实知识。让我在法术上变得完美。我承担着帝国的事务和军队，愿你赐予我美德和好运，愿你使我生命的终结是平静的和荣耀的，带着美好的希望，我将旅行到你和诸神那里！

尤利安研究

尤利安皇帝与其教育法令

哈迪(B. Carmon Hardy) 撰

尹胜 译

很少有历史人物像四世纪的罗马皇帝尤利安那样,拥有如此固定和僵化的形象。但是,在他不到两年的短暂统治期间,有一件事令人感到困惑,即他本来可能招来对他的统治的群起反对。在继承孔斯坦提乌斯(Constantius II)的皇位后不久,尤利安就宣布背叛基督教,当时的基督徒以为这意味着三世纪时的血腥迫害再次降临到他们身上。然而,直到大约7个月后,才发生类似于想象中的打击报复的事情。奇怪的是,这是一个非常温和的政策,仅仅旨在清除公共学校中的基督徒教师。

362年6月,帝国发布诏令:帝国内所有语法学家和修辞学家都被任命为公共学校的教师。这一诏令不仅得到了各地方元老院(curia)的支持,而且令皇帝本人颇为高兴——这一诏令是旨在改革公共教育体系的第一个指示。①传统上,各地方自治城市对教师的选择权属于各城市的行政长官或元老院的元老(curiales)和有德性者(optimi)。②即使这样,尤利安皇帝对公共学校教育的命令,可能

---

① 《狄奥多西法典》(*Codex Theodosianus*), XIII. 3. 5;《尤士丁尼法典》(*Codex Iustinianus*), X. 53. 7。

② 同上, XIII. 3. 1 – 4。

只不过被视为对教育弊端的长期滞后的关注。① 尤利安在这一领域的整个行动旨在矫正学校教育。然而,这一改革悬在空中并未得到落实。众所周知,这位皇帝对文化教育方面的事情非常感兴趣。但是,当一封令地方官员清除所有教育岗位上的基督徒的诏令跟着六月法令一起颁布之时,恐慌随即甚嚣尘上,正如基督徒自己所承认的,这比皇帝诉诸酷刑和血腥更加令人不安。②

---

① 事实上,皇帝干预教师聘任并非没有先例。参 Henri – Irenee Marrou 的总结,《古代教育史》(*Histoire De L'Éducation Dans L'Antiquité*),第五版(Paris, 1960),页 407 – 408。关于教学的腐败和管理不善,参 T. J. Haarhoff,《高卢的教育——西罗马帝国最后一个世纪的异教和基督教教育研究》(*Schools of Gaul A study of Pagan and Christian Education in the Last Century of the Western Empire*) (Johannesburg, 1958),页 134;以及 Gaston Boissier,《异教研究:四世纪的西方宗教纷争》(*La Fin Du Paganisme:Étude Sur Les Dernières Luttes Religieuses En Occident au Quatrième Siècle*),第七版,卷二(Paris, n. d.),第一章,页 169。

② 这份诏令在狄奥多西和尤士丁尼的法典中都没有找到,但被编在尤利安的书信中。英语读者可参考 Mrs. Wilmer Cave Wright 所译的《尤利安皇帝作品集》(*The Works of the Emperor Julian*),三卷本(London and New York, 1923)勒布版,第三册,页 117 – 123。这份诏令与书信 36 合编。未完成但更具权威的文集,参 Joseph Bidez,《尤利安皇帝全集第一卷第二部分:书信和残片》(*L'Empereur Julian oeuvres completes Tome I – 2^e Partie Lettres et Fragments*) (Paris, 1924),页 73 – 74,这份诏令作为书信 61c 编入。Bidez 的全集其他卷包含:《尤利安皇帝全集第一卷第一部分:尤利安凯撒的部分演讲》(*L'Empereur Julien oeuvres Completes Tome I – 1re Partie Discours De Julien Cesar*) (Paris 1932),以及 Franz Cumont,《尤利安皇帝书信、法律、诗歌、残片集》(*Imp. Caesaris Flavii Claudii Iuliani Epistulae Leges Poematia Fragmenta Varia*, Paris, 1922)。后文所有关于尤利安著作的引述,均引自 Wright 和 Bidez 的译本,主要是 Wright 的译本。Bidez 的《罗马皇帝尤利安书信、法律、诗歌、残片集》将缩写为 ELPF。由于这两本作品集都与较早的 Teubner 版(F. C. Hertlein)《尤利安皇帝手稿集》(*Juliana imperatoris qual supersunt…*)二卷 (Leipzig, 1875—1876)有一致的编码索引体例,因此不再使用这一更古老作品集。基督徒本来更偏爱用残酷的手段取代尤利安的温和教育改革,参 Sozomen《教会史》

有证据表明,尤利安的禁令扩大至医学教师。①此外,基督教传统认为,这位皇帝走得更远,甚至禁止基督教家庭出身的儿童进入学校接受教育。现在看来,这似乎令人怀疑。②对于基督徒教师而言,虽然这意味着经济胁迫,却也别无选择。他们被迫放弃他们的宗教信仰或者离开学校。虽然尤利安对一位著名的基督教教育家破了例,但据我们所知,所有这些善意的要求都被拒绝了,大部分基督徒教师放弃了他们的工作。③

在众多反对尤利安教育法案的声音中,拿撒的格列高里(Gregory Nazianzus)的声音肯定最响亮。格列高里在对尤利安的攻击之中极尽可能地使用了尖锐刺耳的恶言谩骂之词。格列高里说,这位

(*Historia Ecclesiastica*,V. 5)、Theodoret《教会史》(*Hist. Eccl.*,Ⅲ. 3)、Gregory Nazianzus《讲辞》(*Oratio*,XLII. 3)以及 Bidez《罗马皇帝尤利安书信、法律、诗歌、残片集》页 69 – 75 对 De professoribus 的论述。

① John Chrysostom,*In S. S. Martyres. Juventinum et Maximinum*,I。

② 关于基督教的观点,参 Sozomen《教会史》V. 18,以及 Theodoret《教会史》Ⅲ. 8. 1。尤利安自己明确指出,允许基督徒儿童进入学校学习。参 Wright,《罗马皇帝尤利安作品集》(*The Works of the Emperor Julian*),卷三,页 121 – 123,书信 36;Bidez,《书信集》,页 45 – 46,书信 61;Johannes Geffcken,《尤利安凯撒》(*Kaiser Julianus*)(Leipzig,1914),108;Wilhelm Ensslin,《尤利安的立法及统治失误》(Kaiser Julians Gesetzgebungswerk und Reichsverwaltung),见 *Klio Beiträge zur alten Geschichte*. XⅦ(1918),页 189。

③ 雅典智者 Prohaeresius 就是那些从这部法案中获得豁免的人之一,尤利安自己可能审判过他。参见 Jerome,《智者列传:尤利安》("*Julianus*," Chronicles Sop hists),XXXVIII。也可参见 Eunapius,《哲人和智者生平:普罗赫埃西乌斯传》("*Of Prohaeresius*",*Lives of the Philosophers and Sophists*),W. C. Wright 译,勒布古典丛书(Cambridge and London,1952),Vol. 184,页 513。

年轻的皇帝,肯定是"世界上最邪恶和最不敬神的人",①他是一个名副其实的"尼布甲尼撒"(Nebuchadnezzar),②他是"希律王(Herod)之后最坏的迫害者……和犹大(Judas)为伍的最坏的叛徒……彼拉多(Pilate)之后谋杀基督的凶手,是除犹太人以外上帝仅有的敌人!"③格列高里的指责是对尤利安教育法令最严厉的回应。这些激烈的言辞对塑造这位年轻皇帝在基督教中的形象产生了强有力的影响。④ 例如,安布罗西(Ambrose)后来指出,正是这一受鄙视的法案促使瓦伦丁二世(Valentinian II)拒绝了教皇西马库斯(Symmachus)恢复胜利女神的祭坛(the Altar of Victory)的请愿。⑤ 四世纪和五世纪的教会史家从来没有忘记将这一教育法令视为尤利安最恶毒的武器。⑥ 这些基督徒判断的公正性似乎被异教历史学家阿米安努斯(Ammianus Marcellinus)完全证实了,他谴责这一诏令"太过苛刻",应该从历史记忆中永远抹除。⑦

将尤利安描述为一个急欲否定基督教的所有文化教育,从而最终倒退到野蛮时代的宗教偏执狂,这种早期印象成为那些叙述这位"背教者"皇帝的标准历史诠释。在大多数情况下,对尤利安的生

---

① 《驳尤利安》(*Contra Julianum*),《讲辞》,IV,38。
② 《讲辞》,XLII,3。
③ 《讲辞》,IV,68。
④ 参见《讲辞》,IV,100。
⑤ 《书信》(*Ep.*),XVII,4。
⑥ Theodoret,《教会史》,III. 8;Socrates Scholasticus,《教会史》,III. 12;Sozomen,《教会史》,V. 18。John Chrysostom 只是跟从格列高里的说法,声称尤利安在不虔诚方面超越了所有前任。参 *In S. S. Martyres. Juventinum et Maximinum*,I。另外,奥古斯丁做了同样的事情,他坚持认为,尽管不那么血腥,尤利安还是一定要被铭记于对教会的迫害者之列。参《上帝之城》(*Vivitas Dei*),XVIII,52。
⑦ 参阿米安努斯,《原史》(*Res Gestae*),XX. 10. 7;XXV. 4. 20。

平和统治的正面评价不是遗失了就是被掩盖了。①中世纪的传说将这位皇帝描画为一个恶意将基督徒儿童驱逐出学校的苦行僧和恶魔般的暴君。②十二世纪拜占庭历史学家佐那拉斯(Zonaras)对尤利安的描述,仍然忠实地保留了格列高里描绘的形象。③同期的一位叙利亚作家以这样的祈祷结束对尤利安皇帝的描述:"愿关于他的记忆成为一个诅咒!阿门!"④

文艺复兴以来,尤利安及其教育法令的处境也好不到哪里去。伯莱提艾神父(De La Bleterie)说,毫无疑问,尤利安无外乎想根除基督教。⑤英国圣公会的拉德纳(Nathaniel Lardner)说,"不可否认,尤利安是一个迫害者。"⑥他拥有的良好品质又如何呢?用另一个法国历史学家的话来说,他的邪恶品质远远超过他的任何好品质。

---

① 见 Bidez 在其出色的传记中的讨论,《尤利安皇帝传》(*La Vie de L' Empereur Julien*),(Paris,1930),页 333 – 336。最著名的例外,当然是利巴尼乌斯(Libanius)的《演说集》(*Orationes*) XVII, XVIII, XXIV 和阿米安努斯的史书。

② F. J. E. Raby,《中世纪基督教拉丁诗歌史》(*A history of Christian - Latin Poetry From the Beginnings to the Close of the Middle Ages*),第二版(Oxford,1953),页 198;Kate Philip,《德国文献中的背教者尤利安》(*Julianus Apostata In Der Deutschen Literatur*),Bd. III;《德国文学的材料和主题史》(*Stoff – und Motivgeschichte Der Deutschen Literatur*)(Berlin and Leipzig, 1929),页 6 以下;Bidez,《尤利安皇帝传》,前揭,页 334 – 335。

③ 参佐那拉斯,《编年史》(*Annalium*),XIII. 12. 24 – 25。

④ Michael the Syrian:"愿关于他的极端记忆成为一个诅咒!阿门!"(Que sa memoire soit en maledicton, Amen) 源自法文翻译:J. B. Chabot 编辑,《安条克的叙利亚雅各布的追随者米歇尔的纪事》(*Chronique De Michel Le Syrien Patriarche Jacobite D' Antioche*)(1166—1199),四卷 (Bruxelles,1963),卷一,页 282。

⑤ Bidez,《尤利安皇帝传》,前揭,页 222。

⑥ 《关于基督教真理的古代犹太人和异教徒证言集》(*A Large Collection of Ancient Jewish and Heathen Testimonies to the Truth of the Christian Religion*),4 vols. (London,1764—1767),IV,页 42。

毕竟——难道尤利安没有背弃基督教吗？"如果他已经丧失了上帝的福佑,那他又将获得什么呢？"①

不论被以何种形式对待,这一教育法令一直保留着尤利安的统治的最令人反感和憎恶的特征。培根(Francis Bacon)在他的时代,仍然记得教父们对这一法令的评判:"与尤利安之前的皇帝的血腥迫害相比,这一法令是反对基督教信仰的更危险的手段和阴谋……"② 马瑟(Cotton Mather)为了使新英格兰的基督教青年获得良好的教育,曾把尤利安的教育法令作为一个徒劳的和拥有邪恶企图的例子蔑视地提到过。③虽然十八世纪的吉本(Gibbon)说,"这一法令已经遭到了公正和严厉的谴责",但可能仍然有很多人坚持谴责它。④一位作家提到,只有残忍才会使一位皇帝将这么多忠实的教师从他们深爱的职业中驱逐出去。⑤阿拉德(Paul Allard)令人印象深刻的研究认为,该法令是一座"不宽容的纪念碑",简直是在

---

① "如果失去了永恒的灵魂,他将赢得什么"(Que gagne celui qui perd son ame pour l'eternite),见 Lenain De Tillemont,《皇帝史》(Histoire Des Empereurs),6 vols. ,rev. (Venise,1732—1739),IV,页 554 - 555. 源自德国人的观点,Kate Philip,《德国文学中的背教者尤利安》,前揭,页 19 - 52。

② 《学术的进展》(Advancement of Learning),I. 6. 14。弥尔顿(Milton)出于同样的原因批评尤利安:"我们信仰的狡猾敌人。"Merritt Y. Hughes 编,《约翰·弥尔顿的诗集和散文集》(Jhon Milton Complete Poems and Major Prose)(New York,1957),页 726。

③ 《美洲的伟大救世主》(Magnalia Christi Americana),二卷(Hartford,1853),卷二,8。

④ 《罗马帝国衰亡史》(The History of the Decline and Fall of the Roman Empire),J. B. Bury 编,七卷(London,1909),卷二,页 487。

⑤ Albert De Broglie,《第四世纪的罗马帝国教会:孔斯坦丁大帝与尤利安》(L' Eglise et L' Empire Romain au IVe Siecle Deuxieme Partie: Constance et Julien),三卷(Paris,1857—1866),卷二,页 213。

"给一切异端宗派以荣耀"。①基督徒的苦难没有令瓦勒特(Vollert)愤怒不已,但他谴责该法令故视学术自由。②穆勒(Müller)非常大度地承认,尽管基督徒将真正的责任归于这位皇帝,实际上,基督徒们根本不应遭受这一切。③所以,近几十年来形成了一种压倒性的共识,用勒克莱尔克(Leclercq)的话说就是,尤利安的教育法案完全是一种"暴政的表现"。④

1908年,葛福肯(Johannes Geffcken)悲叹,需要更加客观地对待这部反基督教的教育法令的作者,呼吁在随后的研究中持更加谨慎的学术态度。⑤然而,尽管二十世纪的研究已经普遍对尤利安显示出一种友好的倾向,某些研究尤其明显,但基督教对这位皇帝已经形成并保持了一种彻底的宗教性解释,这部教育法令被当作最清晰表达其异教偏见的标志而流传下来。例如,贝恩斯(Baynes)在《剑桥中世纪史》(*The Cambridge Medieval History*)中,

---

① 《背教者尤利安》(*Julien L'Apostat*),三卷(Paris,1900—1903),卷二,页357、360。

② Wilhelm Vollert,《尤利安皇帝的宗教和哲学信念》(*Kaiser Julians Religiöse und Philosophische Überzeugung*)(Gutersloh,1899),页40。

③ Eugen Muller,《尤利安传记及其著作选集》(*Kaiser Flavius Claudius Julianus: Biographie nebst Auswahl Seiner Schriften*)(Hannover,1900),页43。

④ Henri Leclercq,《"背教者尤利安":基督教考古和礼仪词典》("*Julien L'Apostat,*" *Dictionnaire D'Archeologie Chretienne et De Liturgie*)(Paris,1928),Vi-ii,373. Louis Duchesne 说,这项法令及伴随它的诏令"无法通过任何宽容理论来辩护",《早期基督教教会自建立至五世纪末的历史》(*Early History of the Christian Church From its Foundation to the End of the Fifth Century*),Claude Jenkins译,三卷(London,1909—1924),卷二,页263。

⑤ 《皇帝尤利安及其有争议的著作》("Kaiser Julianus und Die Streitschriften Seiner Gegner"),见《新古典研究年鉴》(*Neue Jahrbuch fur das Klassische Altertumswissenschaft*)(1908),页161–162。

通过复兴宗教的形象来构建他对尤利安的描述。①彼得兹(Joseph Bidez)关于尤利安的传记非常值得一读,他以尤利安逐渐不满于自己的温和措施来叙述这位皇帝的统治历史。这部教育法令标志着从佯装的宽容政策到公开与基督徒冲突的转折。彼得兹认为应该更加恭敬地倾听尤利安对早期教会的批评。②莱布里洛(Pierre de Labriolle)像很多别的研究者一样,遵从彼得兹建立的模式,描述了尤利安的统治逐渐变得残酷的过程。③利茨曼(Hns Lietzmann)和里乔蒂(Giuseppe Ricciotti)先后承认了尤利安改革的活力和公正,但仍然强调,这部针对基督徒教师的法令是众多尤利安式打击措施中最过分的。④

这些解释的一个巨大困难是,它们与皇帝作为一名统治者的廉洁、举止方面的慷慨和令人满意的形象不相容。⑤尤利安的第一次

---

① Norman H. Baynes,《从孔斯坦丁大帝的继任者到约维安以及与波斯的战争》(Constantine's Successors to Jovian: And the Struggle with Persia),见《剑桥中世史》(The Cambridge Medieval history),八卷本(New York, 1924—1936),卷一,页102—112。

② 《尤利安皇帝传》(Paris, 1930),页262 - 263, 310 - 311 以下。也参同一作者的早期论文,《尤利安宗教事务政策的演变》(L'évolution de la politique de l'empereur Julien en matière religieuse),见《比利时皇家科学、文学及艺术学院》(Academie royale des sciences, des letters et des beauxarts de Belgique), Bull. no. 7(Brussels, 1914),页406 - 461。

③ 《关于异教徒回应反基督教争论的研究》(La Réaction païenne Étude Sur La Polémique Antichretienne Du ler Au Vie Siècle)(Paris, 1934),页373。

④ Hans Leitzmann,《古代教会史》(Historique de l'Eglise Ancienne),三卷(Paris, 1936—1941),Ⅲ,页273、287 - 295; Giuseppe Ricciotti,《背教者尤利安》,M. Joseph Costelloe 译(Milwaukee, 1959),页179 - 195。

⑤ 二十世纪两份最重要的尤利安研究都倾向于将尤利安描述为最卓越的统治者:Roberto Andreotti,《罗马皇帝尤利安》(Il Regno Dell 'Imperator Giuliano)(Bologna, 1936); Wilhelm Ensslin,《尤利安的立法及统治失误》

改革以异常宽松的措施向各种知识分子、智者和哲学家们开放他的宫廷。①基督徒和异教徒一样,受到了这种皇家礼遇。②宗教宽容政策宣布后,那些被孔士坦丁大帝(Constantine)和孔斯坦提乌斯驱逐

(Kaiser Julians Gesetzgebungswerk und Reichsverwaltung),见 *Klio Beitrage zur alten Geschichte*,XVIII(1918),页104-199。也参 Alice Gardner,《哲学家皇帝尤利安及异教与基督教的最后一搏》(*Julian, Philosopher and Emperor and the Last Struggle of Paganism against Christianity*)(New York,1895),页223-231;《叛教者尤利安》(Iulianos Apostata),见《保罗-维索瓦古代考古学词典》(*Pauly - Wissowa Realencyclopädie Der Classischen Altertumswissenschaft*), X (Stuttgart,1917),c. 页51;Johannes Geffcken,《尤利安及其有争议的著作》,前揭,页168;Ernest Stein,《晚期帝国史》(*Histoire Du Bas - Empire*),J. R. Palanque 编订,二卷;第二版(Paris,1949),卷一,页158。

顺便说一下,另外一个问题使得关于尤利安动机的混乱变得更复杂。没有人比这位皇帝更清楚,也许他树立的旨在阻碍基督教成功的最有效障碍,可能是使人们用古代经典学问来抵制基督教。他自己的经历正是他可以寻找到的一个实例。此外,他也承认,对古代典籍的阅读和筛选已经证明了其他典籍被遗弃在基督教行列之外的一个常见原因。《反加利利人》,Wright,《罗马皇帝尤利安作品集》,Ⅲ,页384;见 Teubner 版《尤利安皇帝反基督教手稿集》(*Iuliani Imperatoris Librorum Contra Christianos Quae Supersunt*),Charles John Neumann(Leipzig,1880),页204。如果他的主要目的是旨在阻止基督教,那么为什么他忽略了自己的经历?

① 然而,尤利安的轻信以及他接收的那些人所实施的骗术,已经受到应有的批评。作为实例,参 Eunapius,《哲人和智者生平》,Wright 译,前揭,页447。

② 《致哲学家亚里士多塞诺斯》(To Aristoxenus, a Philosopher),Wright,《尤利安皇帝作品集》,卷三,页115-117;Bidez,《书信集》,页84-85,其中尤利安说到,他的宫廷对任何一位拥有真正声誉的哲学家开放。参《邀请圣巴西尔》(the invitation to Saint Basil),书信26,Wright,《尤利安皇帝作品集》,卷三,页81;书信32,Bidez,《书信集》(*Lettres*),页52;以及《致阿里乌斯派的埃提乌斯》(To Aetius the Arian),书信15,Wright,《尤利安皇帝作品集》,卷三,页35-37;书信46,Bidez,《书信集》,页65-66。

了的各种异端被召了回来。①禁止在白天举行葬礼的法令似乎对基督徒比异教徒的影响更为直接,但它有一个合理的理由,并且对所有宗教团体一视同仁。②用异教徽章取代基督教的标识,尤其在帝国军旗和其他军用标识上,尤利安不仅动用了他的特权,还调整了其他非基督徒占多数的领域,至少在军队中如此。③必须承认,尤利安对被从亚历山大里亚城放逐的阿忒那西乌斯(Athanasius)表现出一种公开的偏见。④ 并且,他对达芙尼的阿波罗神殿大火的反应一

---

① 阿米安努斯《原史》,XXII. 5. 3 – 4;Sozomen,《教会史》(*Hist. Eccl.*),V. 5;《致阿里乌斯派的埃提乌斯》,书信 15,Wright,《尤利安皇帝作品集》,卷三,页 35 – 37;书信 46,Bidez,《书信集》,页 65 – 66;以及《致玻斯托拉城人》(To the Citizens of Bostra),书信 41,Wright,《尤利安皇帝作品集》,卷三,页 129;书信 114,Bidez,《书信集》,页 193。参安德烈奥蒂(Andreotti)的评论,《罗马帝国》(*Il Regno*),页 130。

② Wright,《尤利安皇帝作品集》,卷三,页 191 – 197;Bidez,《书信集》,页 197 – 200;《尤利安皇帝书信、法律、诗歌、残片集》(*ELPF*),页 194 – 198;以及《狄奥多西法典》(*Cod. Theod*) IX. 17. 5。

③ 拿撒的格列高里,《讲辞》,IV. 66;Sozomen,《教会史》,V. 17. 2. 关于异教徒在军队中的数量问题,参 John Bagnell Bury,《罗马帝国晚期史:从阿卡迪乌斯到伊琳娜女皇(从公元 395 年到 800 年)》(*A History of the Later Roman Empire, From Arcadius to Irene*)(395 A. D. to 800 A. D.)(London and New York,1889),卷一,页 35 – 36;Geffcken,《尤利安皇帝及其有争议的著作》,页 175;Stein,《纪事》(*Histoire*),卷一,页 97。

④ 在尤利安的统治开始后,对所有被放逐神职人员的宽容政策范围扩大,阿忒那西乌斯回到亚历山大里亚,并再次担任主教。但是阿忒那西乌斯没有过一个世俗人的生活,而是变得放肆,尤利安因此再次将其放逐。书信 24,Wright,《尤利安皇帝作品集》,卷三,页 75 – 77;书信 110,Bidez,《书信集》,页 187 – 188。阿忒那西乌斯并没有理会这一命令,而是继续他的工作,甚至为几个亚历山大里亚的希腊人施行了洗礼。这激怒了皇帝,尤利安再次命令阿忒那西乌斯立即离开亚历山大里亚。书信 46,Wright,《尤利安皇帝作品集》,卷三,页 141 – 143;书信 12,Bidez,《书信集》,页 192。对于尤利安

点也不值得称赞。①然而,就对待基督徒方面而言,他不止一次地表示,他们不能因任何原因而受到不公正的伤害,他们在私人信仰方面的自由应得到允许。②如果他希望玻斯托拉(Bostra)的公民彻底摆脱当地的基督教主教,这一行为肯定不能使用暴力。因为尤利安说,"我们应该用真理(logō)来说服和引导人们,而不是用打击或侮辱的方式……"③至于他在实现决心方面的不屈不挠,我们可以从基督徒那里找到证词:他所受的主要责难之一就是他否认基督徒殉道的权利。④

很少有充分的证据来证明尤利安作为一位皇帝的行事任性或残酷。在那些为他服务的人中间,尤利安已经享有极好的声誉。欧特洛皮乌斯(Eutropius)将他比作奥勒留皇帝(Marcus Aurelius)。⑤阿米安

不得不发出第三次命令将阿忒那西乌斯从埃及驱逐这一事件,亚历山大里亚人似乎和他们的主教一样不在乎。书信 47,Wright,《尤利安皇帝作品集》,卷三,页 143 - 151;书信 111,Bidez,《书信集》,页 188 - 192。

① 阿米安努斯《原史》,XXII,12 - 13,《憎恶胡子的人》,Wright,《尤利安皇帝作品集》,卷二,页 445。对这一事件的最佳描述,参吉本《罗马帝国衰亡史》,前揭,卷二,页 491 - 495。

② 尤利安,《慰藉》,《致没教养的狗》;Wright,《尤利安皇帝作品集》,卷二,页 173;《赫利俄斯王颂》,Bidez,《讲辞集》,页 192;《致阿塔比乌斯》(To Atarbius),书信 37,Wright,《尤利安皇帝作品集》,卷三,页 123;书信 83,Bidez,《书信集》,页 143 - 144;《致赫克波利乌斯》(To Hecebolius),书信 40,Wright,《尤利安皇帝作品集》,卷三,页 127 - 129;书信 115,Bidez,《书信集》,页 196 - 197。

③ 《致玻斯托拉城人》,书信 41,Wright,《尤利安皇帝作品集》,卷三,页 135;书信 114,Bidez,《书信集》,页 194 - 195。也参《憎恶胡子的人》,Wright,《尤利安皇帝作品集》,卷二,页 447 - 453。

④ Soc. Schol.,《教会史》,Ⅲ. 12. 15;拿撒的格列高里,《讲辞》IV,58 以及 XLII. 3。

⑤ *Brevarium*, X. 16. 以及 Sextus Arelius Victor, *Epitome De Caesaribus*, XLII. 5;Zosimus,《新史》(*Nova Historia*),Ⅲ. 2。

努斯说他"天生仁慈",对其正义的传颂远远超出了地中海地区。① 其统治时间虽短暂,但异乎寻常的,为数众多的铭文颂扬了他的宽容,尤其是其作为"自由恢复者"的节制和智慧。②基督徒普卢登提乌斯(Prudentius)称赞他的统治,拿撒的格列高里也承认这一点。③还有,这位皇帝在临终之际称赞自己已经做到"节制审慎地管理政务"。④要接受传统对尤利安的评判——特别是关于他的教育法令,就会得到一个破碎的形象,一个拥有双重面相的人。尤利安,一个谨慎的执政者和安静的哲学家,同时也是一位暴君和最坏的宗教极端分子。

在过去的半个世纪中,对尤利安及其改革的评价模式开始重新建构。在对尤利安的教育法令认真审视后,恩斯林(Wilhelm Ensslin)也许是第一个强调主导尤利安的统治的真正建设性意图的人。这位皇帝的改革不是源于受到误导的狂热。看起来彻底背离基督教的措施,实际上是政治和宗教方面的复兴。⑤接着是科克伦(Charles Norris Cochrane)在第二次世界大战期间发表的巨著。科克伦通过独到的解释困扰四世纪教会和皇室的问题,使对尤利安的意图进行令人耳目一新的评价成为可能。⑥要而言之,科克伦的论

---

① 《原史》(Res Gestae),XXV. 4. 9;XXII. 7. 9。也参利巴尼乌斯的评论,《讲辞》,卷一,页 119,125。

② Herman Dessau 编,《拉丁铭文选》(Inscriptiones Latinae Selectae),三卷本(Berlin,1962),卷一,页 167 - 168;nos. 页 749 - 754。

③ 《颂辞》(Apotheosis),页 449、454,J. H. Thomas,trans.,Prudentius,二卷本(Cambridge,《勒布古典丛书》,vol. 104,pt. 1,1949),卷一,页 155;拿撒的格列高里,《讲辞》,IV,页 62、74。

④ 阿米安努斯,《原史》,XXV. 3. 17。

⑤ 《尤利安的立法及统治失误》,前揭,页 118 - 125。

⑥ 《基督教和古典文化:从奥古斯都到奥古斯丁的思想和行动研究》(Christianity and Classical Culture,A Study of Thought and Action from Augustus to Augustine)(London,1944),页 231 - 249。

文认为,325 年的尼西亚会议确立了必须遵守基督教信经的做法。阿忒那西乌斯的圣父圣子同体论,不是将耶稣简单描述为上帝的一个形态,而是上帝自身的本质。要接受阿忒那西乌斯的论断,就得视祂(Him)为彻底的属灵原则。另一方面,阿里乌斯派认为历史上的耶稣从属于上帝,并且赋予基督时间的属性。根据被判为异端的阿里乌斯派的解释框架,教会的教皇也具有人类的有限的本性和自己的利益。阿里乌斯派本来在形而上学方面倾向于古典思想,即国家应该在改进人类方面发挥核心的和真正好的作用。但是,随着孔士坦丁大帝对基督教的认可,当教会选择了阿忒那西乌斯关于神的格位的解释时,唯一合乎逻辑的结果就是,对世俗生活的卡里斯马(charismatic)般的完全冷漠。孔士坦丁大帝阉割了世俗生活的所有需要。这个世界的堕落只能在奥古斯丁的《上帝之城》中发现校正的方法。

根据科克伦的观点,孔士坦丁大帝的宫廷向阿里乌斯派显示出的倾向和热心,是在孔斯坦丁—基督教联盟中固有的笨拙暗示的必然反应(同上,页273-274)。尤利安的行为是对阿忒那西乌斯派基督教的逻辑越来越不满的结果。但正如科克伦试图表明的那样,尤利安的目的与其说是出于世俗考虑不如说是出于宗教考虑。事实上,宗教复兴从属于这位皇帝更大的政治计划。他希望复兴异教,这是真的,"但只是作为恢复城邦的基础,在城邦里,宗教情感可以作为政治生活的一种功能的自然表达"。[①]这种扩大了的视角已

---

① 同上。以及章节《基督教末世论和罗马帝国之间的斗争》(Der Kampf Zwischen Christlicher Eschatologie und Römischen Imperialismus),见 Werner Hartke,《罗马皇帝:罗马思想和哲学的结构分析》(*Romische Kinderkaiser, Eine Struicturanalyse Romischen Denkens und Daseins*)(Berlin,1951),页352-402。

经通过德沃尼科(Francis Dvornik)的作品获得了更多的说服力。①通过研究这位皇帝的政治著作,以及他的许多改革措施,德沃尼科找到了证据,证明尤利安是一个谨慎的法律专家,他决心返回早期的罗马共和体制而不是晚近的政教合一的专制主义(同上,页73－76)。他寻求一种古罗马理念的复兴。这种理念认为,皇帝受法律统治,并且是法律尽心尽责的守卫者,而不是将皇帝人格化。尤利安认为自己只是个普通人。②因此,他在罗马的实质意义上理解他的政治角色,而不是在东方专制或神权政治意义上来理解自己。③

这部教育法案更容易被解释为尤利安保守政治观念的表征,而非像诸多教会人士和历史学家以为的那样,是出于恶意和仇恨。在将他的改革扩展至教育领域的过程中,这位皇帝有丰富的先例可以借鉴。由正如一个世纪前的格拉斯伯格(Grasberger)以及最近的马鲁(Marrou)最近再次指出的那样,罗马共和国在训练青年方面,一

---

① 《尤利安皇帝关于王权的"反动"思想》(The Emperor Julian's 'Reactionary' Ideas on Kingship),见 *Late Classical and Medieval Studies in Honor of Albert Mathias Friend*, Jr., ed. Kurt Weitzmann(Princeton,1955),页71－81。

② 在这方面,尤利安无视传统程序,时常狂妄自负,这引发了一些批评和不受欢迎的评价。利巴尼乌斯,《讲辞》,卷一,页129－130;XVIII. 155。

③ 用恩斯林的话来说,"在所有领域,尤利安都努力推动帝国思想的发展,包括作为帝国基础的罗马法"。《尤利安的立法及统治失误》,前揭,页156。其他不错的概括,可参 Glanville Downey,《尤利安皇帝和学校教育》(The Emperor Julian and the Schools),见 *The Classical Journal*, LIII (1957),页97－98;《尤利安和尤士丁尼以及信仰文化的统一》(Julian and Justinian and the Unity of Faith and Culture),*Church History*, XXVIII (1959),页341－343。

如斯巴达那样严格和严厉。①在那个时代,一个人可能由于在法庭上打哈欠而受到惩罚,②或者其饮食、餐桌举止和公共礼仪都受到同样的仔细监视,这些很大程度上透露出共和国在其公民教育方面想达到的目标。③尤利安可能也知道教会的教规,据说教规要求基督教语法学家告诉他们的学生"异教徒的神都是魔鬼"。④在这件事上,他的反应和几个世纪前的情况一致,当时一些哲学家和修辞学家因其教诲被认为敌视罗马人的道德风俗而被放逐。⑤尤利安简朴的生活习惯及其社会和教育理念清晰地反映了罗马早期的文化自豪感和保守倾向。

通过禁止基督徒删略异教徒的作品以宣扬他们的信仰——更糟的是,基督徒教师教授他们认为毫无价值的作品,尤利安皇帝处理的是那个时代最大的文化冲突。这是精神和世俗的兴趣越来越不协调的表现。希腊罗马最古老的传统之一是对整体教育目标的尊重,或如格拉斯伯格所指出的,"担忧未来年轻人的和谐发展"。⑥

---

① Lorenz Grasberger,《古典教育和教学》(*Erziehung und Unterricht im Klassischen Altertum*), 3 vols. (Wurzburg, 1864—1881), Ⅲ, 页582; Henri-Irenee Marrou,《古代教育史》(*Histoire De L'Éducation Dans L'Antiquité*),第五版(Paris,1960),页313-314。

② Aulus Gellius,《阿提卡之夜》(*Noctium Atticarum*), Ⅳ. 20. 7-10。

③ 《加图传》(*Cato Maior*), XVI. 页1-2,参普鲁塔克《希腊罗马对比名人传》(*Vitae Parallelae*),也参 Wilhelm Dilthey 的评论,《教育史和法律系统》(*Pädagogik Geschichte Und Grundlinien Des Systems*), Bd. Ⅸ,《狄尔泰文集》(*Wilhelm Diltheys Gesammelte Schriften*)(Leipzig und Berlin,1934),页60。

④ 引自 Marrou,《古代教育史》(*Histoire De L'Éducation*),页465。

⑤ 我指的是在公元前173年时伊壁鸠鲁·阿尔凯奥斯(Epicureans Alcaeus)和菲利斯库斯(Philiscus)被逐出罗马。Athenaeus,《智者之宴》(*Deipnosophistae*), XII. 547A;也有希腊和拉丁语的修辞学家在公元前161、155年被罗马人流放,公元前92年又发生了这样的事。Suetonius, *De Shetoribus*, Ⅰ; Aulus Gellius,《阿提卡之夜》,XV,页11。

⑥ 《古典教育和教学》前揭,Ⅱ,页15。

培育传统的哲学—宗教感知力与公民的文字读写能力密切相关。①最重要的是,要求教师综合古典作家的教诲并通过自己的语言传递给年轻人。②亚里士多德曾在他的作品中以语法学家为例分析了一个完整的人是什么样子的。普鲁塔克也强调过学问和知识的完整的必要性。③正是需要教师这样的奉献,尤利安在其执政早期,猛烈抨击那些"称赞"但拒绝"模仿荷马式英雄"的人。④对尤利安来说,教会和国家之间的分裂,不仅在高度模仿化的古代学问体系中是一个危险因素,而且其自身不可能实现天堂的或世间的幸福。

当然,除了尤利安的教育法令有分裂基督教的意图之外,他还成功地通过搞乱基督徒的实践以反驳基督徒的诫命。尽管越来越多的人接触古典文学,但基督教反对世俗知识的传统依然根深蒂固。流传下来最早的教父著作,建议基督徒避开外邦的和邪恶的异教书籍,并建议教师们放弃他们的工作。⑤忒奥菲里乌斯(Theophilus)痛

---

① Martin Persson Nilsson,《古希腊教育》(*Die Hellenistische Schule*)(Munchen,1955),页61-81;以及 M. Defourny 的评论:"教育学和政治有异曲同工之妙,幸福之城……"《亚里士多德和教育》(*Aristotle et L'Education*),见《高等学院哲学年鉴》(*Annales de L'Institut Supérieur de Philosophie*),IV (1920),页20。

② 《尼各马可伦理学》(*Ethica Nicomachea*),卷二,页4。

③ 参 Katherine Mary Westaway 的翻译和评论,《普鲁塔克的教育理论》(*The Educational Theory of Plutarch*)(London,1922),页139。

④ 《慰藉》,Wright,《尤利安皇帝作品集》,卷二,页191;Bidez,《讲辞六》,《论文》(*Discours*),页202。

⑤ 《宗徒训诲录》(*Constitutiones Apostolorum*),I. 6。也参 R. Hugh Connolly,《所谓的埃及教会命令及原始文件》(*The so-Called Egyptian Church Order and Derived Documents*),卷八:《对圣经和教父文学有贡献的文本和研究》(*Texts and Studies Contributions to Biblical and Patristic Literature*),J. Armitage Robinson 编(Cambridge,1916),页63-64。

骂异教徒的作家和思想家是堕落和无知之辈。① 阿诺比乌斯（Arnobius）十分厌恶异教的学问。② 德尔图良仿佛已经预见到尤利安法令所提出的问题，他曾警告基督徒们，当他们成为异教书籍的讲解者时有必要与自己的良心相妥协。③ 毫无疑问，尤利安对于他的法令带来的这种伦理困惑感到满意。④

但是，这里需要强调，这样的困窘状况是这位皇帝实现最高目标的附带事件。用他自己的话说，他"除了友善以外没有别的情绪"，对所有的修辞学家和哲学家都一样——只要他们"诚实"。⑤ 如果他是在嘲笑基督徒，他完全可以引用古罗马人的说法，为其针对基督徒教师的法令辩护。他说，一个"想的是一套，教给学生的却是另一套东西的人……因为他不是一个诚实的人，所以无法恰当地从事教育事业"。⑥ 言辞和信仰的一致是这位皇帝时常强调

---

① *Ad Autolycum*, XVIII。Tatian,《驳希腊人》(*Oratio Adversus Graecos*), I-III。

② 《反异教徒》(*Adversus Nationes*), III. 11; IV. 26-27, 35。

③ 《论偶像崇拜》(*De Idololatria*), X, XIX;《反异教徒》, II, 页1-2。细读一下关于教育的基督教文本，你会很惊奇，像奥托（Otto Seeck）这样应该完全反对尤利安教育法的基督徒们，什么时候竟如此理所应当地看似总是在争取免于世俗教化职责的自由，并以他们自己的方式布道马太和路加福音。《古代世界奇闻异事》(*Geschichte des Untergangs der Antiken Welt*)(6 bde.；Berlin und Stuttgart, 1897—1920), IV, 页328。

④ 皇帝显然是在落井下石，比如问道："如果读自己的经文真的足够的话，你为什么对学习希腊文化如此吹毛求疵？"《反加利利人》, Wright,《尤利安皇帝作品集》,卷三,页384; Neumann 版,页205。

⑤ 《驳犬儒赫拉克勒奥斯》, Wright,《尤利安皇帝作品集》,卷二,页153-155。

⑥ 书信36, Wright,《尤利安皇帝作品集》,卷三,页117; 书信61c, Bidez,《书信集》,页73. 这里也可参看 Andreotti 的评论,《罗马帝国》,页139-140,以及 Johannes Geffcken,《两个希腊辩护士》(*Zwei Griechische Apologeten*)(Leipzig und Berlin, 1907), 页307。

的品质。①恩斯林提到,为了实现信仰和言辞的完美和谐,尤利安尽力提高他的统治的道德性。②确保学校保持思想和语言的一致性,既与这位皇帝在其他方面的统治习惯直接相关,也没有违背其保守的政治哲学。

在对教育法令进行政治性的解释时,所有这一切都从属于一个更大的考虑。这个考虑就是四世纪的西方人所面对的古典文明的困境及其适应性。在古代人那里,至少从早期智者时代开始,文明是通过特定的语文传统,在历史和地理方面将人们联结成一个整体的社会。③正是这些人类经验和思想,构成了整个希腊罗马的教育基础。个体直接和间接对文字和语言的使用,被认为是古典教养理

---

① 《讲辞八》,Wright,《尤利安皇帝作品集》,II,页191;《讲辞七》,Bidez,《论文》(*Discours*),页202;《致哲人忒米斯提乌斯》(*Letter to Themistius*),Wright,《尤利安皇帝作品集》,卷二,页235;以及《憎恶胡子的人》,Wright,《尤利安皇帝作品集》,II,页465-467。

② 《尤利安的立法及统治失误》,页187。如果登克(Denk)的观点能够被接受的话,这位皇帝的意图是基本的道德,而不是迫害。登克认为,尤利安是在与一个非常专业的组织打交道,其数量在异教信念中仍然占主导地位。V. M. Otto Denk,《高卢—法兰克教育原史以及查尔斯大帝最古老时代的教育》(*Geschichte Des Gallo-Fränkischen Unterrichts - und Bildungswesens von Den Ältesten Zeiten Bis Auf Karl Den Grossen*)(Mainz,1892),页157。同样在这一方面,Dvornik曾说过,虽然有不同的观点,尤利安"没有遭到来自同时代修辞学家和哲学家的任何强烈反抗……"《皇帝尤利安关于王权的"反动"思想》(*The Emperor Julian's 'Reactionary' Ideas on Kingship*),页79;以及A. H. M. Jones,《异教与基督教之间斗争的社会背景》(*The Social Background of the Struggle between Paganism and Christianity*),见《四世纪异教与基督教之间的冲突》(*The Conflict Between Paganism and Christianity in the Fourth Century*),Arnaldo Momigliano编(Oxford,1963),页20-21、30-32。

③ Werner Jaeger,《教养:希腊文化的理想》(*Paideia: The Ideals of Greek Culture*),Gilbert Highet译,三卷本(New York,1945),I,页299-300以下;Marrou,《古代教育史》(*Histoire De L'Éducation*),页306。

念的传承,即希腊的 paideia 和罗马的 humanitas。这就是尤利安为什么难以理解那些喜欢沙漠胜过喜欢城市的人,正如拿撒的格列高里所做的,他们不仅与自己的身体,而且与他们的语言都分离了。① 任何人都可以质疑传统文学的优先性,这使皇帝震惊。在一篇雄辩地表达了古典主义观点的文章中,尤利安告诉我们如何通过激发异教文学意象,使得那些即使低人一等的青年人也能够被培养成为英雄式的人物。② 当接触到文学时,年轻人所拥有的才能不亚于"上帝赐予的天赋"(同上)。基督徒拒绝崇敬和纪念这些思想和行为,这会导致所有人类意义的瓦解,正如尤利安指出的,导致一种对人类自身的仇恨。③政治性和文学性的作品不仅能让年轻人对自己的能力感到愉悦,而且是改善人类生活状态的重要途径。④,这位皇帝认为,基督教反社会和反智的倾向与他所理解的"人是什么样的"以及"应当是什么样的"问题根本不相容。⑤

尤利安曾经认定自己是一个"罗马人",并认定希腊人为自己

---

① 拿撒的格列高里,《讲辞》,IV. 5。
② 《反加利利人》,Wright,《尤利安皇帝作品集》,卷三,页 384-386;Neuman 版,页 205。
③ 《致一位神父的书信片段》(Fragment of a Letter to a Priest),Wright,《尤利安皇帝作品集》,卷二,页 296;书信 89b,Bidez,《书信集》,页 155-156。
④ 《欧西比娅皇后颂》,Wright,《尤利安皇帝作品集》,卷一,页 317、329-331;《孔斯坦提乌斯皇帝的英雄事迹或论王权》,Bidez,《演讲集》,页 92、97-98;《慰藉》Wright,《尤利安皇帝作品集》,卷二,页 179;《赫利俄斯王颂》,Bidez,《演讲集》,页 195。
⑤ 《反加利利人》,Wright,《尤利安皇帝作品集》,卷三,页 325-327;Neumann 版 168-169;也可参见《讲辞六》,Wright,《尤利安皇帝作品集》,卷二,页 9、15;《赫利俄斯王颂》Wright,《尤利安皇帝作品集》,卷一,页 411。

的"同族",他用维吉尔的术语来解释他的皇帝角色。①在寻求将帝国的政治和宗教精神重新凝聚起来的过程中,他被一个物质与精神方面都十分繁荣的陆上共和国的梦想所指引。一个不断进步的人性观念早在埃斯库罗斯时代就已提出。②但维吉尔以史诗的形式推进和重现了这一形象,将这一蓝图变为一种切实的罗马精神。至关重要的是,关于这一理念核心的详尽设想是一个崇高的语言、文字传统以及政治共识。③只有文学及其研究——通过融合传统和希望——可以构建一种人的理想。还有神的存在这一令人欢欣的一面,如尤利安所说,他们"只在卓越的知识方面超越了人类"④。尤利安除了以教育为媒介之外,没有更好的选择以期稳步返回到奥古斯时代的景象。但就其本质而言,这种改革除了需要信仰之外还要有智识。就尤利安所了解的,基督徒在这两方面都不符合。他们不仅贬低人类的处境,而且他们的社会和文化礼节与罗马相反,以至于几乎是低级粗野的。基督教是一种"religionis agrestis[粗野的宗教]",皈依它的不过是一些"粗鲁而无知的渔夫"。⑤ 一个忠于自己信仰的基督徒在希腊罗马的学校是不会有一席之地的。

---

① 讲到阿斯克勒皮奥斯(Ascelpius,希腊神话中的医神)的故事:"对我们来说这不是罗马人所独有的(医治的天赋),但我们相互去享受它……同我们的亲人——希腊人。"《反加利利人》,Wright,《尤利安皇帝作品集》,卷三,页374;Neuman 版,页197。

② 欧里庇得斯,《欧墨尼得斯》(*Eumenides*),行1003 - 1047。

③ 特别是《埃涅阿斯纪》(*Aeneid*),VI,页790 - 793;XII,页188 - 191,页834 - 840。在继承维吉尔方面,尤利安并不孤独,参 D. Comparetti 的著作,《中世纪的维吉尔》(*Virgilio Nel Media Evo*)(Firenze, n. d.)。

④ 《致没教养的狗》,Wright,《尤利安皇帝作品集》,卷二,页15。

⑤ 书信55,Wright,《尤利安皇帝作品集》,卷三,页189;书信90,Bidez,《书信集》,页21 - 22。

针对基督徒教师的法令是一个建设性的手段。这是再次致力于恢复教育的传统目的的努力。某种程度上,这样说是非常狭隘的:尤利安拒绝接纳任何思想剽窃或通过转向古典思想来诋毁古典文明的行为。①他改革的广泛程度足以表明,他的意图远非单纯地禁止基督徒从事教师职业。他创制了公共阅读机制,重建了旅店和体育馆,并公开表扬各种书信。②这些措施往往同异教徒的宗教思想紧密相关。但是正如已经表明的那样,这是其政治改革的必要组成部分。马曼提努斯(Mamertinus)知道什么最能取悦这位皇帝,因此在他对尤利安的颂词中,对尤利安统治期间复兴文化和教育进行了专门的赞颂:

> 正是您,伟大的皇帝,您扭转了之前美德被放逐或者被弃之不顾的状态。您已将它们恢复到正确的位置。正是您复兴了以前已趋于死亡的书信研究,也复兴了被怀疑论的偏见夺去其荣誉的哲学。您已宣告所有对哲学的指控无效。而且,您为它披上了皇袍,为它戴上了黄金和宝石,您让它尊坐于皇位之上。③

毋庸置疑,复兴奥古斯都时代统治辉煌的梦想,是尤利安心中尤为重要的一个动机。教育改革是这一雄心壮志的必要组成部分。

吉本列出罗马帝国在基督教影响下衰败的众多原因,指责他们

---

① 《残片 7》,Wright,《尤利安皇帝作品集》,卷三,页 299;Bidez,《罗马皇帝尤利安书信、法律、诗歌、残片集》,页 73–75。

② 拿撒的格列高里,《讲辞》,IV. 页 109;利巴尼乌斯,《讲辞》,XVIII. 页 159–160。

③ 《谢辞》(Gratiarum Actio),J. P. Migne 编,*Pat. Lat*,XVIII,页 424–425。也参利巴尼乌斯,《讲辞》,I. 118;esp. XVIII,页 156 以下。

"好逸恶劳,甚至无视公共利益"。但是,尤利安很清楚,这个国家所背负的问题远远比让基督教公民简单承担责任要复杂得多。①他对新犬儒学派的批评绝不亚于其对基督教的指责。②尤利安的政治改革的活力由于缺乏宗教同情而急剧衰退。由于急于缓解这一状况,他的教育法令是考虑到这一症结的极端性而提出的。尤利安在一个远比宗派倾向更深的层面上寻求改革。如果罗马帝国必须复兴,而不是被取代,就必须同时复兴帝国的视野。然而在学校教育领域——准确说来是思想的大百货商场,尤利安发现没有什么像基督徒对永恒的世界秩序的质疑那样有威胁。③但是,如果世界毁灭的谣言消散了,那么有必要为学校和神庙注入新的活力。尤利安认为,只有帝国的教师们如同帝国领袖一般相信这个世界能够持久存在,这个国家才能实现其目标。

在与波斯人的艰难战争中,由于没有穿铠甲便鲁莽地进行了一场遭遇战,尤利安被敌人的长矛击中,从战马上跌落,受伤而死。这位皇帝年仅32岁,其整个统治只有不到19个月的时间。在基督教批评者心目中,毫无疑问,这位皇帝的驾崩是上帝对其邪恶意志的惩罚。④并且,针对基督徒教师的法令对帝国的教育几乎没有任何

---

① 《罗马帝国衰亡史》,卷二,页41。
② 《致没教养的狗》,讲辞六,Wright,《尤利安皇帝作品集》,卷二,页5-65;《驳犬儒赫拉克勒奥斯》,讲辞七,Wright,《尤利安皇帝作品集》,卷二,页73-161。以及 Wilhelm Vollert 的评论,《尤利安皇帝的宗教和哲学信念》,页97。
③ 尤利安对基督教末世论的反应见于:《残片一》,Wright,《尤利安皇帝作品集》,卷三,页429;《残片三》,Neuman 版,234。
④ 参见 G Reinhardt 收集的众多证词和版本,《尤利安皇帝之死》(*Der Tod des Kaiser Julian*)(Cothen,1891)。

影响。在尤利安去世后的 6 个月内,他的继任者废除了该法令。①然而,将这一法令视为一项暴政的观点一直持续了数个世纪。

对尤利安进行政治性诠释,确实扩展了我们对他意图的理解,这应该能为当代的历史学家提供一个对尤利安的统治的更有意义的解释。正如这里呈现的,认识到尤利安复兴传统文明的意图,能够校正对这位背教皇帝最受争议的行为的看法。强调文明复兴,而非宗教迫害,尤利安的形象不仅更显友善,而且更为前后一致。

---

① 《狄奥多西法典》(*Cod. Theod.*),XIII. 3.6。

吉本与背教者尤利安

贝洛克(Hilatre Belloc)撰

尹胜 译

读者兴许记得,我直接针对吉本的批评分散在不同的文章中。在这里,我并不打算展示吉本所犯错误的一般特征,也不会处理他的整部大作,而是挑些例子来表明他的各种无知和谬误,这些无知和谬误使得他这部迷人的大作不符合历史事实。

例如,我已经在《真实的十字架》(True Cross)一文中详细地指出了两点:第一,吉本混淆了证据;第二,他没有阅读原始权威资料。

在文章《吉本与世俗权力》(Gibbon and the Temporal Power)中我已经表明,他误解了传说和伪书的区别,忽略了前者随着时间不断增加的性质。他在考证日期方面表现出罕见的拙劣,同时,他也没有听说过《圣西尔维斯特行传》(the Acts of St. Sylvester),也不知道其历史。

本文有另外的目标,或许是更为重要的目标。我选取了一个特殊的出发点,假设吉本确实阅读了所有或几乎所有他能够接触到的权威文献。我的主题是,他承受了极大的痛苦,并知道这将是对其作品的一个考验。我的看法是,他相当警惕并清楚地知道,任何主要的错误或明显的偏见都将会削弱他的论证。我打算揭穿他在这样的考验下伪造历史的方法。

这是非常有趣的一点,甚至是决定性的一点。因为它表明,一个书写摘要——其工作是写小册子而不是记录史实 的历史学家,是如何通过明显的细微改变或隐瞒来故意制造假象的。

背教者尤利安是一个明显的案例。十八世纪晚期那些少数依然批评天主教的人期望献身于怀疑主义,扭曲和伪造对天主教的批评。

现代反天主教的态度仍然沉迷于对背教者尤利安的英雄式崇拜,例如,意大利的奈格里(Negri)的著作包含了对尤利安比较粗糙的颂词。那些现代反天主教的作者——例如《剑桥中世纪史》(the Cambridge Medieval History)的作者或者最近我们英国大学的权威们——尝试用一种理性视角纠缠于"背教者"这个平常的词,并认为所有证据都有利于古代世界最后的这位异教徒统治者。

如今,吉本是一个伟大的艺术家。这给了他的不朽之作极大的魅力,也使得其糟糕的史实对学生极为危险。他实在是一位过于伟大的艺术家,以至于陷入了严重而粗俗的错误之中,仅仅致力于赞美这样一个人对他来说也是一种陷阱:对天主教教会的破坏企图必须得到他的喝彩,其失败必须被视为一场灾难。吉本的整体态度必然需要一种伪装的严谨,否则他的言说将不会获得任何分量。一个承认明确的、复杂的、积极的同时狂热的人生哲学——这也是天主教的态度——的人,作为一位历史学家会获得极大的分量,然而他的作品完全背离了力求真实和确信的原则。一个加尔文主义者可以为约翰·诺克斯(John Knox)写些夸张的赞颂之辞,但仍不失为一个好的历史学家。一个英国辉格党人可以针对奥兰治亲王威廉(William of Orange)做的事情,一个英国低级牧师对奥利弗·克伦威尔(Oliver Cromwell)也同样可以做。但是吉本不能对尤利安这样做,除非他背叛自己的观点。因为该观点佯装蔑视任何确定的和正面的信条,而尤利安狂热地坚信这样的信条。在消极地意义上,吉本关于孔斯坦丁大帝统治后期的行为和思想的论述可以得到读者的认同,不过也仅仅在非天主教方面。

再者,吉本对尤利安性情的描述也会自然而然遭到反驳。尤利安完全是一个存在于他那个时代的人,也就是四世纪的人,那时对超自然之物的迷狂,对于每个人都是理所应当的,这对异教徒和基督徒来说都一样。他听到各种声音,看见各种异象,并愉快地参加各种神秘仪式;他与同时代的圣徒们认为是邪恶的精灵交流。这一切在吉本眼中都是幼稚的。此外,吉本还处在一种奇怪的不合逻辑的自由主义的洪流之中,这种自由主义佯称宽容一切,甚至对那些会毁掉它自身的东西也表示宽容。今天,吉本已去世一百三十年了,这种态度仍然强劲。在现代欧洲,仍然有相当多这种精神的继承者。尤利安在宗教争端中明确偏向一方,甚至为这一方组织、构建了固定的宗教等级和神学体系!从吉本的语调中可看出,这一行为似乎在道义上令人反感,在政治上也站不住脚。

因此,这种策略和倾向使吉本所勾画的尤利安肖像,表面上似乎符合历史,似乎是公正的判断和描述。他小心翼翼以避免太过明显的赞誉。他没有意识到促使他这么做的那种偏爱。

对我们更有价值的,是他伪造对天主教有所贬斥的历史时所留下的明显痕迹。假设他真的阅读了所有材料,他不敢遗漏那些广为人知的东西。从中,我们可以准确地推断出他的方法。

我不打算考察全部的六个章节——整个著作的十二分之一,吉本在里面处理了尤利安所面临的重大宗教危机。我仅仅指出它们之中的几小点,但我会在显微镜下对其进行详细的审视。我认为,这种审察将会是决定性的。我选择的点,单个看来不甚重要,它们只涉及细节,除非对原始的权威资料进行详细的研究,我们无法看到它们的价值。但是,如若有人做了这样的研究,其结果将相当明显。

吉本在这些地方进行了精心的伪造。他伪造了证据,并总是朝一个方向伪造,即朝着启蒙和反天主教的方向伪造。

我将我的观点分四组进行阐释,共十六个论点。

(一)第一组的陈述,阐明吉本伪造历史的方法。这一组涉及背教者尤利安在孔斯坦提乌斯死后对其宫廷和支持者所进行的报复。

我们要审视一下这里吉本必须处理的问题。在公开反叛基督徒皇帝孔斯坦提乌斯之后,作为一个异教信仰的皇位争夺者,尤利安的成功源于其对手的突然死亡。他趁机折磨和非难孔斯坦提乌斯的牧师们,将他们杀害、流放,没收他们的财产,用尽所有手段来对付他们。这些是历史上经常发生的事情。这是在权力斗争中能想到的,它显示了所有的历史不断产生着的这类罪行。但是这些特定的暴行是由这么一个人犯下的,吉本希望把他放在一个有利的位置,以便与前任基督徒皇帝以及这位皇帝周围的基督教氛围进行对比。

我已经说过,吉本并不是倾向于仅仅对尤利安进行称颂,写这样的颂词也不仅仅是他的策略。但这正是他尽可能倾心于异教哲学而伪造历史的策略,甚至描绘出一个远远好于真实的天主教徒的狂热敌手。他不能通过粗糙地遗漏那些重要和为人熟知的事情来伪造历史,他只能不断在细节方面做文章。

在细节方面做文章时,采用何种形式来书写尤利安肆虐的残酷复仇这一问题?当然,可采取的形式是声称其复仇是尽可能的合理和温和的。然而,这个目标将如何实现呢?通过夸大其温和的地方、淡化其糟糕的方面、舍弃那些有利于受害者的东西,或者忽略那些证明迫害者是为了捍卫自己的真实利益而采取的行动和法令。在不采用任何粗糙或低级的错误材料的情况下,也很容易虚构出整个事情的经过,只要采用的细节材料总是倾向于赞成一方而反对另一方。

我将以有关报复方面的三个细节为例,来展示这是如何做到的。

(1)尤利安成为皇帝后,被判死刑的人中有弗洛伦提乌斯(Florentius)。尤利安被皇帝任命在西方指挥军队时,他也被皇帝指派担任高卢政府的高级职位。弗洛伦提乌斯忠实地听命于其合法的主人——罗马帝国皇帝,曾拒绝帮助尤利安叛乱。但在尤利安担任合法的罗马副帝期间他一直竭力成为尤利安忠诚的奴仆。①正是他的军事建议使尤利安在斯特拉斯堡(Strasburg)战役前取得了惊人的胜利,而他那时仍然服从于皇帝的命令;后来又由于他在组织护送补给方面的军事行动,才拯救了处于下莱茵河(the Lower Rhine)的尤利安的军队。因此,尤利安有足够的理由对这样一个人充满感激之情,这个人不仅是同时任命了他们二人的孔斯坦提乌斯的忠实仆人,也是尤利安自己在战役中的一个特别忠诚的支持者,这些战役为尤利安提供了名声,也增加了他谋反的野心。

随着叛乱的日盛,弗洛伦提乌斯逃到他的合法主人——皇帝的宫廷里,尤利安登上皇帝宝座后,弗洛伦提乌斯被判处死刑。他没有做任何可以保住自己的位置的事,像位高权重的人通常遭遇的那样,他因与孔斯坦提乌斯有牵连而饱受折磨。弗洛伦提乌斯后来逃跑了。他隐藏的地方没有被人发现,因此对他的判决并没有执行。

---

① [译按]这里指尤利安355年被任命为凯撒,即帝国皇帝的副手,管理帝国西部的事务。

数月后,当复仇变得难以实施时,某些陷入麻烦的低级官员将弗洛伦提乌斯的藏身之处出卖给了皇帝。尤利安答复说,事情已经平息,他十分宽宏大量乃至不愿意利用这一密报,弗洛伦提乌斯事件便不了了之。

现在,让我们看看吉本是如何处理此事的。在他的叙述中,涉及尤利安早期在高卢的战争部分,吉本小心地略去了任何有关弗洛伦提乌斯提供军事援助的信息,因此使读者无法得知尤利安应该有的对他的感激之情。他未有提及弗洛伦提乌斯在判决后逃跑到被举报人出卖之间的时间间隔,并且通过使用出现在一个句子中的三个词,让读者认为,弗洛伦提乌斯在某种程度上是有罪和该死的,尽管他并没有告诉读者原因——很简单,因为它根本就不存在。

吉本文章的第27章第17段这样写道:

> 弗洛伦提乌斯的罪行(guilt)证实(justified)了法官们的严厉判决是合理的,他的逃跑更显示了尤利安的宽宏大量。尤利安高贵地查看了一位举报人的尽职调查,但拒绝获知这个可怜的逃犯藏匿起来逃避他合理(just)愤怒的地点。

这里通过使用"罪行"、"证实"和"合理"三个词,创造出一整幅不真实的印象,易使读者产生弗洛伦提乌斯已经畏罪的想法。事实上,他并未认罪。吉本也没有直接指控弗洛伦提乌斯,因为根本就没有罪名。与此同时,在消极方面,他使读者无法知道那些应当令尤利安感激的原因以及事件发生的整个过程。

(2)当尤利安反叛皇帝——曾赋予他权力的堂兄——并向东行军时,一个拥有守备军并筑有防御工事的要塞——阿魁利亚镇(Aquileia)的人站出来支持在位君主,虽然尤利安的军队已经通过了它的防区。如果不是孔斯坦提乌斯恰好在尤利安即将成功的时刻突然死掉,一支守备军和未攻克的要塞在其后方的存在对于尤利安来说是一个严重的威胁,并有可能完全打乱其计划。直到孔斯坦提乌斯驾崩之时,这支被围困的驻军才被迫投降。那个要塞的人不相信皇帝驾崩的消息并继续抵抗,但在收到皇帝死亡和尤利安即位的证明后,阿魁利亚最终打开了它的大门。

投降后发生了一件十分恶劣和野蛮的事情。请记住,这支守备军站在合法的一方为其合法的主人而战斗。当它确信另一个皇帝已正式即位,方才投降。

尤利安的代表将守备军的两个下级军官斩首,并将其最高指挥官活活烧死。

现在,让我们看看吉本是如何处理这件事的(第22章,第13段):

> 当皇帝死亡的消息一经确信,阿魁利亚的军队便打开了城门,并通过牺牲他们有罪的指挥官来获得尤利安的明智或慈悲的赦免。

这就是吉本告诉我们的内容,这也是他告诉我们的所有内容。他将对合法君主的服从称为罪行,他掩饰了对忠诚行为采取的盲目复仇的野蛮性质。

(3)我在此将乌尔苏鲁斯(Ursulus)事件作为说明吉本写作手法的第三个实例。

乌尔苏鲁斯一直担任孔斯坦提乌斯皇帝的财政部长,而尤利安反叛这位皇帝并朝他进军。尤利安对他一直怀有很深的感激之情,因为正是他慷慨的财政政策成就了尤利安在高卢的地位,他还力排众议支持这位在西方的年轻统帅。要不是乌尔苏鲁斯,尤利安不可能给他的士兵那么大笔的钱,这也是他掌握军队的主要手段。因此,大体而言,正是乌尔苏鲁斯使得尤利安的伟业成为可能。

然而,这个不幸的人被处死,其财产也被没收。在没收乌尔苏鲁斯财产这个问题上,我们必须特别注意这样一个事实:对于这一卑劣的、特别极端的暴虐贪婪的新措施,尤利安负有责任。他是这部新奇法律的制订者,其中规定,任何接受或隐瞒查抄物资的人——如果他是穷人——将会被处死。在他之前,这种行为只会被处以罚款。如果罪犯还有些财富足以支付罚款,这样他还能免于一死;但是,如果罪犯是无力支付罚款的民众,就会被判处死刑。

这种初步分析显明尤利安对没收巨额财产的态度,他以此为借口对叛乱进行辩护。因此,我们不必惊讶,当他发现民众对谋杀乌尔苏鲁斯的反应强烈,并且这个不幸之人的家人要求他交出这些财产的时候,他不情愿地舍弃了这些财富,只允许这位财务部长的女儿得到其中的一部分。

无论是出于恐惧还是策略,尤利安都不会在执行的时候干涉判决。这种令人厌恶的行为是如此残暴,以至于哪怕是新政权最坚定的支持者也提出了反对。吉本承认这一通过司法的谋杀的确不受欢迎,同时提到乌尔苏鲁斯曾对尤利安的慷慨。他总结说:

> 这位被自己和公众的责备深深伤害了的皇帝,通过归还没收的财产给了乌尔苏鲁斯的家人一些安慰。

这是吉本歪曲历史的一个很好的例子。他在这里处理的是一件最臭名昭著、最糟糕的事件。通过这个事件,读者一般都可以认识那个历史时期,因为它是一件为人所熟知的事情。他不能仅仅遗漏它或者对事实进行重大歪曲。所以他所做的就是,伪造一个重要的细节以掩饰其他的,最终达到歪曲整个事实的目的。他没有告诉你任何关于尤利安新法律的内容,并造成乌尔苏鲁斯的全部财产都归还给了他的继承人的假象;两处小小的妙笔使得这种手法奏效。

(二)我的第二组例子与第一组是同一类,也就是说,它涉及吉本通过一系列的遗漏和歪曲细节来伪造历史。但它表明,这种手法在更大的范围内奏效,并通过相当多的歪曲和遗漏而产生效果。本组例证包括以下几点:(1)安提阿(Antioch)附近的达芙妮圣地发生的阿波罗神庙大火,此时尤利安正居住在安提阿;(2)企图重建犹太圣殿;(3)在加沙(Gaza)发生的对基督徒的屠杀。

(1)在达芙妮圣地发生的事情是这样的。尤利安特别喜爱离安提阿几英里远的阿波罗神殿,它坐落于一片小树林中。而一位名为巴比拉斯(Babylas)的基督教圣徒的圣坛和墓冢也位于这片树林里。尤利安说它们亵渎了异教的圣地,便下令拆除这位圣徒的遗迹。民众在附近游行,以表示对这种亵渎行为的愤怒。不久,362年10月22日的晚上,阿波罗神庙的木屋顶起火。屋顶跌落,木质的阿波罗神像被烧毁,只剩下了墙壁和柱子。在没有证据并且阿波罗的祭司还在痛苦挣扎无法提供任何信息的情况下,尤利安就指控是基督徒纵的火。他下令烧毁希腊圣地和狄迪玛·阿波罗(Didymean Apollo)神谕所附近的基督教堂,作为对诸神的一种赎罪。他还处死了一位安提阿的基督教牧师,以此作为其复仇的一部分。在安提阿大教堂发生了最肮脏和最可憎的各种渎神行为,这些在此无法当众诉说,并且关于此事,读者必须去参考原始的文献资料。有足够证据说,这些罪行是由皇帝的官员们所犯下的,他们也是他的亲属;他们是最坏的一类人,你们可以在左拉(Zola)笔下找到这类人。

这里吉本的写作手法产生了如下效果:

首先,他告诉读者火灾发生在圣徒遗迹迁移的同一个晚上,以此来误导读者。他的目的显然是为了说明基督徒实施犯罪的可能性更大。然而,这件事并不是发生在同一个晚上,而是发生在一段时间之后。①

其次,他说(第23章第24段),尤利安指控基督徒是因为"他必须在罪犯或奇迹之间进行选择",并声称基督徒除了说火灾是神迹之外找不到任何关于火灾的解释。

这只不过是一个谎言。当然,许多基督徒在神庙屋顶和神像的燃烧火焰中看到了上帝之手;也有人说,大火是由雷电引发的。然而,一般的解释是,一个异教皈依者在神殿内点燃的蜡烛烧着了什么东西,然后火花向上蔓延,最终点燃了屋顶。这些蜡烛在灾难发生的晚上就已经点燃了,那些基督徒非常正义地指出,毫无疑问是屋顶先起火的,所以火不可能是人为从下面点燃的,几乎可以肯定,这就是这次事故的原因。所有这些常识性的问题,同时代人详细描述过,而吉本故意将这些略去了。

第三,他引证那个时代最严肃的历史见证者——阿米安努斯,提及这一所谓的基督徒罪行。

实际上,那个段落涉及的根本就不是基督徒,而是异教皈依者。阿米安努斯真正说到的是,确实存在一个"起火传言",即这个异教皈依者的蜡烛引发了火灾。吉本故意将这一陈述转嫁给基督徒。作为历史学家,这不可原谅。

第四,他向读者隐瞒了尤利安在大教堂所犯下的渎神恶行。在这里,顺便说一下,他再次利用了脚注这一手法。他在文中使用了这一单独的句子:

---

① 娜莱(Lightfoot)博士认为这是吉本仅仅从法国官方资料中复制谬误的无数案例之一。我不这样认为,从内部证据看得很清楚,在关于尤利安的某件事例上,吉本真的读了阿米安努斯(Ammianus)的资料。

> 他关闭了安条克的基督教教堂,并没收了它的财产。

在一个长长的脚注(第115项)中,他使用了模糊的短语:"某些情况下发生了侮辱和亵渎的行为"。如果他能控制自己的厌恶之情而让读者去关注那些"某些情况下"这一细节,那么读者将对作为历史学家的吉本不胜感激。

最后,吉本略去了所有关于火烧基督教堂以向阿波罗赎罪的信息。

(2)在重建犹太圣殿这件事上,当时的证据是:尤利安重建圣殿的行动被迫终止的原因是激烈的暴风雨、地震,尤其是发掘过程中出现的火球,这使得部分工人受伤,有的甚至丧生。异教徒和基督教提供的事实是一致的,并被阿米安努斯证实。他是一个异教徒,是尤利安强有力的支持者,是我们最好的见证人。此外,同时代的人惊讶地注意到,在暴风雨后周围人的衣服上出现了十字架。一位官员说,"就像是被绘或绣上去的一样精美"。

这最后的情节并不一定是不可思议的。有大量证据表明,闪电时常在肉体和衣服上留下这种印花般的效果。

吉本对待这一切的态度很有趣。当然,他并不否认重建犹太圣殿的计划失败了。否则,他就得否认滑铁卢战役。①这是一个重大的历史事实。他不否认甚至也没有遗漏发生地下火灾的事实。众所周知,他有能力这样做。但是,他尽可能地通过一系列句子去削弱它的影响(在第18段,第23章的结尾)。他认为:当时任何奇异的现象都会被认为是神迹;作为基督徒的耶路撒冷神职人员很自然

---

① 这种极端的看法只能留给现代怀疑论者了。阿德勒(Adler)博士写的一篇论文表明,根本就没有重建圣殿的计划!这种程度的厚颜无耻只能作为有利于可靠的史述的反例。

是说了谎;作为那个时代的一个异教徒,阿米安努斯几年后记下了这件事;我们不应该相信某些东西,除非我们能通过活着的证人加以证实;阿米安努斯用奇迹来修饰他的史书。诸如此类的还有很多。

他对待衣服上的十字架印记的态度更为有趣。由于吉本不了解这种物理现象——因为它们是不寻常的,因为在当时这些被认为是神迹,因为我们的主要证人是一位基督徒——他的文本将这些遗漏了!在脚注中,他只是隐约嘲笑了他那个时代英国圣公会的一位主教沃伯(Warburton),这位主教非常恰当和理智地将这种现象归因于闪电的作用。

(3)对于在加沙和其他城市发生的对基督徒的大屠杀,吉本带着疑问仔细对其进行粉饰,他怀疑,从证人和真实受害者眼中收集来的历史叙事,哪些是绝对真实的。他不能说这个事件是假的,他不能这样做,但他通过暗示减轻了其程度,这些暗示定会对可能不知道原始事件的普通读者产生影响。这种手法是如此精致,因此尤其值得我们对其进行评价。

他提及这些暴行,甚至还提供了一些细节,但他用一些妨碍确信的语句来构成叙述的框架。比如,尤利安自己对过激行为的承认,"可能使教会的叙述得到确信"。然后,他只给出了来自这种"教会叙述"的作者们的某些细节,而没有他自己的权威资料;他最终告诉我们,卡帕多西亚的乔治(George of Cappadocia)被谋杀案件"具有一定的可信度",仿佛其他暴行就没有似的。

这是对历史事实的一个很轻微的改动,但它恰恰足以突破一个平常陈述和虚假暗示之间的界限。这就像一个当代人去写某些当代的事件一样。例如,对卢西塔尼亚号(Lusitania)的沉没这样写道:"德国媒体的某些段落可能会被引用,以确认大战中愤怒的游击队到底在捍卫什么。现在让我们谈谈其中我们能够确信的东西,科隆(Cologne)发生的轰炸。"

(三)我采用的第三组例证涉及两个问题:(1)所谓的关于孔斯坦提乌斯的"截获信件"问题;(2)殉道者圣乔治(St. George the Martyr)与亚历山大里亚的阿里乌斯派主教乔治(George)是否同一个人?

在这两个问题上,我们将发现吉本并没有像在第一组案例中那样,通过隐瞒和改变某些细节来歪曲事实,而是按照他那个时代不常见而我们这个时代却很普遍的一种方式来操作。这种方式包括:将一个可疑或假设的东西作为文本中确定的历史事实陈述出来,以此给普通读者留下深刻印象,然后通过将一段参考材料塞进权威文献的脚注中来巧妙回避认真的批评家。以这种方式伪造历史的那些人(吉本是第一个这样做的人)避免了被人全部否定的风险。他们通过一些注释间接提出与他们相悖的观点,以此为自己辩护。但他们不把这种间接提及的内容放在正文中。这样,他们便大胆地像讲述已被接受了的历史事实一样进行陈述,实际上陈述的只不过是一种可能性或猜测,甚至是虚构的东西。

(1)我首先将"截获信件"作为这个方法的一个例子。让我向读者清楚地介绍一下这一历史事件。

尤利安对孔斯坦提乌斯的反叛是被他在高卢指挥的军队的哗变所激起的。大量的士兵被召集到巴黎,孔斯坦提乌斯命令这些军团开往帝国东部,因为帝国东部存在着来自波斯帝国非常严重的威胁。这种危险吸引了孔斯坦提乌斯的所有注意力,并且需要最大的军事力量来抵御它。然而,高卢的军队拒绝离开西部,并要求尤利安称帝,从而激发了他的野心。当尤利安真正开始准备向孔斯坦提乌斯进军的时候,他唯一能使用的正是这支强烈反对东征的军队。

因此，他不得不说服他们接受这项由于不得人心而激起反叛的任务。他不得不拿出一些诱使他们跟随他东征的动机和理由。此外，他还要确保他离开后，高卢的边境免于野蛮人的入侵。如果他做不到这点，他所率领的高卢军队肯定要返回高卢并保卫自己的家园。所以，他开始着手针对莱茵河畔的野蛮人进行一次闪电式作战。他通过友好的邀请引诱了一个日耳曼的重要部落酋长来到罗马军营，然后把他囚禁起来。他或许在军队中散播这样的谣言：他，尤利安，已经截获到孔斯坦提乌斯写给蛮族酋长的贿赂他们入侵高卢的信件，以此来阻止尤利安的东征。后来，在他写给雅典人的信中——这封信是在他因对手死亡而成功即位后写的，尤利安明确写道，他截获了那些由孔斯坦提乌斯写给蛮族酋长并贿赂他们入侵西部行省的信件。这一指控被利巴尼乌斯再次提到，他在尤利安死后为他写了一篇英雄颂词。

历史上真的有过这样的信件被传送和截取吗，还是根本就没有？这是一个公认的疑案。我们必须考虑以下事实：第一，皇帝贿赂蛮族入侵自己的帝国，这是前所未闻的，是难以令人相信的重大罪行。其次，信件从未公开出版或被引用过。第三，它们从未被任何能够批评的读者提及，直至尤利安的对手——它们所谓的作者——死掉之后。第四，这一针对孔斯坦提乌斯的指控尤为不可思议，因为在帝国的所有皇帝中，在保护罗马领土免受外敌入侵方面，孔斯坦提乌斯是最为热心的一个。他为了解决来自帝国东部的威胁而牺牲了一切，甚至在尤利安反叛时放弃了自己的皇位。以我们对他性格的了解，他不可能做出如此非同寻常的事情，以致激起对自己政权的反叛。

暂且不论这些。没有人能否定这件事。没有人可以将孔斯坦提乌斯通敌叛国的罪行确信为不容置疑的历史。但是，所有的可能性都不支持这一论点：一方面，因为它与我们所知道的关于时间和人物方面的一切不符合；另一方面，因为篡位者有充分的理由捏造这些信件的存在，而它们或它们存在的任何证据都不会被公开或留下来。

最详细和最可靠的同时代证人阿米安努斯（我们必须时常引用的作家）显然认为孔斯坦提乌斯从来没有写过这些信件——即使他始终支持尤利安并反对孔斯坦提乌斯。真实的历史会提及这一指控，提出否定它的证据，不仅从常识角度，还从当时最好的见证者那里证实这是栽赃诬陷，并且让读者在近乎完全构建起来的历史上进行判断。

现在，让我们看看吉本如何处理此事。在第22章第9段开始的地方，他明显地写道：

> 他（尤利安）已经从截获的信件中发现，他的对手为了自己的统治利益而牺牲了国家利益，并再次煽动蛮族入侵西部行省。

这里注意以下两点：第一，在遭到那个时代最好的证据和几乎所有历史学家的反对的情况下，一个不可能的陈述被当作历史事实简单地书写出来，仿佛吉本知道其背后拥有充分的证据，而这点是他的普通读者所不能验证的。其次，他巧妙的使用"再次"这个词，给人以这件事确信无疑的印象，认为皇帝习惯于这种通敌叛国。事实上根本不存在任何对先前这种行为的指控。

对于这个断言，吉本承认自己没有资格判断。他没有任何官方权威的支持或否定它的参考资料。他希望在故事的开头就影响到读者的判断。他继续写了几页描述尤利安向孔斯坦提乌斯的行军，仍然让读者沉浸在假象之中。在描述的结尾处，他再次写道，尤利安让世人在两个竞争者之间进行判断,"其中一人怂恿蛮族入侵"。

在这里,当这种表述发挥作用的时候,他首次加入了一个脚注(第22章的第86个脚注)。在这个注脚里,他把阿米安努斯怀疑此事的一个句子放入其中,但这句话前后写的是一段尤利安自己的证词及利巴尼乌斯重申自己的观点,并间接提到一封不是孔斯坦提乌斯写给蛮族的而是蛮族写给孔斯坦提乌斯的信件,且信中并未涉及任何有关入侵的问题,仅仅牵强附会地留下一个关于罗马皇帝和日耳曼酋长之间通信的模糊印象。

(2)关于故意混淆卡帕多西亚的圣·乔治和同名的声名狼藉的阿里乌斯派主教这一问题,吉本是以同样的方式操作的。他给出了一个确然表述,仿佛那是读者熟知的事实,他们会毫不犹豫地接受。他在脚注中隐藏了对这一怪异表述的令人生疑的认可,并尽可能削弱反驳的力度。因此,其造成的普遍的效果是认为那一事实确信无疑。甚至对那个时代和权威文献具有批判意识的认真读者,都会留下一个吉本所说的是一段历史事实的印象,他可能想当然地接受这件事,忽略对其的任何质疑。

让我像先前那样开始分析,首先摆明真实的历史事实。在四世纪中叶,有一个和尤利安同时代的名为乔治的人,他出生于西里西亚(Cilicia)一个贫穷的家庭,但是由于某些未知的原因——也许是出身或血统,他得到了"来自卡帕多西亚"的称号,在历史上被称为"卡帕多西亚的乔治"。他作为军队承包商以欺诈的手段积累了大量财富,当阿里乌斯派成为帝国宫廷主流的信仰时,他成了阿里乌斯派信徒,并设法让自己被该派信徒选为亚历山大里亚的主教,此后继续商业欺诈和压迫,重新征收对他有利的税务,尤其是迫害天主教徒。与此同时,他可能掠夺了异教徒,这自然激怒了他们。所有这些都发生在孔斯坦提乌斯在位期间,他支持和赞同阿里乌斯派。当尤利安取代孔斯坦提乌斯的时候，民众报复了这个臭名昭著并残暴的人，将他囚禁起来并处死了他。

至少在整整一代人的生命周期之前，有一位乔治以身殉教——可能是在六十或七十多年以前的最后一次异教迫害时期。不幸的是，有关他殉教行为的真实记载已经遗失。我们知道他殉难的地方，至少知道他的埋葬地。那是在巴勒斯坦（Palestine）的吕大（Lydda），即迪奥斯波利斯城（Diospolis）。我们也清楚，他的职业是军人。其他所有关于他的细节随着时间的消逝已经遗失了。事实上，两百年后，一本著名的卷宗里提到了圣·乔治真实事迹中遗失的部分，以及围绕他名字产生的各种虚假传说。不过，虽然最初的事迹记载已经遗失，但可以确定的是，这位圣徒的性格或者他的殉难过程，或两者兼有，都给他那个时代的教会留下了非常深刻的印象。因为，他迅速获得了全帝国性的声望，并且帝国各地越来越多的基督教教堂都对他的殉难进行布道。很快，围绕他的殉难出现了大量的传说，至今保存下来的最早的文献中充满着各种明显非历史性的奇迹般的记述。①

吉本特意指出，基督教崇拜中的圣·乔治和那个两代人之后被亚历山大里亚的民众处死的道德败坏的阿里乌斯派主教是同一个人。他是这样写的（第23章第27段的结尾处）：

> 这位臭名远扬的卡帕多西亚的乔治竟摇身一变成了著名的英格兰的圣·乔治。

写了这些之后，在正文的空白处，他增加了一个两行字的小脚

---

① 与龙进行战斗是其中最有名的，是几百年后直到中世纪才产生的，没有参考的必要。

注（第 125 个脚注）："摇身一变之说不能绝对肯定，但可能性非常大。"并且让读者去参考一个不起眼的在柏林出版的名为"Longueruana"的小册子中的第一卷第 194 页。万分之一的读者做梦都不会去翻阅这一参考文献。而当你翻阅它的时候，你看到的只是一个不重要的法国外行死后出版的没有丝毫权威的随意编造的集子。内容仅仅是这个外行的混淆了两个乔治的一些评论。

在这一点上，我们可能会适当地质疑：第一，吉本重复这样一段愚蠢废话的动机是什么；其次，他的著作使用的都是些什么样的证据。

他的动机是很明显的。它是对天主教热心其圣徒和殉道者的一种嘲讽。在数以千计的穿凿附会和难以认同的传说案例中，他选择了最荒谬和最令人吃惊的一个。他将所有新教徒和异教读者熟知的一位伟大圣人、在英国家喻户晓的为数不多的天主教圣徒之一，认定为他能找到的最声名狼藉的一个。这就是他的目的。但是，他作为一个历史学家这样做有什么理由让人信服？是由于这两个点，而且仅仅是由于这两点：第一，这个行省的名字——卡帕多西亚，两个乔治都与这个地方相关；第二，在关于后者的无数传说中有一个提到了亚力山德拉女王（Queen"Alexandra"）和一个名为阿忒那西乌斯（Athenasius）的魔术师。

其余大量的材料——纯属传说以及将这位圣徒的故事与其他的混淆的材料，吉本将其放在一边。更重要的是，他特意回避了具有决定性的一点，即：对圣·乔治的祭奠可以追溯到更早的一个日期，早到无法与这位主教相混淆，因为在年代上不可能，即使存在着对他有利的可靠证据。

我想我应该以结论的形式指出这是多么有典型性，吉本甚至不是其谎言的最初作者，事实上他从来都不是。在他的书中散布着的数百个错误的或歪曲历史的陈述中，没有一个是得自于他自己的研究或考证。所有这些都可以在他那个时代的大陆作家中寻得踪迹，而他抄袭的对象主要是法国人。

（四）第四件事仅涉及一点。它与前面三组所不同的是：吉本虚构历史方法不是通过避开或歪曲某些细节，而是简单地不支持某些虚假的材料，同时完全忽略那些唯一可信的证据。

从这个角度看，这篇文章虽然不是唯一的，但却是罕见的，对它进行一个精确的分析更有价值。

在那场导致尤利安死亡的针对波斯人的致命远征中，当尤利安跨过底格里斯河（Tigris）之后，如果他派出的那支分队绕着北方前进，然后得到亚美尼亚（Armenia）国王阿尔萨科斯（Arsaces）的援助，并最终与主力部队会合的话，那支被尤利安错误指挥的罗马军队可能会得到支援。但这支分队并没有与主力会合，而主力在没有增援的情况下被迫实施了灾难性的撤退。亚美尼亚国王提出的与罗马北方分队共同进军的24000人的军队并没有出现。为什么会出现这次致命的延误？

这是军事史上所提出的最重要问题之一，正如关于珥隆（Erlon）在滑铁卢战役前两天的著名问题，以及其他十几个类似的问题一样，永远不会找到答案。至少在某些被遗失了的历史资料被发现之前，这个问题将永远无法回答。作为同时代所有这些事件的见证者和旁观者、一名异教徒、尤利安的朋友以及一个参加了此次远征的职业士兵，阿米安努斯对此次阻止两军会合的军事事件提供了一个详细的解释。在他的著作的第24卷第7章，他说："我已经在其他地方给出了阿尔萨科斯（Arsaces）未出现的原因。"

不幸的是，阿米安努斯的著作中的几本已丢失，而且其中正好包含了对阻止两军会合的军事原因进行的分析。

但我们可以从相同的权威文献中得知,不管是什么原因,这都不是任何形式的背叛。阿米安努斯将阿尔萨科斯描述为罗马人的坚定而忠实的朋友及盟友。他谨慎地强调了这一点。我们也知道,亚美尼亚国王在这一过程中蹂躏了波斯的一个行省,而且波斯人在胜利后将他视为最严格意义上的敌人。

现在我们转到吉本,看他是如何处理这一事件的。

在第 24 章第 7 段,他简单地认为阿尔萨科斯背叛了罗马。他甚至没有为支持这一观点提供一个注脚。他略去了阿米安努斯提及的所有证明阿尔萨科斯忠诚的内容,以及被遗失的所有文献材料。

为什么吉本在这件事上蓄意伪造与所有已知事实直接矛盾的历史?原因很简单,因为阿尔萨科斯是一个基督徒,不仅是孔斯坦提乌斯的朋友,而且两者还有婚姻结盟关系。这是在历史事实与相反描述之间矛盾最清晰的示例。

背教者尤利安与希腊宗教

蒂尔尼(Michael Tierney)撰

尹胜 译

罗马帝国东西两部分之间文化和特性方面的深刻差异,最为清晰地表现在两个地区用以描述那些被基督教所取代的旧宗教的语言方面。在西部,古老的秘仪与异教实践混杂在一起,乡下人与受过教育的城里人的宗教崇拜明显不同;东部情况则完全相反。Hellen 和 Hellenism 这两个词自伊索克拉底和亚历山大大帝征服时期就已用于指称希腊文化,而非单指希腊这一民族,这两个词一直指希腊宗教的信徒及其实践。整个中世纪,甚至直到以希腊王国为名而复兴希腊民族国家的十九世纪,信奉基督教的希腊人以全体自称"罗马人"(Romaioi)的方式来显示他们对孔士坦丁大帝宗教的坚信。在基督教与异教斗争的最后阶段,Hellenic 这个最初仅仅指希腊语、进而指希腊文化和希腊统一体的词汇逐渐拥有了宗教复兴的重要意义。公元四世纪这一运动达到高潮,然后突然永久性地失败。其最伟大的捍卫者并不是在出身和教养意义上的希腊人,而是作为伊利亚人后裔并出身于基督徒家庭的一个罗马帝国皇帝,他就是孔士坦丁大帝的侄子——尤利安,后来被称为"背教者"尤利安。

尤利安的性格和行为已经成为历史学家、剧作家和小说家持续迷恋的对象。受到过度称赞的同时,他同样也遭到过度的憎恨,那些高度称赞他的一派却不能完全掩饰他的黑暗面,而招致憎恨源于他帝王式的傲慢和用高超的写作技艺嘲讽和指责他人。就作出公正的评价而言,尤利安要比古代那些最伟大的人物处于更有利的位置。因为我们不仅握有那些崇拜者的赞辞和敌人的攻讦,更有他本人写下的大量公开著作和私人信件。拜占庭时期的作家以非凡的公正性保存了他的作品,仅仅删除了那些看似太亵渎神灵而不能传世的段落。在中世纪他被视为反基督的一个先行者,并以拥有奇迹般的著述能力的形象出现。16世纪,胡格诺派将其作为一个误入歧途的人,这是为他恢复名誉的第一次努力。17和18世纪,他成为众多作品的题材,首先是正统史学,后来是自然神论,在英国、法国和德国,他都被描述成一种前后不一致的守护神。19世纪,他被当作一个富有传奇色彩的典型英雄和尼采的先驱。在现代文学中,无论是严肃的还是虚构的,关于他的生活和理想的内容都非常丰富。在过去的一年中,有两部以他为研究对象的专著问世。①

  他参与帝国政治事务的时间仅仅从355年11月持续到363年6月,作为罗马帝国皇帝也只是从361年11月到后面的那个日期。当他的统治突然悲惨地结束时,他年仅31岁,并且似乎还要用余下的一生来完成他的目标。尽管尤利安很年轻且统治短暂,但在历史上仍相当重要,并拥有极大的魅力。从被迫退隐期间默默无闻的位置,突然被提升到一个仅次于皇帝的地位,这远比几年前他同父异母的哥哥伽卢斯(Gallus)更加危险。尤利安最初被视为一个无害的傀儡,但很快就证明,他拥有高超的政治才能和军事天赋。他驱

---

① J. Bidez,《尤利安皇帝生平》;辛普森,《背教者尤利安》(*Julian the Apostate*),阿伯丁,1930。

逐了入侵高卢的日耳曼人部落,在斯特拉斯堡(Strasbourg)的伟大战役中击败了后者,成为士兵们崇拜的偶像,并在短短几年里成为帝国最高权力的有力竞争者。他在高卢的胜利是至关重要的,在高卢行省成为法兰克王国一个半世纪前阻止了该行省成为阿勒曼尼亚人(Alemannia)的领地。在与他的堂兄孔斯坦提乌斯争夺帝位时,他在一份写给古希腊的文化中心雅典的公开信中生动地叙述了他在冲动的士兵拥戴下,在巴黎宫殿接受皇冠之前所发生的情景。随后他便针对自己的堂兄进行了一次闪电式的急行军,如若不是后者(Constantius)突然驾崩,一场可怕的内战必将无法避免。在行军途中,尤利安宣布了他皈依和复兴旧宗教的意愿,这些宗教自312年的萨克沙(Saxa)战役之后,即他的叔叔孔士坦丁大帝的宗教改革后就处于不断衰落中。虽然他表面上信奉基督教并且显然是一个基督教教会的助理牧师(lector),然而实际上他却是一个异教徒和一个对希腊宗教有着长期虔诚信仰的人。他一旦成为罗马世界无可争议的最高统治者,便表现出自己感性方面所有的热情,复兴和改善那些被基督教颠覆的古代宗教信仰系统。

尤利安是在一个阿里乌斯派主教的精心教导下成长的,关于他为何蔑视和拒绝他母亲所信奉的宗教这一问题,现在已经有多种尝试性的解释。最为流行也最不可能的解释是,他由于厌恶当时基督教的种种争论和恶劣习气,转向更加纯粹和哲学的希腊异教教义和习俗。无论他对基督教有何种程度的反对,他早年的基督教信仰无论如何同知识一样深奥,这可以很明显从他的著作中看出,在一些著作中,他引用《圣经》的片段和《荷马史诗》(他用《荷马史诗》取代《圣经》)同等轻松。他的通信令人信服地证明了,在何种程度上他对基督教的憎恨同样夹杂着对其倡导者仁慈和虔诚的敬重。他的整个宗教体系实际上是一种将他所向往的生活方式和习俗移植到希腊文化之中的尝试——尽管他自己对基督教是那么了解。关于他背教原因的另一种解释是源于他青年时期的悲惨遭遇。在孔士坦丁大帝死亡的337年，家族中除了尤利安及其异母兄长以外，所有男性亲属都被军队一举杀害，其目的显然是孔士坦丁大帝要扫除他儿子们即位道路上的所有危险。尤利安的辩护者反复宣称，其后即位的罗马皇帝——孔斯坦提乌斯就是这起罪行的同谋者。事实上他也完全有可能不是，但无论如何这种论断永久地抹黑了他与尤利安的关系。尤利安对自己产生的其堂兄有罪的这种想法给出了令人同情的解释。当时，他正被那位异常疑心和或许有些愧疚的皇帝严格监禁着，这种处境加重了他青年时期的孤独感，很可能也使他对被有罪的亲属强迫信奉的宗教产生了怨恨。

但是，他回归传统希腊信仰的真正原因比这更复杂。无论是在他死后对他有着无尽敌意、恶言谩骂的敌人拿撒的格列高里（S. Gergory of Nazianzen）那里，还是在赞赏他的异教徒阿米安努斯（Ammianus Marcellinus）的描述中，我们都可以更好地了解尤利安的品性。他似乎生来就具有极端紧张和容易激动的特征。他会瞬间呈现出健谈而神秘、自豪而易怒、急切心情下能够抛开所有尊严和自尊的性格。在一个迷信盛行的时代，他的信仰已经到了一个不寻常的程度；他对古希腊文化的热情投入体现在他的著作中；他拥有一种浪漫而富有远见的激情，燃烧着自己去复兴过去的辉煌，而不是任何哲学家或政治家判断的产物。他行动的毅然果断就像他的叔叔孔士坦丁大帝；他拥有孔士坦丁的热情天性，却没有其坚韧的勇气；他拥有孔斯坦提乌斯病态的倾向，而没有其几乎病态的谨慎。年轻的尤利安发现自己处于这样的环境，他整个家族所受到的打击仿佛是被一种可怕的命运纠缠住一般，他沉浸于希腊文学之中，在幼年便接触到一种令人赞赏的通灵神学（theosophy），这种神学将希腊宗教在当时的各种变体的吸引力添加到希腊传统宗教上，从而为后者带来更大的魅力。这样的性情使得尤利安成为一个心甘情愿的牺牲者也就不足为奇了。

尽管对荷马充满热情，崇拜毕达哥拉斯和柏拉图，但尤利安自己所要复兴的异教信仰却没有任何一个希腊宗教的教父（fathers of Hellenism）会认可。希腊异教最好和最高的形态是一种社会性的宗教，并与国家的利益息息相关，事实上以守护神形式崇拜的是国家本身。其核心内容是一种特殊类型的社会组织，正如希腊天才们最杰出的作品所显示的，这个古老的宗教除了该社会引以为傲的美德之外，根本不需要任何哲学和信仰。在城邦及其宗教习俗背后，存在着较长的民间信仰和传统学说盛行的时期，一代又一代的诗人和艺术家不断将其丰富润色，在神话传说的智慧中得到具体体现，国家和宗教对此也是无限宽容。最终摧毁希腊宗教的真正敌人是思想信仰和政治方面的革新。爱奥尼亚、雅典的哲学、不以城邦为中心的马其顿帝国摧毁了这种异教形式最终赖以存在的基础。取代了城邦的政治联盟需要寻找一种崇拜统治者的宗教信仰，以取代城邦守护神。但这种信仰从来就不意味着只是对它宣誓效忠。这并不能满足个体的宗教需求，这些个体发现自己正处于一个庞大的社会结构之中，在一个无边际的大海上无奈地挣扎。人们只能在一种希腊旧宗教信仰中寻求满足，埃及和亚洲的更为古老的宗教为它提供了强有力的支撑。它就是秘仪信仰，最古老的希腊类型是埃琉西斯（Eleusis）的得墨忒耳（Demeter，掌农业、结婚、丰饶之希腊女神）崇拜。希腊也产生了一种更为普遍的秘仪信仰——俄耳弗斯秘仪（Orphism），现在又加入了很多种类似的非常复杂的崇拜，往往也是更野蛮的原始崇拜，其中最有名的是埃及的伊希斯（Isis，埃及神话中的生育女神）和弗里吉亚的诸神之母（the Great Mother of Phrygia），而最近为士兵们特别信奉的，是波斯的密特拉神（Persian Mithras）——类似于希腊不太重要却不可征服的太阳神。

罗马帝国仅仅是马其顿帝国在规模上更加宏伟的一次重组。尽管奥古斯都尝试过复兴古代的宗教信仰，但无论是在希腊城邦或是罗马的城市中，古代宗教信仰在帝国时代没有任何真正宗教意义上的重要性。罗马人并不热心地采用了统治者崇拜，这种崇拜在他们手上显示的作用，甚至比不上马其顿人所提供的个体人性化的宗教需要。另一方面，秘仪信仰获得了越来越多的追随者，其中最新产生的密特拉崇拜是帝国时代特有的一种现象。两个世纪中，罗马努力将帝国的基础构建在希腊城邦之上，在最佳的时期，罗马帝国实际上近似一个巨大的城市邦联。然而，这些努力在235年到285年的50年间彻底失败了，持续不断的内战和第一次严重的蛮族入侵，改变了罗马世界的整体性质，开启了向中世纪农业社会的转型。古代城邦在大多数情况下收缩成小的城堡和要塞，城邦产生的中产阶级已经失去了自己的基础，帝国变成一个庞大的官僚体制，无法阻止拥有无上权力的贵族和奴隶平民之间日益严重的对峙趋势。在这种情况下，秘仪信仰达到了它的鼎盛时期，但是伴随它们盛行而成长起来的，是一种注定将它们彻底湮没、能够独自应对新情况并能为已经消失的城邦提供一种社会性替代层面的宗教。

正是在三世纪的混乱状态下，基督教迈出了最伟大的一步，意义极为重大，因为正是在这个时代，帝国第一次开始对仅仅被认为是古怪和危险的基督教进行残酷迫害。基督教胜利的原因，是由于它是一个取代了旧式小城邦共同体的整个新社会的创建者，秘仪宗教无法取而代之。其精密的组织、遍布的慈善机构、更加纯洁的宗教仪式，以及高于以往最智慧的老师们的道德品行——与此相比那些古代城邦信仰和神秘主义宗教可谓是最为原始和野蛮的，这些方面同其救世承诺对于基督教的成功至少是同等重要的;而那些秘仪宗教主要依赖于祭祀仪式,其承诺只不过由道德方面的要求而定,两者在这方面是不同的。孔士坦丁大帝用宗教宽容政策取代了在他之前肆虐的宗教迫害,并且他的儿子采取了更积极的措施,关停异教庙宇并将其资金用于基督教,还授予基督教的神职人员以特权,这些都大大有助于基督教对混乱的异教信仰进行大肆地侵犯,这种情况一直持续到作为拯救者和复兴者出现的尤利安执政时期。不幸的是,四世纪初也是这样一个时期——教会在新自由政策下宗派分裂严重和异端蓬勃发展的时期,因为孔斯坦提乌斯是一个阿里乌斯派教徒,尤利安本人也是在一位著名的阿里乌斯派主教那里接受教育的。为了反对教会无休止的争端,就必须承认这一事实:即使是异端教派,也同样产生了许多虔诚信仰和高尚德性的人,像卡帕多西亚的乔治(George of Cappadocia)这类人物只是个别的异类,而不是主流。

一部公正和详实的历史几乎无法否认这样一个命题:如果某些早期的皇帝拥有孔士坦丁的远见和勇气,在帝国体系被三世纪的长期混战所粉碎和转型之前,采纳基督教作为社会的同盟和统一的信条,该体系及其古老文明将可能经受住剧变。对那些视基督教和堕落为同义词的作家来说,他们已经对这个时代的堕落描述的够多了,正如他们对尤利安的评价一样。事实上,四世纪是属于伟人、战士、政治家和作家的时代。其对宗教事务的关注也被视为堕落的标记之一。它被描绘为一个极端的和卑躬屈膝的宗教信仰,其弱点被归因于其他方面的世俗物欲。事实上,异教信仰在当时颓废的状态下又奇特地盛行起来,当这种异教迷信倾向成为这一时代的标志的同时,这也成为一个最粗俗的实利主义时代。它非常容易成为欺骗大众的巫术,例如尤利安的良师益友,以弗所的马克西姆斯(Maximus of Ephesus),就是实利主义一个明证。秘仪宗教更是巫术性质的而非道德的,这也是它们与其伟大的对手之间的本质区别。无论如何,正如尤利安的信件中充分呈现出的一样,它们的信徒是如此沉浸于世俗物欲和安逸生活之中,以至于在被官方忽视了短短一段时间后,它们的复兴似乎需要在其整体性质、运行机制和人生观方面进行最为激烈的和革命性的变革。虽然经常轻易地拿来对比,与秘仪宗教真正类似的并不是当时的基督教,而是消逝了的异教信仰和浅显的哲学思辨的精致魔幻形式,例如近代通灵神学、三一运动、印度的先知崇拜和中国的圣人崇拜,所有这一切都不蕴含任何真正意义上的宗教信仰,而是其对立面和不安分的灵魂在虚空中寻求替代的一种摸索。秘仪信仰产生于古代城邦社会的稳定性和基督教信仰的稳定性之间的转型时期。

尤利安试图在他所谓的希腊文化中找到一种方式,来复兴他梦寐以求的古代的辉煌,而不必诉求于他在基督教中看到的"野蛮"途径。假如他的青年时期有所不同,他可能会成为一个像其叔叔或堂兄那样伟大的人。尤利安正是由于自己所有的过错而成了一个不平常的人。他早年的经历和性情使他成为书呆子、浪漫而感性的空想家,将自己置身于一个不适当的世界里,在那里只有极少崇拜者准备虔诚地追随他直到他追求的尽头。他试图复兴的古希腊文化是人为的综合体,在修辞学和哲学学院的温室环境中创造出来的。在希腊,高超演讲和写作的艺术同对智慧的追求在其起源处——柏拉图和伊索克拉底学派的彼此对立中——分裂了。四世纪,帝国的重建和孔士坦丁堡的建成,再现了昔日的繁荣并使东方的希腊文化得以复兴。此时发生了两股力量迟来的汇聚。安提阿、亚历山大里亚、雅典的伟大学园,在图拉真(Trajan)时代被人熟知的智者们人潮涌动,在这一希腊复兴时期聚集了所有的文学艺术和哲学资源。他们的目标是尽可能复兴古希腊传统的辉煌,但已不可能再享受泛希腊的伟大节日、戏剧作品,或者诸如古希腊体育馆或伊菲芘(Ephebia)的活动场所了。古代宗教中心如今被闲置——德尔斐神谕对尤利安寻求激励的答复众所周知,只有潘西努斯(Pessinus)和埃琉西斯的秘仪庙宇仍然在运行。于是,在对他们所谓的希腊文化的最后一次捍卫中,修辞、哲学的学园同秘仪崇拜的代表们一度联合在了一起。学校采用了秘仪的术语,他们的学生是新加入的信徒,像杨布里科(Iamblichus)、普里斯库斯(Priscus)和马克西姆斯这样的秘仪传授者(mystagogues)和著名教师,作为牧师和术士的同时也是思想家和作家。

在此次异教复兴的背景中,有一个明确的和有意识的对抗基督教的倾向。当时学校所教授的哲学,我们习惯用新柏拉图主义哲学来称呼和描述。这一称呼仅仅在一定程度上适用。这种哲学复兴的创始人——普罗提诺(Plotinus)——是一个真正的哲学家,他于公元270年去世。他创立的宏伟思想体系甚至对基督教思想家都产生了巨大的影响。继任者波菲利(Porphyry,304年去世)和杨布里科(330年前后去世)成为神智学宗教教师。波菲利写了一本著名的作品《反基督徒》(*Against the Christians*),杨布里科构建了一个非凡的思想体系,将普罗提诺的思想同整个秘仪崇拜以及巴比伦神秘"科学"的符号阐释相融合。这可以追溯到二世纪的罗马帝国,其宗教方面的女神赫卡忒(Hecate)秘仪崇拜,与诸神和人类的母亲瑞亚(Rhea)一致。一大批人追随着这些哲学家教父,例如对哲学和宗教的兴趣不亚于文学的修辞学者利巴尼乌斯和忒米斯提乌斯(Themistius)。青年时期的尤利安身边就活跃着许多这样的教师,其中最著名的是以弗所的马克西姆斯,他对尤利安的影响远远超出通常被认为的程度。他们于351年相识,当时尤利安只有二十岁。

尤利安继承帝位后立即将马克西姆斯召到身边,这位哲学家兼骗子一直伴随在尤利安身边,直到尤利安死于波斯沙漠。比波菲利和杨布里科两人更甚,马克西姆斯是一个秘仪崇拜的狂热信奉者和擅长巫术的术士,他与尤利安初次相识便告知了他自己的神秘能力,我们在格列高里笔下找到了引人注目的虚构描述:关于尤利安初次了解埃琉西斯秘仪时的激动表现。

马克西姆斯与所有有名的思想家一样,在某个方面足以称为严格意义上的哲学家。但是,他在神秘主义方面浅尝辄止并只表现出一半的虔诚和精明,因此他对尤利安宗教信仰和感情本性方面的影响完全是负面的。他不仅通过他的神秘能力控制了他的学生,也激励他产生这样的信念,即他注定马上会成为罗马贤帝奥勒留(Marcus Aurelius)和马其顿的征服者亚历山大大帝的转世者,怀有急切心情的尤利安自然地有了这个想法。很可能正是这种想法最终使尤利安在损失惨重的波斯战役中拒绝了对方的求和,也因此一步步接近死亡。尤利安坚信自己的人生必有伟大的使命,部分由于学校的教育,部分源自他对自己钟爱的经典著作的阅读,部分归因于马克西姆斯的魔力。透过对他成长的基督教环境回忆,他自己的精致信条是一个综合理念,当时流行的哲学思想为狂热盛行的东方神秘主义和渴望预知神迹提供了一个明显的理性基础——神秘宗教尤其包括库柏勒(Cybele,古代小亚细亚人崇拜的自然女神,与希腊女神瑞娅等同)和密特拉。追随柏拉图的哲学家们的理论是一神论,承认存在唯一的终极因和宇宙最高原则。事实上,他们将柏拉图主义转变成了泛神论,因为他们倾向于在可见世界中找到这个终极因。他们看到了天国中第二等级的神灵,并通过一系列的符号诠释来确定异教神灵的庞大集合。像普罗提诺后来的继任者一样,尤利安承认终极因的最高神格,但他对其宗教方面的教义——整个世界居住着各种层次的神——更感兴趣,并鼓励偶像崇拜和各种类型的异教仪式,以此作为人类对唯一真神的虔诚信仰的象征。他在这个精致有序的泛神论体系中,着重加入了对救世主、中间人或逻各斯(理性)的崇拜,而这些在他看来与太阳神密特拉、酒神狄奥尼索斯、医神阿斯克勒皮俄斯是一致的。这种对救世主崇拜的强调无疑是他接受的基督教教育的遗存。

他对复兴希腊宗教的最初贡献不是在神学方面,而在于他试图建立一个有组织的激进的异教体系,以此作为基督教的竞争者。在这方面,他也似乎从他的前辈那里得到了一些启发。从伽勒里乌斯(Galerius)311年死亡到313年被李西尼(Licinius)打败期间,统治帝国东部省份的皇帝马克西姆(Maximin Daia)已经对基督教徒进行了残酷的迫害,并一度试图通过复兴异教信仰,将自己控制地区内分散的各个等级重建为有秩序的等级制度。这种做法的重新实行可能是遵循了以前皇帝崇拜的帝国信仰,它来源于埃及的国王崇拜。尤利安在他的宗教政策中似乎已经放弃将皇帝崇拜作为一个组成部分。他不会成为神,但最大的祭司——异教主教和最高管理者将会成为神。他自己也成为一些东方异教的首席祭司。关于其自身职能的理念既不是罗马的也不是希腊的,而是他自己所特有的。虽然他反对任何关于他是一个革新者的建议,但是毫无疑问,他试图将作为基督教的力量的戒律和目标引入异教信仰。四世纪的分裂,不可能掩盖这一体系出现在异教世界之中的壮观。

尤利安打算将整个帝国细分成一些宗教区域,每个都是一个大主教区,其祭司对辖区的庙宇和地区拥有管辖权。我们拥有一些尤利安发给他的大主教区的"神谕",其中包含他试图制定如何组织、治理省份以及实现未来福祉的详细章程。祭司的选择依赖于他们的圣洁,其中最重要的就是他们的"仁慈",这种品质在基督徒的慈善中表现最为明显。他们在指定的时间提供服务，在神庙里花费一定的时间从事哲学思考，以最严格的节制和庄严来管理他们自己：只阅读严肃文学，从不到剧院和酒馆，由大祭司马克西姆斯（the Pontifex Maximus）分配救济品。他们的教育严格遵循希腊式的教育，正如他那个时代的智者一样，尤利安在希腊文学中看到了一种神秘主义的价值。他以一种空前的虔诚，引用荷马关于慈善和其他美德的诗句。在一封很有趣的书信中，尤利安竟然命令那些冒犯了阿波罗的世俗官员进行忏悔。祭司们并不在官员的管辖权之内，而是高于他们。"因为即便世俗最高权贵一旦进入庙宇，他就变成了一个纯粹的公民。"希腊宗教的神学理论是后来的新柏拉图主义的泛神论，其形式根据当地情况来定，尤其强调学习和经常唱圣歌。虽然尤利安假装轻视基督徒逃离世界和过隐士生活的倾向，但值得注意的是，他本人希望建立起类似于修道院的机构，在那里无论是男人还是女人都可以潜心研究哲学。另一个惊人的改革是，他规定祭司应当定期向他们的信众布道，不仅灌输异教的虔诚信仰，而且包括仁慈、谦虚和谦卑的美德。

他复兴异教的努力有积极方面也有消极方面。除了恢复那些废弃的庙宇和为祭司们安排新的神职之外，他还致力于一系列其前任就已兴起的对基督教的严厉压制行动。异教徒在宫廷和国务活动中取代了基督徒，给予基督教主教的补助金及豁免权被收回，随着他的措施所面对的阻力和困难的增大，这位皇帝对基督教的敌意日益加重。他拥有一大群哲学顾问并对神灵做了大量的献祭，这为他在军队中赢得了 victimarius[献祭者]的称号。尽管如此，他发现越来越难以向前推进，起初他希望作为一种划分工具使用的宽容政策，最终只是加强了基督教的团结。他的著名法令激起了大规模的反抗，甚至还有其异教追随者的批评，那部法令将基督徒教师从希腊式教育中排除了出去。尤利安的做法模仿了马克西姆皇帝（Maximinus Daia）的立法——例如他的异教祭司等级制。这位皇帝还将伪造的彼拉多的事迹在学校中广泛宣传。在这一时期，所有伟大的基督教教父都将其教育归于智术师——圣格列高里、巴西尔曾在雅典求学，金嘴约翰（S. John Chrysostom）的优美的布道词复兴了希腊散文的荣耀，这位教父则是利巴尼乌斯的学生。但是，尤利安的教育法令对此是一个致命打击。如果尤利安活得久些，可能已经剥夺了基督教最令人羡慕的武器之一——布道，这正是尤利安试图要引入到异教里的东西。但这时，基督教已经将希腊智慧中最好的东西吸收了进去，尤利安意图将已经兴盛的教会再次撵回到无人问津的地位，已为时晚矣。

同宽容的阿忒那西乌斯（Athanasius）和雄辩的格列高里一样，尤利安的性格及其急功近利的计划为他招致了众多敌人。他在献祭方面的过度奢侈，以及他对异教徒名声欠佳的仪式的沉迷，都激怒了安提阿的暴民，他试图以稍微严厉的文学讽刺来平息众怒的做法使得形势变得更加严峻。伟大的尝试随着他的死亡而崩溃，仅仅激发了后来断断续续的效仿而已。通过对它试图摧毁的东西的谄媚模仿，他的异教教会与其说是近代无神论者们的先驱，不如说是垂死的异教对其不得不承认的道义上更优的宗教的最后致意。

图书在版编目（CIP）数据

尤利安文选/马勇编译.--北京：华夏出版社，2017.9
（西方传统：经典与解释）
ISBN 978-7-5080-9245-4

Ⅰ.①尤… Ⅱ.①马… Ⅲ.①尤利安－文集 Ⅳ.①B502.49-53

中国版本图书馆CIP数据核字(2017)第174485号

尤利安文选

作　　者	马　勇
责任编辑	王霄翎
责任印制	刘　洋
出版发行	华夏出版社
经　　销	新华书店
印　　刷	三河市少明印务有限公司
装　　订	三河市少明印务有限公司
版　　次	2017年9月北京第1版 2017年9月北京第1次印刷
开　　本	880×1230　1/32
印　　张	9.25
字　　数	232千字
定　　价	59.00元

华夏出版社　地址：北京市东直门外香河园北里4号　　邮编：100028
　　　　　　　网址：www.hxph.com.cn　　电话：(010)64663331(转)
若发现本版图书有印装质量问题，请与我社营销中心联系调换。

西方传统：经典与解释
Classici et Commentarii
HERMES
刘小枫○主编

古今丛编

孟德斯鸠的自由主义哲学
——《论法的精神》疏证 [美]潘戈 著

莫尔及其乌托邦 [德]考茨基 著

试论古今革命 [法]夏多布里昂 著

托兰德与激进启蒙 刘小枫 编

图书馆里的古今之战 [英]斯威夫特 著

但丁：皈依的诗学 [美]弗里切罗 著

在西方的目光下 [英]康拉德 著

大学与博雅教育 董成龙 编

探究哲学与信仰
——基尔克果与苏格拉底 [美]郝岚 著

民主的本性
——托克维尔的政治哲学 [法]马南 著

梅尔维尔的政治哲学
——《切雷诺》及其解读 李小均 编/译

席勒美学的哲学背景 [美]维塞尔 著

果戈里与鬼 [俄]梅列日科夫斯基 著

自传性反思 [德]沃格林 著

黑格尔与普世秩序 [美]希克斯 等著

新的方式与制度
——马基雅维利的《论李维》研究
[美]曼斯菲尔德 著

科耶夫的新拉丁帝国 [法]科耶夫 等著

《利维坦》附录 [英]霍布斯 著

或此或彼（上、下） [丹麦]基尔克果 著

海德格尔式的现代神学 刘小枫 选编

双重束缚 [美]基拉尔 著

古今之争中的核心问题
——施米特的学说与施特劳斯的论题 [德]迈尔 著

论永恒的智慧 [德]苏索 著

宗教经验种种 [美]詹姆斯 著

尼采反卢梭 [美]凯斯·安塞尔-皮尔逊 著

舍勒思想评述 [美]弗林斯 著

诗与哲学之争 [美]罗森 著

神圣与世俗 [罗]伊利亚德 著

论古人的智慧 [英]培根 著

但丁的圣约书 [美]霍金斯 著

古典学丛编

探究希腊人的灵魂 [美]戴维斯 著

尤利安文选 马勇 编/译

论月面 [古罗马]普鲁塔克 著

雅典谐剧与逻各斯
——《云》中的修辞、谐剧性及语言暴力
[美]奥里根 著

莱园哲人伊壁鸠鲁 罗晓颖 选编

《劳作与时日》笺释 吴雅凌 撰

希腊古风时期的真理大师 [法]德蒂安 著

古罗马的教育 [英]葛怀恩 著

古典学与现代性 刘小枫 编

表演文化与雅典民主政制
[英]戈尔德希尔、奥斯本 编

西方古典文献学发凡 刘小枫 编

古典语文学常谈 [德]克比夫特 著

古希腊文学常谈 [英]多佛 等著

撒路斯特与政治史学 刘小枫 编

希罗多德的王霸之辨 吴小锋 编/译

第二代智术师
——罗马帝国早期的文化现象 [英]安德森 著

英雄诗系笺释 [古希腊]荷马 著

统治的热望
——修昔底德笔下的阿尔喀比亚德和帝国政治
[美]福特 著

论埃及神学与哲学
——伊希斯与俄赛里斯 [古希腊]普鲁塔克 著

凯撒的剑与笔 李世祥 编/译

伊壁鸠鲁主义的政治哲学
[意]詹姆斯·尼古拉斯 著

修昔底德笔下的人性 [加]欧文 著

修昔底德笔下的演说 [美]斯塔特 著

古希腊政治理论 [美]格雷纳 著

神谱笺释 吴雅凌 撰
赫西俄德：神话之艺
[法]居代·德·拉孔波 等著
赫拉克勒斯之盾笺释 罗逍然 译笺
《埃涅阿斯纪》章义 王承教 选编
维吉尔的帝国 [美]阿德勒 著
塔西佗的政治史学 曾维术 编

古希腊诗歌丛编
诗歌与城邦 [美]费拉格、纳吉 主编
阿尔戈英雄纪（上、下）
[古希腊]阿波罗尼俄斯 著
俄耳甫斯教祷歌 吴雅凌 编译
俄耳甫斯教辑语 吴雅凌 编译

古希腊肃剧注疏集
希腊肃剧与政治哲学 [美]阿伦斯多夫 著

古希腊礼法
希腊人的正义观 [英]哈夫洛克 著

廊下派集
廊下派的城邦观 [英]斯科菲尔德 著

希伯莱圣经历代注疏
希腊化世界中的犹太人 [英]威廉逊 著
第一亚当和第二亚当 [德]朋霍费尔 著

新约历代经解
属灵的寓意 [古罗马]俄里根 著

基督教与古典传统
加尔文与现代政治的基础 [美]汉考克 著
无执之道
——埃克哈特神学思想研究 [德]文森 著
恐惧与战栗 [丹麦]基尔克果 著
托尔斯泰与陀思妥耶夫斯基
[俄]梅列日科夫斯基 著
论宗教大法官的传说 [俄]罗赞诺夫 著
海德格尔与有限性思想（重订版）
刘小枫 选编
上帝国的信息 [德]拉加茨 著
基督教理论与现代 [德]特洛尔奇 著
亚历山大的克雷芒 [意]塞尔瓦托·利拉 著

中世纪的心灵之旅
——波纳文图拉神学著作选 [意]圣·波纳文图拉 著

德意志古典传统丛编
穆佐书简 [奥]里尔克 著
纪念苏格拉底——哈曼文选 刘新利 选编
夜颂中的革命和宗教
——诺瓦利斯选集卷一 [德]诺瓦利斯 著
大革命与诗话小说
——诺瓦利斯选集卷二 [德]诺瓦利斯 著
黑格尔的观念论 [美]皮平 著
浪漫派风格——施莱格尔批评文集 [德]施莱格尔 著

美国宪政与古典传统
美国1787年宪法讲疏 [美]阿纳斯塔普罗 著

品达注疏集
幽暗的诱惑
——品达、晦涩与古典传统 [美]汉密尔顿 著

欧里庇得斯集
自由与僭越
——欧里庇得斯《酒神的伴侣》绎读 罗峰 编译

阿里斯托芬集
《阿卡奈人》笺释 [古希腊]阿里斯托芬 著

色诺芬注疏集
居鲁士的教育 [古希腊]色诺芬 著
色诺芬的《会饮》 [古希腊]色诺芬 著

柏拉图注疏集
哲学的奥德赛——《王制》引论 [美]郝兰 著
爱欲与启蒙的迷醉
——论柏拉图的《会饮》 [美]贝尔格 著
为哲学的写作技艺一辩
——《斐德若》疏证 [美]伯格 著
柏拉图式的迷宫——《斐多》义疏 [美]伯格 著
哲学如何成为苏格拉底式的 [美]朗佩特 著
苏格拉底与希琵阿斯 王江涛 编译
理想国 [古希腊]柏拉图 著
谁来教育老师——《普罗塔戈拉》发微 刘小枫 编
立法者的神学
——柏拉图《法义》卷十绎读 林志猛 编
柏拉图对话中的神 [德]薇依 著

厄庇诺米斯 [古希腊]柏拉图 著
智慧与幸福
——柏拉图的《厄庇诺米斯》 程志敏 选编
论柏拉图对话 [德]施莱尔马赫 著
柏拉图《美诺》疏证 [美]克莱因 著
政治哲学的悖论
——苏格拉底的哲学审判 [美]郝岚 著
神话诗人柏拉图 张文涛 选编
阿尔喀比亚德 [古希腊]柏拉图 著
叙拉古的雅典异乡人
——柏拉图《书简七》探曲 彭磊 选编
阿威罗伊论《王制》 [阿拉伯]阿威罗伊 著
《王制》要义 刘小枫 选编
柏拉图的《会饮》 [古希腊]柏拉图 等著
苏格拉底的申辩（修订版） [古希腊]柏拉图 著
苏格拉底与政治共同体 [美]尼科尔斯 著
政制与美德——柏拉图《法义》疏解 [美]潘戈 著
《法义》导读 [法]卡斯代尔·布舒奇 著
论真理的本质 [德]海德格尔 著
哲人的无知 [德]费勃 著
米诺斯 [古希腊]柏拉图 著

亚里士多德注疏集
亚里士多德《政治学》中的教诲 [美]潘戈 著
品格的技艺 [美]加佛 著
亚里士多德哲学的基本概念 [德]海德格尔 著
《政治学》疏证 [意]托马斯·阿奎那 著
尼各马可伦理学义疏
——亚里士多德与苏格拉底的对话 [美]伯格 著
哲学之诗
——亚里士多德《诗学》解诂 [美]戴维斯 著
对亚里士多德的现象学解释 [德]海德格尔 著
城邦与自然——亚里士多德与现代性 刘小枫 编
论诗术中篇义疏 [阿拉伯]阿威罗伊 著
哲学的政治
——亚里士多德《政治学》疏证 [美]戴维斯 著

普鲁塔克集
普鲁塔克的《对比列传》 [英]达夫 著

普鲁塔克的实践伦理学 [比利时]胡芙 著

莎士比亚绎读
莎士比亚的历史剧 [英]蒂利亚德 著
莎士比亚戏剧与政治哲学 彭磊 选编
莎士比亚的政治盛典 [美]阿鲁里斯/苏利文 编
丹麦王子与马基雅维利 罗峰 选编

洛克集
上帝、洛克与平等 [美]沃尔德伦 著

卢梭集
论哲学生活的幸福 [德]迈尔 著
致博蒙书 [法]卢梭 著
政治制度论 [法]卢梭 著
哲学的自传
——卢梭的《孤独漫步者的遐思》 [法]戴维斯 著
文学与道德杂篇 [法]卢梭 著
设计论证
——卢梭的《社会契约论》 [美]吉尔丁 著
卢梭的自然状态 [美]普拉特纳 等著
卢梭的榜样人生
——作为政治哲学的《忏悔录》 [美]凯利 著

莱辛注疏集
汉堡剧评 [德]莱辛 著
关于悲剧的通信 [德]莱辛 著
《智者纳坦》研究版 [德]莱辛 等著
启蒙运动的内在问题
——莱辛思想再释 [美]维塞尔 著
莱辛剧作七种 [德]莱辛 著
历史与启示——莱辛神学文选 [德]莱辛 著
论人类的教育
——莱辛政治哲学文选 [德]莱辛 著

尼采注疏集
尼采引论 [德]施特格迈尔 著
尼采与基督教
——尼采的《敌基督》论集 刘小枫 编
尼采眼中的苏格拉底 [美]丹豪瑟 著
尼采的使命
——《善恶的彼岸》绎读 [美]朗佩特 著

尼采与现时代
——解读培根、笛卡尔与尼采 [美]朗佩特 著

动物与超人之间的绳索 [德]A.彼珀 著

施特劳斯集
原著
论僭政（重订本）——色诺芬《希耶罗》义疏
[美]施特劳斯 科耶夫 著

苏格拉底问题与现代性（增订本）
——施特劳斯讲演与论文集：卷二

犹太哲人与启蒙
——施特劳斯演讲与论文集：卷一

霍布斯的宗教批判

斯宾诺莎的宗教批判

门德尔松与莱辛

哲学与律法——论迈蒙尼德及其先驱

迫害与写作艺术

柏拉图式政治哲学研究

论柏拉图的《会饮》

柏拉图《法义》的论辩与情节

什么是政治哲学

古典政治理性主义的重生（重订本）

回归古典政治哲学——施特劳斯通信集

苏格拉底与阿里斯托芬

研究作品
论源初遗忘
——海德格尔、施特劳斯与哲学的前提
[美]维克利 著

政治哲学与启示宗教的挑战 [德]迈尔 著

阅读施特劳斯 [美]斯密什 著

施特劳斯与流亡政治学 [美]谢帕德 著

隐匿的对话
——施米特与施特劳斯 [德]迈尔 著

驯服欲望
——施特劳斯笔下的色诺芬撰述 [法]科耶夫 等著

施米特集
施米特对自由主义的批判 [美]麦考米特 著

宪法专政
——现代民主国家中的危机政府 [美]罗斯托 著

施米特对自由主义的批判 [美]约翰·麦考米克 著

伯纳德特集
古典诗学之路（第二版）
——相遇与反思：与伯纳德特聚谈 [美]伯格 编

弓与琴（重订本）
——从柏拉图解读《奥德赛》 [美]伯纳德特 著

神圣的罪业 [美]伯纳德特 著

布鲁姆集
巨人与侏儒（1960-1990）

人应该如何生活——柏拉图《王制》释义

爱的设计——卢梭与浪漫派

爱的戏剧——莎士比亚与自然

爱的阶梯——柏拉图的《会饮》

伊索克拉底的政治哲学

大学素质教育读本
古典诗文绎读 西学卷·古代编（上、下）

古典诗文绎读 西学卷·现代编（上、下）

中国传统：经典与解释
Classici et Commentarii
娄亚肯亚
刘小枫 陈少明 ○ 主编

周易古经注解考辨 / 李炳海 著
浮山文集 / [明] 方以智 著
药地炮庄 / [明] 方以智 著
药地炮庄笺释·总论篇 / [明] 方以智 著
青原志略 / [明] 方以智 编
冬灰录 / [明] 方以智 著
冬炼三时传旧火 / 邢益海 编
《毛诗》郑王比义发微 / 史应勇 著
宋人经筵诗讲义四种 / [宋] 张纲 等撰
道德真经藏室纂微篇 / [宋] 陳景元 撰
道德真经四子古道集解 / [金] 寇才质 撰
皇清经解提要 / [清] 沈豫 撰
经学通论 / [清] 皮锡瑞 著
松阳讲义 / [清] 陆陇其 著
起凤书院答问 / [清] 姚永朴 撰
周礼疑义辨证 / 陈衍 撰
《铎书》校注 / 孙尚扬 肖清和 等校注
韩愈志 / 钱基博 著
论语辑释 / 陈大齐 著
《庄子·天下篇》注疏四种 / 张丰乾 编
荀子的辩说 / 陈文洁 著
古学经子 / 王锦民 著
经学以自治 / 刘少虎 著
从公羊学论《春秋》的性质 / 阮芝生 撰

刘小枫集

古典学与古今之争 [增订本]
这一代人的怕和爱 [第三版]
沉重的肉身 [珍藏版]
圣灵降临的叙事 [增订本]
罪与欠
儒教与民族国家
拣尽寒枝
施特劳斯的路标
重启古典诗学
共和与经纶
设计共和
现代性与现代中国：现代性社会理论绪论
诗化哲学 [重订本]
拯救与逍遥 [修订本]
走向十字架上的真
卢梭与我们
西学断章
现代人及其敌人
好智之罪：普罗米修斯神话通释
民主与爱欲：柏拉图《会饮》绎读
民主与教化：柏拉图《普罗塔戈拉》绎读
巫阳招魂：《诗术》绎读

编修 [博雅读本]

凯若斯：古希腊语文读本 [全二册]
古希腊语文学述要
雅努斯：古典拉丁语文读本
古典拉丁语文学述要
危微精一：政治法学原理九讲
琴瑟友之：钢琴与古典乐色十讲

经典与解释辑刊

1 柏拉图的哲学戏剧
2 经典与解释的张力
3 康德与启蒙
4 荷尔德林的新神话
5 古典传统与自由教育
6 卢梭的苏格拉底主义
7 赫尔墨斯的计谋
8 苏格拉底问题
9 美德可教吗
10 马基雅维利的喜剧
11 回想托克维尔
12 阅读的德性
13 色诺芬的品味
14 政治哲学中的摩西
15 诗学解诂
16 柏拉图的真伪
17 修昔底德的春秋笔法
18 血气与政治
19 索福克勒斯与雅典启蒙
20 犹太教中的柏拉图门徒
21 莎士比亚笔下的王者
22 政治哲学中的莎士比亚
23 政治生活的限度与满足
24 雅典民主的谐剧
25 维柯与古今之争
26 霍布斯的修辞
27 埃斯库罗斯的神义论
28 施莱尔马赫的柏拉图
29 奥林匹亚的荣耀
30 笛卡尔的精灵
31 柏拉图与天人政治
32 海德格尔的政治时刻
33 荷马笔下的伦理
34 格劳秀斯与国际正义
35 西塞罗的苏格拉底
36 基尔克果的苏格拉底
37 《理想国》的内与外
38 诗艺与政治
39 律法与政治哲学
40 古今之间的但丁
41 拉伯雷与赫尔墨斯秘学
42 柏拉图与古典乐教
43 孟德斯鸠论政制衰败
44 博丹论主权
45 道伯与比较古典学
46 伊索寓言中的伦理
47 斯威夫特与启蒙